AF556287

60 सफल UPSC CRACKERS

की प्रेरक कहानियाँ

60 सफल UPSC CRACKERS

की प्रेरक कहानियाँ

राकेश खैरवा, *DANICS*

* इस पुस्तक में प्रकाशित सूचनाएँ एवं तथ्य पूरी तरह से सत्यापित किए गए हैं। यदि कोई जानकारी या तथ्य गलत प्रकाशित हो गया हो तो प्रकाशक, संपादक अथवा मुद्रक उस सामग्री से संबंधित किसी व्यक्ति विशेष अथवा संस्था को पहुँची क्षति के लिए जिम्मेदार नहीं होगा।

* प्रकाशक की लिखित पूर्वानुमति के बिना इस पुस्तक की विषय-सामग्री को किसी भी रूप में फोटोस्टेट, इलेक्ट्रोस्टेट, टंकण, सुधार-प्रक्रिया इत्यादि तरीकों से पुनः प्रयोग कर उसका संग्रहण, प्रसारण एवं वितरण पूर्णतः वर्जित है।

* सभी विवादों का निपटारा दिल्ली न्यायिक क्षेत्र में होगा।

प्रकाशक

प्रभात एग्जाम

4/19 आसफ अली रोड, नई दिल्ली-110002

फोन— WXW}~ZZZ • WXW}~{{{ • WXW}~||| • हेल्पलाइन/ 7827007777

इ-मेल : prabhatbooks@gmail.com ❖ वेब ठिकाना : www.prabhatexam.com

सर्वाधिकार

सुरक्षित

मूल्य

चार सौ पचानबे रुपए

अ.मा.पु.स. 978-93-89982-26-8

मुद्रक

सीता फाईन आर्ट्स, दिल्ली

———— ★ ————

60 SAFAL UPSC CRACKERS KEE PRERAK KAHANIYAN

by RAKESH KHAIRWA, DANICS

Published by **PRABHAT EXAM**
4/19 Asaf Ali Road, New Delhi-110002

ISBN 978-93-89982-26-8

₹ 495.00

कर्मण्येवाधिकारस्ते मा फलेषु कदाचन।

मा कर्मफलहेतुर्भूर्मा ते संङ्गोऽस्त्वकर्मणि॥

भावार्थ : तेरा कर्म करने में ही अधिकार है, उसके फलों में कभी नहीं। इसलिए तू कर्मों के फल का हेतु मत हो तथा तेरी कर्म न करने में भी आसक्ति न हो॥ 47॥

–श्रीमद् भगवद् गीता, अध्याय **2,** श्लोक **47**

मन में अथाह शक्ति है। मन यह शक्ति कहाँ से लाया? परमात्मा से! जैसे सूर्य और उसकी किरण, जैसे सागर और उसकी तरंग, जैसे टॉर्च और उसका प्रकाश, ऐसे ही परमात्मा और मन। अगर आप अपने मन को एकाग्र करके किसी लक्ष्य पर केंद्रित करते हैं तो दुनिया में ऐसी कोई वस्तु नहीं है, जिसे आप प्राप्त न कर सकें।

सिविल सर्विसेज परीक्षा में हर वर्ष अनेक ऐसे अभ्यर्थियों ने इस परीक्षा को पास किया है, जो प्रारंभिक परीक्षा होने तक अपने वैकल्पिक विषय को भी ठीक तरीके से नहीं पढ़ पाए थे; परंतु उन्होंने टेस्ट सीरीज के माध्यम से, अपनी लेखनी तथा निरंतर अभ्यास के द्वारा परीक्षा से संबंधित टाइम मैनेजमेंट का पालन किया और अंतिम रूप से चयनित हो गए। इसलिए, सकारात्मक रहते हुए मेहनत करें, आपको सफलता अवश्य मिलेगी।

Dr. B.M. MISHRA, IAS
District Magistrate (South)

Office of the District Magistrate (South)
Govt. of N.C.T. of Delhi
M.B. Road, Saket, New Delhi-110068
Off. : 011-29535025
Email : dcsouth@nic.in

D.O. No. DC/South/2019/308

Dated : 27/10/2019

Dear Sh. Rakesh,

मैं आपको इस अद्वितीय संकलन के लिए बहुत गर्व और खुशी के साथ अपनी हार्दिक बधाई देता हूँ। मैं इस बात पर पूरी तरह से विश्वास करता हूँ कि यू.पी.एस.सी. की परीक्षा को पास करने में सही मार्गदर्शन की भूमिका किसी भी प्रतियोगी के लिए अत्यंत महत्त्वपूर्ण होती है, खासकर उन छात्रों के लिए, जो ग्रामीण क्षेत्रों के होते हैं।

देश की सर्वश्रेष्ठ परीक्षा यू.पी.एस.सी. को पास करने के लिए खास किस्म की तैयारी के साथ कठिन परिश्रम और उचित मार्गदर्शन की आवश्यकता होती है।

इस पुस्तक के प्रत्येक पृष्ठ पर सफल अभ्यर्थियों के यू.पी.एस.सी. परीक्षा की तैयारी के दौरान के अनुभव और उसे पास करने के उनके सफर को वर्णित किया गया है, जिनकी शैक्षिक पृष्ठभूमि अलग-अलग है और वे देश के विभिन्न क्षेत्रों से संबंध रखते हैं। इन सफल अधिकारियों में से अधिकांश ने अपनी पढ़ाई के दौरान और यू.पी.एस.सी. की परीक्षा की तैयारी के दौरान बहुत विपरीत परिस्थितियों का सामना किया है। किसी को आर्थिक तंगी थी तो कोई किसी और समस्या से परेशान था; लेकिन उन सब में खास बात यह थी कि उन्हें अपनी प्रतिभा और अपनी आंतरिक शक्ति पर पूरा भरोसा था।

कुछ यात्राएँ असाधारण हैं। इस संकलन की सबसे खास बात यह है कि इसमें जिन सफल अभ्यर्थियों का जिक्र किया गया है, उन्होंने अपनी यू.पी.एस.सी. की तैयारी और सफलता की यात्रा का वर्णन खुद अपने शब्दों में अपने आप लिखकर किया है। इस बात ने इस पुस्तक को रोचक, वास्तविक और पठनीय बना दिया है।

इस पुस्तक के संकलन में नई दिल्ली के साकेत में एस.डी.एम. के पद पर कार्यरत डी.ए.एन.आई.सी.एस. अधिकारी श्री राकेश खैरवा ने महत्त्वपूर्ण भूमिका निभाई है, यह उनकी जोरदार मेहनत और प्रशंसनीय प्रयासों का ही परिणाम है कि यह पुस्तक इतनी बेहतरीन बन पाई है। इस पुस्तक में सफल अभ्यर्थियों के बारे में सभी जानकारियाँ, परीक्षा की तैयारी के दौरान उनकी यात्रा, सफलता के लिए अपनाए गए उनके तरीके और उनके द्वारा साझा किए गए सफलता के मंत्रों को संकलित किया गया है, जो यू.पी.एस.सी. की परीक्षा की तैयारी कर रहे अभ्यर्थियों के लिए बहुत उपयोगी हैं।

मैं श्री राकेश खैरवा को उनकी प्रतिबद्धता और इस किताब को पूरा करने के लिए उनकी तन्मयता व समर्पण के लिए हृदय से धन्यवाद देता हूँ। मुझे पूरी उम्मीद है कि सफलता की ये कहानियाँ उन युवा ग्रेजुएट्स के लिए प्रेरणा-स्रोत बनेंगी, जो सिविल सर्विसेज में अपनी किस्मत आजमाना चाहते हैं। इससे उन्हें यू.पी.एस.सी. की तैयारी में खासी मदद मिलेगी और एक दिन उनका नाम भी सिविल सेवा परीक्षा के सफल अभ्यर्थियों में शामिल होगा। मैं सिविल सेवा के लिए चयनित अभ्यर्थियों के उज्ज्वल भविष्य की कामना करता हूँ।

With Best Wishes,

27/10/19

(डॉ. बी. एम. मिश्रा, आई.ए.एस.)

श्री राकेश खैरवा, डी.ए.एन.आई.सी.एस.
एस.डी.एम. (साकेत), साउथ दिल्ली

प्रस्तावना

प्यारे दोस्तो,

यह पुस्तक सफल अभ्यर्थियों की कठिन मेहनत का परिणाम है। इससे पहले मैंने पिछले साल भी सफल अभ्यर्थियों की कहानियों पर आधारित पुस्तक प्रकाशित करने के बारे में सोचा था, लेकिन उस समय मैं अपनी योजना को सफलता का जामा नहीं पहना पाया। इसके बाद जब मैं सिविल सर्विसेज से जुड़े सफल अभ्यर्थियों के संपर्क में आया तो मुझे पता चला कि उनमें से कुछ अभ्यर्थियों की सफलता की यात्रा अनूठी थी। परिणाम यह हुआ कि मैं उनकी इस सफलता की यात्रा को एक नया आकार देने के लिए शिद्दत से सोचने लगा। फिर मेरे दिमाग में यह सवाल आया कि मैं इस बारे में किस से बात करूँ, क्योंकि उस समय मैं बहुत कम सफल अभ्यर्थियों को जानता था।

फिर सोशल मीडिया और अपने दोस्तों की सहायता से मैंने सिविल सेवा के वर्ष 2018 में सफल 60 अभ्यर्थियों की कहानियों का संकलन करने में सफलता प्राप्त कर ली। मैं उन सभी अधिकारियों को इस बात के लिए हृदय से धन्यवाद देता हूँ, जिन्होंने अपनी व्यस्त दिनचर्या से समय निकालकर अपनी सफलता की कहानी को लिखकर मुझे दिया। उनमें से कुछ ने नौकरी ज्वॉइन कर ली थी और कुछ अपनी रैंक सुधारने के लिए दोबारा प्रयास करने में जुट गए थे।

वास्तव में, जब हम इस परीक्षा की तैयारी कर रहे होते हैं, तो हर समय हमारे मन की स्थिति एक-सी नहीं होती है। कभी-कभी हमारे अंदर एक अजब किस्म की ऊर्जा का संचार होता है। इसकी वजह हमारा प्रेरणा से भरपूर होना होता है। कभी-कभी हमारे मन में दुविधा-सी होती है। उस समय हमारी ऊर्जा और प्रेरणा का स्तर कम होता है, खासकर उस वक्त जब यू.पी.एस.सी. के मेन्स और प्रीलिम्स परीक्षा का परिणाम हमारे मन मुताबिक न हो। इस किताब को पढ़ने के बाद आप इस बात को समझ पाएँगे कि इस परीक्षा के सफल उम्मीदवारों ने हर परिस्थिति का डटकर सामना किया। उन्होंने हार नहीं मानी और अंततः वे सफल उम्मीदवारों में शामिल हुए। इनमें से कुछ कहानियाँ वाकई में प्रेरणा देने वाली हैं, जिनसे आपको यह प्रेरणा मिलेगी कि आप भी चाहें तो सफलता पा सकते हैं। बस, हमेशा सकारात्मक बने रहें।

इस किताब से जुड़े सफल अभ्यर्थियों की कहानियाँ पढ़कर आपको इस बात का एहसास होगा कि सफलता पाने के लिए कठिन परिश्रम और समर्पण के अलावा दूसरा कोई विकल्प नहीं है। मैं आपको इस बात के लिए पहले ही स्पष्टीकरण दे रहा हूँ कि मेरी इन सक्सेस स्टोरीज में दक्षिणी राज्यों के उम्मीदवारों का जिक्र नहीं है, इसकी वजह मेरी कुछ सीमाएँ हैं। मैं उम्मीद करता हूँ कि इस किताब के अगले संस्करण में मैं ज्यादा संतुलित तरीके से सारी चीजों को शामिल कर पाऊँगा।

मैं परम पिता परमात्मा, सिविल सेवा के अभ्यर्थियों, परिवार के सदस्यों, अपनी जीवन-संगिनी पूनम, बेटी सान्वी और बेटे भव्य के निरंतर सहयोग का आभारी हूँ और उन सभी दोस्तों को खास तौर पर धन्यवाद देना चाहूँगा, जिन्होंने मेरे इस प्रयास को पूरा करने में अपना पूरा समय व सहयोग दिया। सच कहूँ तो बिना उनके सहयोग के मैं इस काम को पूरा नहीं कर पाता।

इस किताब में आपको हर सफल अभ्यर्थी की सफलता की कहानी पढ़ने को मिलेगी। इनमें से कुछ अभ्यर्थियों का संबंध पिछड़े इलाकों से है, तो कुछ की शैक्षणिक योग्यता औसत ही थी। इसे पढ़ने के बाद

आपको इस बात का एहसास होगा कि परीक्षा में सफलता पानेवाले अभ्यर्थी मुँह में चाँदी का चम्मच लेकर पैदा नहीं हुए थे। उनमें से कुछ पहले से ही नौकरी कर रहे थे; लेकिन वे स्थिति से संतुष्ट नहीं थे, इसलिए उन्होंने इस ओर कदम बढ़ाया और अपनी मंजिल को प्राप्त करके सफलता प्राप्त की।

हालाँकि बाजार में इस प्रकार की बहुत सारी किताबें मौजूद हैं, लेकिन यह किताब सबसे अनूठी है। मुझे दृढ़ता से विश्वास है कि इस किताब की प्रत्येक कहानी से गुजरते हुए आप शीर्ष 10 में खुद ही ऐसी कहानियाँ पाएँगे, जो आपके मन में अलग तरह की उम्मीद जगाएँगी और आपको अपनी मंजिल तक पहुँचने की यात्रा में लगातार प्रेरणा देती रहेंगी। अगर आप अपनी तरफ से कोई सुझाव देना चाहते हैं या फिर किताब में किसी गलती को सुधारना चाहते हैं, तो आप मुझे मेरे मेल आइडी rakeshkhairwa001@gmail.com पर मेल कर सकते हैं।

मैं आपको एक बात और बताना चाहता हूँ कि मैंने अपनी इस किताब में अपनी तरफ से कुछ भी नहीं जोड़ा है, सिवाय इसका संकलन करने के। इसमें मौजूद सारी कहानियाँ वर्ष 2018 में सिविल सेवा की परीक्षा पास करने वाले अभ्यर्थियों के द्वारा दी गई हैं। इसके लिए मैं उनका हृदय से आभार प्रकट करता हूँ कि उन्होंने अपनी व्यस्त दिनचर्या में से कीमती समय निकालकर, अपनी कहानी लिखकर मुझे इस किताब में संकलन हेतु दी। मैं उन सभी अधिकारियों के प्रशासनिक सेवा में सफल करियर की कामना करता हूँ।

शुभकामनाओं के साथ।

—राकेश खैरवा

विषय-सूची

1

नाम : कनिष्क कटारिया

रैंक : 01, सीएसई-2018

"अपने इस पूरे सफर के दौरान आशावादी बने रहें और खुद पर भरोसा बनाए रखें। मेरी सफलता के आधार हैं- आशावादी दृष्टिकोण, कड़ी मेहनत और आत्मविश्वास।"

कनिष्क कटारिया

वैकल्पिक विषय

गणित

परीक्षा का माध्यम

अंग्रेजी

निवासी

जयपुर, राजस्थान

शैक्षिक योग्यता

❖ बी.टेक. ऑनर्स–कंप्यूटर साइंस एंड इंजीनियरिंग, आई.आई.टी. बॉम्बे–2014

अभिभावकों का पेशा

❖ **पिता** : आई.ए.एस. अधिकारी, राजस्थान

❖ **माता** : गृहिणी

कोचिंग

❖ जी.एस.–वजीराम एंड रवि, दिल्ली

❖ गणित–आई.एम.एस., दिल्ली

प्राप्तांक

प्रीलिम्स (प्रारंभिक परीक्षा) : पेपर–1 : 106

पेपर–2 : 147.5

मेन्स (मुख्य परीक्षा)

निबंध (पेपर I) : 133

जनरल स्टडीज (सामान्य अध्ययन)–1 (पेपर II) : 98

जनरल स्टडीज–II (पेपर III) : 117

जनरल स्टडीज–III (पेपर IV) : 117

जनरल स्टडीज–IV (पेपर V) : 116

वैकल्पिक विषय-I (गणित) (पेपर VI) : 170
वैकल्पिक विषय-II (गणित) (पेपर VII) : 191
लिखित परीक्षा में प्राप्तांक-942
इंटरव्यू : 179
कुल अंक : 1121
मुझसे संपर्क करें-
टेलीग्राम चैनल : *t.me/Kanishak2018NotesAndStrategy*
इंस्टाग्राम : *https://www.instagram.com/kanishak kataria*
ट्वीटर : *https://twitter-com/kanishakkataria*
ब्लॉग : *demystifycse.in*

सिविल सेवा की यात्रा

- ❖ मेरी स्कूली शिक्षा ज्यादातर राजस्थान के कोटा शहर में हुई है, जो अपनी आई.आई.टी. और एन.ई.ई.टी. (फिर पी.एम.टी.) कोचिंग के लिए जाना जाता है। मैं गणित में बहुत अच्छा था और विज्ञान की तरफ भी मेरा काफी झुकाव था, लिहाजा स्नातक (ग्रेजुएशन) करने के लिए इंजीनियरिंग (और आई.आई.टी.) की तरफ मेरा झुकाव होना लाजमी था।
- ❖ 2010 में मैंने आई.आई.टी.जे.ई.ई. की परीक्षा दी। मेरा ऑल इंडिया रैंक 44 रहा। मैंने आई.आई.टी. बॉम्बे को चुना, जिसकी वजह थी, यहाँ कैरियर से जुड़े बहुत सारे विकल्प मौजूद होना। कंप्यूटर साइंस को मैंने अपनी ब्रांच के रूप में चुना, क्योंकि इस विषय में मेरी काफी दिलचस्पी थी, साथ ही इस सेक्टर में ढेरों अवसर भी मौजूद थे।
- ❖ बचपन में ही मेरे पिताजी ने मुझे सुझाव दिया था कि मुझे सिविल सर्विसेज में अपना कैरियर बनाने के बारे में सोचना चाहिए। वर्ष 2014 में मेरी ग्रेजुएशन के बाद उन्होंने मुझे दोबारा यू.पी.एस.सी. की परीक्षा में बैठने को कहा। हालाँकि, मैं अपनी जिंदगी का इतना अहम फैसला लेने से पहले कई दूसरे मौकों को भी टटोलना चाहता था। मेरे पास दक्षिण कोरिया से सैमसंग इलेक्ट्रॉनिक्स में नौकरी का प्रस्ताव था। यह मेरे लिए भारत से बाहर नए अनुभव प्राप्त करने का एक सुनहरा मौका था। इसके अलावा, मुझे निजी क्षेत्र को समझने-बूझने का एक अच्छा मौका भी मिल रहा था, जिसे मैंने स्वीकार कर लिया।
- ❖ 2016 में मैं वापस भारत लौट आया और बेंगलुरु की एक निजी कंपनी में काम करने लगा। हालाँकि, मेरे दिमाग में एक विकल्प के रूप में यू.पी.एस.सी. कहीं-न-कहीं हमेशा से ही मँडराता रहा था, लेकिन इस दौरान (सितंबर 2014-अप्रैल 2016) मैंने कभी भी इसके बारे में गंभीरता से विचार नहीं किया।
- ❖ बेंगलुरु में 7-8 महीने बिताने के बाद मैंने अपने कैरियर के बारे में ज्यादा गंभीरता से विचार करना शुरू किया। भारत के अंदर और बाहर अपनी जिंदगी में फर्क करने के बाद मैंने महसूस किया कि अपने देश में अभी काफी कुछ करने की जरूरत है और व्यक्तिगत तौर पर मैं भी इसमें अपना योगदान दे सकता हूँ।

- मैंने अपने पिता को काम करते हुए देखा था, इसलिए मैं इस बात से अच्छी तरह वाकिफ था कि अगर मैं सिविल सर्विसेज से जुड़ता हूँ, तो ज्यादा असरदार ढंग से काम कर सकता हूँ। इस सेवा के तहत न केवल आपको अलग-अलग क्षेत्रों में काम करने का मौका मिलता है, बल्कि अपने काम से काफी संतुष्टि भी मिलती है।
- मैंने अपनी जैसी पृष्ठभूमि वाले कुछ अधिकारियों से प्रशासनिक सेवा से जुड़े उनके अनुभवों पर चर्चा की और यह भी जानना चाहा कि क्या ये मेरे लिए एक बेहतर कैरियर हो सकता है? मुझे कुछ महीनों तक अमेरिका में भी काम करने का मौका मिला। अप्रैल 2017 में मुझे वहाँ के एक विश्वविद्यालय से स्नातकोत्तर पाठ्यक्रम में प्रवेश की भी अनुमति मिल गई। विदेशों में मेरे अनुभवों से मेरे दिमाग में यह बात साफ हो गई थी कि मैं भारत में ही रहना और काम करना चाहता हूँ। आधे-अधूरे दिल से तैयारी करने की बजाय पहले मैंने अपने दिमाग में यह बात साफ की कि आखिर मैं यू.पी.एस.ई. की तैयारी क्यों करना चाहता हूँ। करीब 5-6 महीने सोच-विचार करने के बाद मैंने आखिरकार यू.पी.एस.ई. की तैयारी करने का फैसला लिया।
- मैंने यू.पी.एस.सी. से जुड़ी अनिश्चितताओं और मुश्किलों के बारे में सुना हुआ था। मैं इस बात से भी वाकिफ था कि मुझे पढ़ाई, खास तौर पर मानविकी (ह्यूमैनिटीज) विषय छोड़े हुए काफी समय हो चुका है और मैं अपने आपको किस तरह की चुनौती की तरफ धकेल रहा हूँ। हालाँकि यह बात मेरे दिमाग में एकदम साफ थी कि मैं यू.पी.एस.सी. की परीक्षा में क्यों बैठना चाहता हूँ, इसलिए यह चुनौती बहुत ज्यादा बड़ी नहीं लगी। बल्कि, मैं तो इतिहास और राजनीति शास्त्र जैसे विषयों के बारे में और ज्यादा जानने के लिए बहुत उत्साहित था। इसके अलावा मैंने यह फैसला भी किया कि मैं केवल दो बार ही यू.पी.एस.सी. में चुने जाने के लिए कोशिश करूँगा। अगर मुझे इस परीक्षा में सफल होना होगा तो मैं दो प्रयासों में सफल हो जाऊँगा और नहीं होना होगा तो आगे भी नहीं हो पाऊँगा और मुझे अपनी कोशिशों पर विराम लगाना होगा।
- यू.पी.एस.सी. की तैयारी में पूरी तरह फोकस करने के लिए मई 2017 में मैंने अपनी नौकरी छोड़ दी। मैं जयपुर आ गया और इस परीक्षा से जुड़े तमाम पहलुओं को तह से जानने की कोशिश करने लगा, मसलन मुझे इस परीक्षा की तैयारी किस तरह करनी है, इसमें सफलता के लिए क्या कुछ करना चाहिए। इन सवालों के जवाब जानने के लिए मैंने यू.पी.एस.सी. के कुछ टॉपर्स के ब्लॉग्स भी पढ़े और फिर वर्ष 2018 में प्रीलिम्स देने का लक्ष्य बनाया।
- सबसे पहले मैंने अपने वैकल्पिक (ऑप्शनल) विषय को अंतिम रूप दिया, क्योंकि कई टॉपर्स ने इसकी अहमियत पर काफी जोर दिया था। मैंने अपनी ताकत, यानी गणित विषय को अपना वैकल्पिक विषय बनाया और यह फैसला किया कि मेरी तैयारी के दौरान यह मेरा सबसे प्रमुख हथियार (या एक्स-फैक्टर) होगा। थोड़ा-बहुत शोध करके मैंने गणित में 350 से ज्यादा नंबर लाने का लक्ष्य बनाया। मुझे पता था कि अगर मैं

ऑप्शनल में 350 से ज्यादा नंबर हासिल कर लूं तो आसानी से आई.ए.एस. निकाल सकता हूँ।

- इस बीच मैं अपने आई.आई.टी. बॉम्बे के कुछ ऐसे सहपाठियों के संपर्क में भी रहा, जो यू.पी.एस.सी. की तैयारी कर रहे थे। शुरुआत में यू.पी.एस.सी. की तैयारी के लिए नई दिल्ली आने को लेकर मेरे मन में थोड़ी हिचक थी (क्योंकि मैं अपने घर के आरामदायक माहौल में अकेला पढ़ना चाहता था)। लेकिन आखिरकार, अपने दोस्तों के साथ मैंने नई दिल्ली आने का फैसला किया और अपनी तैयारी को सही दिशा देने के लिए कोचिंग लेनी भी शुरू कर दी। मेरे दिमाग में एक बात बिलकुल साफ थी कि मुझे यू.पी.एस.सी. के लिए केवल दो बार ही कोशिश करनी है। मैंने अपनी पहली ही कोशिश में सफलता पाने के लिए जितना संभव हो सकता था, प्रयास करने शुरू कर दिए।
- मैं जून 2017 में दिल्ली आया और वजीराम एंड रवि कोचिंग से प्रीलिम्स और मेन्स के लिए साल भर चलनेवाली जी.एस. कोचिंग लेना शुरू कर दिया। गणित की कोचिंग के लिए मैंने आई.एम.एस. कोचिंग को चुना।
- शुरुआती चार महीनों में मेरा पूरा ध्यान वैकल्पिक विषय के पाठ्यक्रम (सिलेबस) को खत्म करने में रहा। इसके अलावा जी.एस. को ज्यादा-से-ज्यादा कवर करने और अखबारों में रोजमर्रा की घटनाओं को पढ़ने पर भी मैंने काफी जोर दिया। अक्तूबर 2017 तक, मैंने अपने वैकल्पिक विषय का 90 फीसदी पाठ्यक्रम पूरा कर लिया था। इसके बाद मैं पूरी तरह से जी.एस. की तैयारी में जुट गया।
- मैंने जी.एस. की तैयारी हमेशा मेन्स को ध्यान में रखते हुए की। मैंने सिलेबस पढ़ा और बीते वर्षों के सवालों को देखा। इसके बाद मैंने हर विषय के लिए एन.सी.ई.आर.टी., उस विषय से जुड़ी एक मूलभूत किताब और कोचिंग के नोट्स जैसे कम-से-कम स्टडी मैटेरियल का इस्तेमाल कर अपनी तैयारी शुरू की। करीब ढाई महीने तक मैंने अपना पूरा ध्यान केवल जी.एस. और करंट अफेयर्स पर लगाया।
- जनवरी और फरवरी 2018 में, प्रीलिम्स की तैयारी में पूरी तरह जुटने से पहले मैंने दोबारा अपने वैकल्पिक विषय यानी गणित को एक बार फिर दोहराने का फैसला किया। इसके बाद मार्च 2018 से मैंने प्रीलिम्स की तैयारी शुरू कर दी।
- कोचिंग पूरी होने के बाद यानी अप्रैल 2018 में अपने आप पढ़ने के लिए मैं वापस अपने घर जयपुर चला आया। मार्च से मई 2018 के बीच मैंने पूरी तरह से 3 जून, 2018 को होनेवाले प्रीलिम्स की तैयारी की।
- प्रीलिम्स के बाद मैंने एक हफ्ते तक आराम किया और फिर मेन्स की तैयारी शुरू कर दी। जब तक प्रीलिम्स का नतीजा नहीं आया, तब तक यानी पूरे एक महीने मैंने अपना पूरा ध्यान वैकल्पिक विषय को दोहराने पर लगाया। साथ ही अपने उत्तर लिखने की कला को और संवारा। मैं जानता था कि चाहे मैं प्रीलिम्स पास करूं या न करूं,

लेकिन पूरी तैयारी के लिए यह चरण बहुत महत्त्वपूर्ण है। मैंने अपनी कोशिशों को और ज्यादा बढ़ाने पर भी ध्यान लगाया।

❖ प्रीलिम्स का नतीजा आने के बाद मैंने अपने जी.एस. विषयों को दोहराना शुरू कर दिया और एक टेस्ट शृंखला (कुल 8 टेस्ट) की। मैंने पढ़ने के लिए नई किताबों वगैरह पर ध्यान लगाने की बजाय पुरानी किताबों में पढ़ी बातों को दोहराने पर ही फोकस किया।

❖ 7 अक्तूबर, 2018 को मेन्स खत्म हुए और मैंने एक महीने आराम करने का फैसला किया। हालाँकि मेरी नजर अखबारों में छपनेवाली रोजमर्रा की घटनाओं पर लगातार बनी हुई थी। जी.एस. परीक्षा के बाद अपने प्रदर्शन और नतीजे को लेकर मेरे अंदर बहुत ज्यादा आत्मविश्वास नहीं था। लेकिन मैं जानता था कि वैकल्पिक विषय मेरा एक्स-फैक्टर है और मेन्स में मेरा यह पेपर अच्छा गया है, इसलिए कहीं-न-कहीं थोड़ी बहुत उम्मीद तो जरूर थी। इसलिए कुल मिलाकर मेन्स के नतीजे को लेकर मेरे मन में कहीं-न-कहीं कुछ आशा तो थी ही।

❖ 20 दिसंबर, 2018 को मेन्स का नतीजा आने के बाद मैंने इंटरव्यू की तैयारी शुरू कर दी। मैंने इसकी तैयारी के लिए कुछ (मॉक इंटरव्यू) भी दिए और डी.ए.एफ. की पूरी तरह से तैयारी की।

❖ मेरा इंटरव्यू 6 मार्च, 2019 को था। इंटरव्यू के बाद, हालाँकि मैंने 2019 के प्रीलिम्स की तैयारी पर फोकस करने की कोशिशें कीं, लेकिन मैं अंतिम नतीजों को लेकर उत्साहित और बेचैन था, लिहाजा उस तरफ पूरा फोकस नहीं कर पाया। मेरे मन में मिले-जुले खयाल आ रहे थे, जैसे-क्या हो, अगर सबकुछ मेरी सोच के मुताबिक हो और मैं इस परीक्षा में सफल हो जाऊं; लेकिन दूसरी तरफ मैं अपने जी.एस. के नंबरों को लेकर आश्वस्त नहीं था। मैंने पहली बार मेन्स दिया था और मुझे इस बात का एकदम अंदाज नहीं था कि जी.एस. के सब्जेक्टिव (व्यक्तिपरक) होने के कारण मुझे इस विषय में कितने नंबर मिल सकते हैं।

❖ 5 अप्रैल, 2019 को यू.पी.एस.सी. 2018 के अंतिम नतीजे निकले और मैं यह देखकर भौंचक्का और थोड़ा-बहुत तनाव-मुक्त भी हुआ कि मैंने पहली ही कोशिश में आई.ए. एस. की परीक्षा पास कर ली है। पहला ऑल इंडिया रैंक पाना तो मेरे लिए सोने पर सुहागा था। ईमानदारी से कहूँ तो मुझे अब तक इस उपलब्धि की अहमियत का बोध ही नहीं हो पाया है। मैं तो इस बात से ही खुश हूँ कि यह मेरी डेढ़ साल की तपस्या का फल है। इस एहसास से मेरे अंदर खुशी की एक लहर दौड़ती है कि मैं अपने पहले प्रयास में ही अपना सपना सच कर पाया।

❖ इस परीक्षा के नतीजे ने मुझे दिखा दिया कि अगर आप लगातार कड़ी मेहनत करें, प्रबल इच्छा-शक्ति रखें और आपके हौसले बुलंद हों तो सब खुद-ब-खुद ठीक होता

चला जाता है। भले ही इस परीक्षा को सबसे मुश्किल परीक्षाओं में एक माना जाता है, खासतौर पर अगर आप पहली बार यह परीक्षा दे रहे हों, लेकिन असंभव कुछ भी नहीं है। और केवल मैं ही नहीं, कई दूसरे उम्मीदवार भी हैं, जिन्होंने पहली ही कोशिश में इस परीक्षा को पास करके दिखाया।

- उम्मीद है कि आनेवाले वर्षों में ज्यादा-से-ज्यादा परीक्षार्थी अपनी शुरुआती कोशिशों में ही इस परीक्षा में सफलता प्राप्त करके अपने सपने को पूरा करेंगे।
- पिछले कुछ महीने मेरे लिए काफी आरामदायक रहे हैं। मैंने परीक्षा की तैयारी शुरू करने से पहले खुद से वादा किया था कि मैं एक महीने इधर-उधर घूमने जाऊँगा, जिसे मैंने पूरा किया। इसके बाद से मैं बस, घर पर ही आराम फरमा रहा हूँ। मैं एल.बी.एस.एन.ए.ए. में ट्रेनिंग के शुरू होने का इंतजार कर रहा हूँ। ईमानदारी से कहूँ तो मैंने पिछले टॉपर्स की अकादमी और ट्रेनिंग की ज्यादा तसवीरें नहीं देखी हैं। मैं एल.बी.एस.एन.ए.ए. में अपनी ट्रेनिंग के अनुभव को पूरी तरह नया और तरोताजा रखना चाहता हूँ और यही बात है जो इस ट्रेनिंग सेंटर के बारे में मुझे सबसे ज्यादा उत्साहित करती है।
- भविष्य में मुझे कुछ नए और चुनौतीपूर्ण कामों की शुरुआत करनी है। मुझे उम्मीद है कि मैं एक बेहतरीन ट्रेनिंग प्रक्रिया से होकर गुजरने के बाद अपना काम शुरू करूँगा। उम्मीद करता हूँ कि मैं इस परीक्षा में भी सफल होकर दिखाऊंगा और बतौर प्रशासक हर किसी की उम्मीदों पर खरा उतरूंगा, फिर चाहे वो मैं खुद हूँ, मेरे माता-पिता हों या फिर परिवार अथवा देश के लोग।

नए अभ्यर्थियों के लिए संदेश

- आपने इस परीक्षा की तैयारी के लिए बहुत-सी कुर्बानियां दी हैं। दूसरों से न सही, पर खुद से सच बोलिए और हमेशा यह बात याद रखिए कि आप सिविल सर्विस में आखिर क्यों आना चाहते हैं। विषय के ज्ञान से ज्यादा, यू.पी.एस.सी. उम्मीदवारों की मानसिक स्थिति और भावनाओं को ज्यादा जांचता है। अगर आपके दिमाग में कोई भ्रम नहीं है तो आपको यू.पी.एस.सी. की परीक्षा पास करने से कोई नहीं रोक सकता।
- डराने और अफवाहें फैलानेवालों के जाल में न फंसें। खुद पर और अपनी मेहनत पर यकीन करें। लोग काफी कुछ कहेंगे, मसलन यह परीक्षा पहले प्रयास में नहीं निकाली जा सकती। लेकिन याद रखिए कि ऐसे लोग केवल आपका मनोबल तोड़ना चाहते हैं। इस परीक्षा को पहले ही प्रयास में निकालना एकदम मुमकिन है। आपको अपनी पढ़ाई के लिए सही रणनीति बनाने के साथ-साथ थोड़ा होशियार होने की जरूरत है। निश्चित तौर पर थोड़ा-बहुत खेल तो किस्मत का भी होता है, लेकिन किस्मत भी तभी आपका साथ देगी, जब आपने कड़ी मेहनत की हो।
- निरंतर प्रयास करते रहें और उनकी तेजी बनाए रखें। शुरुआत और आखिरी के चार महीनों में खूब मेहनत करें। बीच के समय के लिए अपनी ऊर्जा बचाकर रखें। इसे एक

मैराथन दौड़ की तरह देखें। अगर आपने शुरुआत के चार महीनों में अच्छी तैयारी कर ली और अपने वैकल्पिक विषय का सिलेबस जल्दी खत्म कर दिया तो आप मेन्स की तैयारी करने के लिए पूरी तरह तैयार होंगे।

- नई दिल्ली जाने या फिर कोचिंग करने से नहीं घबराएं। आज के जमाने में पढ़ने के लिए जरूरी तमाम चीजें ऑनलाइन मौजूद हैं। अगर आप अपने घर के आरामदायक माहौल में ही अच्छी तरह पढ़ सकते हैं तो यकीन मानिए, तैयारी के लिए इससे अच्छी जगह हो ही नहीं सकती।
- अपने संसाधनों और आदतों को लेकर निष्ठुर बनिए। अगर कोई रणनीति काम नहीं कर रही तो उसे छोड़ दें। और अगर कोई तरीका आपके हित में काम कर रहा है तो उसे बार-बार दोहराएँ। भावुक बनें और व्यावहारिक ज्यादा।
- किसी से प्रतिस्पर्धा न करें, आपकी प्रतिस्पर्धा खुद से है। अगर आप हर दिन खुद में सुधार ला पा रहे हैं और खुद के लिए एक बेहतरीन संस्करण बन रहे हैं तो इसका मतलब है कि आप सही दिशा में जा रहे हैं।
- अपनी इस यात्रा के दौरान आशावादी रहें और खुद पर यकीन रखें। मेरी सफलता के मूल मंत्र रहे—आशावाद, मेहनत और आत्मविश्वास। जब कभी निराशा के पल आए, इन्हीं तीन मंत्रों ने मुझे उससे बाहर निकाला और लगातार आगे बढ़ने में मदद की। इन सूत्रों को अपना हथियार बनाएं और ऐसा करके आप खुद की सारे नकारात्मक विचारों और चुनौतियों से रक्षा कर पाएंगे।
- सबकुछ पढ़ने के चक्कर में न रहें। पहली कोशिश में आप सबकुछ पढ़ डालें। यह करीब-करीब नामुमकिन है। अपने हिसाब से अपनी रणनीति बनाएं। दूसरों की नकल न करें। अगर आप किसी टॉपर को पाँच किताबें पढ़ते देखते हैं, तो आपको यह भी ध्यान रखना होगा कि उसने कितनी बार यह परीक्षा दी होगी कि वह सारी किताबें पढ़ पा रहा है। एक मार्गदर्शक की जरूरत किसे नहीं होती; लेकिन ऐसे विचारों को लेकर आलोचनात्मक रहें, जो उसके खुद पर भी लागू नहीं होते।
- मैं आपसे आखिर में यही कहूँगा कि यू.पी.एस.सी. ही जीवन में सबकुछ नहीं है। बाहरी दुनिया को लेकर अपना दिमाग खोलिए और देखिए कि आपके आगे और कौन से मौके आते हैं। नतीजे पर फोकस करने की बजाय इस पूरी प्रक्रिया का लुत्फ उठाएं। अगर आप परीक्षा पास नहीं भी कर पाते तो भी आप इससे काफी कुछ सीखेंगे और एक बेहतर इनसान बनेंगे। आज में जिएं, नतीजों पर कम फोकस करें और कल के बारे में ज्यादा नहीं सोचें। अगर आप ऐसा करते हैं तो आपको वही नतीजा मिलेगा, जिसके आप हकदार हैं।

❑

2

नाम : अक्षत जैन

रैंक : 02, सीएसई-2018

"एक सही रणनीति आपको आपके लक्ष्य तक पहुँचाती है। ऐसे ही तैयारी करने से आपको मनचाहे परिणाम हासिल नहीं होंगे।"

अक्षत जैन

वैकल्पिक विषय

मानवशास्त्र

परीक्षा का माध्यम

अंग्रेजी

निवासी

जयपुर (राजस्थान)

शैक्षिक योग्यता

- ❖ प्राथमिक और माध्यमिक : इंडिया इंटरनेशनल स्कूल, जयपुर
- ❖ उच्च माध्यमिक : जयपुर इंटरनेशनल स्कूल, जयपुर
- ❖ स्नातक : बैचलर ऑफ डिजाइन- आई.आई.टी., गुवाहाटी

अभिभावकों का पेशा

- ❖ **पिता** : श्री डी. सी. जैन - ज्वॉइंट डायरेक्टर, सी.बी.आई., नई दिल्ली
- ❖ **माता** : श्रीमती सिम्मी जैन - IRS-ADG, NACIN, जयपुर

प्राप्तांक मेन्स (मुख्य परीक्षा)

- ❖ निबंध : 123
- ❖ जनरल स्टडीज-I : 099
- ❖ जनरल स्टडीज-II : 114
- ❖ जनरल स्टडीज-III : 104
- ❖ जनरल स्टडीज-IV : 107
- ❖ वैकल्पिक विषय-I (मानवशास्त्र) : 171
- ❖ वैकल्पिक विषय-II (मानवशास्त्र) : 164
- ❖ **लिखित परीक्षा में प्राप्तांक : 882**
- ❖ **इंटरव्यू : 198**
- ❖ **कुल अंक : 1080**

अब तक की जीवन-यात्रा

- अक्षत जैन का जन्म राजस्थान के जयपुर शहर में श्री डी. सी. जैन और श्रीमती सिम्मी जैन के यहाँ हुआ। उनके पिता सी.बी.आई. अधिकारी हैं और माता एक आई.आर. एस. अधिकारी। अक्षत की प्रेरणा उनके माता-पिता ही थे। अक्षत के घर में हमेशा से ही पढ़ाई के लिए अच्छा माहौल था। वह अच्छे विद्यार्थी तो थे ही, साथ ही उनकी पाठ्यक्रम के अतिरिक्त अन्य गतिविधियों में भी काफी रुचि थी।
- अक्षत ने अपने स्कूल की शिक्षा इंडिया इंटरनेशनल स्कूल, जयपुर से पूरी की। उन्होंने आई.आई.टी. गुवाहाटी से डिजाइनिंग में स्नातक की पढ़ाई की। स्नातक करने के तुरंत बाद सिर्फ तीन महीने की तैयारी के बाद अक्षत ने यू.पी.एस.सी. 2017 की परीक्षा दी, लेकिन सिर्फ़ दो नंबरों से वे प्रीलिम्स में रह गए। उन्होंने सैमसंग आर. एंड डी. इंस्टीट्यूट बेंगलुरु में नौकरी भी की।
- उसके बाद अक्षत ने रणनीति बनाई कि उन्हें कैसे तैयारी करनी है। उन्होंने शॉर्ट नोट्स बनाए, जिससे रिवाइज करने में आसानी हो। उन्होंने अपने अंतिम वर्ष के इंटर्नशिप के दौरान ही तय किया कि वह आई.एस.एस. और सिविल सेवा परीक्षा की तैयारी करेंगे। उन्हें पता था कि जीवन में उनका उद्देश्य पैसा कमाना नहीं है, बल्कि ऐसा काम करना है जिससे उन्हें संतुष्टि मिले। चूँकि उनके माता-पिता दोनों सिविल सर्वेंट हैं, इसलिए उन्हें इस नौकरी के बारे में बहुत कुछ सीखने को मिला।
- उनके माता-पिता ने उन्हें संतुष्टि की भावना के बारे में बताया था, जब वे लोगों की मदद करने के लिए अपनी स्थिति का उपयोग करते थे और इस बात ने उन्हें इस रास्ते को चुनने के लिए प्रोत्साहित किया। वर्ष 2018 में अक्षत ने यू.पी.एस.सी. में ए.आई.आर. 2 लाकर खुद को साबित कर दिखाया।

अक्षत के अनुसार

''जिस दिन से आपने अपने आप को चुनौतियों के लिए तैयार कर लिया, उसी दिन से आप इस परीक्षा में सफल होने के लिए भी तैयार हैं। उन लोगों के साथ रहें, जो आपको सकारात्मक ऊर्जा देते हैं। आजकल बहुत ज्यादा ऐसे प्लेटफॉर्म हैं जहाँ से आपको सही मार्गदर्शन प्राप्त हो सकता है। बस, दृढ़ निश्चयी बने रहें और अपनी रणनीति के अनुसार लक्ष्य-प्राप्ति की ओर बढ़ें। बीच-बीच में अपनी तैयारी की जाँच मॉक परीक्षाएँ देकर करते रहें।''

नए अभ्यर्थियों के लिए संदेश

- सबसे पहले एक स्पष्ट रणनीति बनाएँ और उसके बाद अपनी तैयारी शुरू करें।
- आपकी रणनीति व्यावहारिक होनी चाहिए और आप इसे दैनिक रूप से पालन करने में सक्षम हों।

- सबसे पहले पूरा पाठ्यक्रम पढ़ें और फिर यह तय करें कि तैयारी कैसे करनी है।
- अपने लिखने के कौशल में और सुधार कीजिए, क्योंकि उसका बहुत फर्क पड़ता है।
- एक कठोर नियमावली का पालन करें, सोशल मीडिया से दूर रहें, पढ़ाई पर ध्यान केंद्रित करें और अपनी तैयारी के दौरान स्वस्थ व जागरूक रहें।
- अक्षत का मानना है कि इस परीक्षा की तैयारी के दौरान बहुत अधिक प्रयास एवं मेहनत करनी पड़ती है, बहुत धैर्य रखना होता है; क्योंकि यह परीक्षा आपके धैर्य और समर्पण का परीक्षण करती है।
- जब तक आपको परिणाम नहीं मिल रहा है, तब तक इससे विचलित न हों।
- नियमित रूप से आत्म-निरीक्षण करने की कोशिश करें और आत्म-मूल्यांकन करें।
- एक रोड मैप बनाएँ और उसे सही तरीके से फॉलो करें, ताकि लक्ष्य को पा सकें।

❑

3

नाम : सृष्टि देशमुख
रैंक : 05, सीएसई-2018

"नामुमकिन कुछ भी नहीं, अगर इरादे बुलंद हों और लगन सच्ची हो।"

सृष्टि देशमुख

वैकल्पिक विषय

समाजशास्त्र (Sociology)

परीक्षा का माध्यम

अंग्रेजी

निवासी

भोपाल, मध्य प्रदेश

शैक्षिक योग्यता

- स्कूल : कार्मेल कॉन्वेंट स्कूल, BHEL, भोपाल, मध्य प्रदेश
- स्नातक : लक्ष्मी नारायण कॉलेज ऑफ टेक्नोलॉजी, भोपाल

अभिभावकों का पेशा

- **पिता** : श्री जयंत देशमुख (इंजीनियर)
- **माता** : श्रीमती सुनीता देशमुख (शिक्षिका)

प्राप्तांक

मुख्य परीक्षा और व्यक्तित्व परीक्षण

निबंध (पेपर I) : 113

सामान्य अध्ययन-I (पेपर II) : 120

सामान्य अध्ययन-II (पेपर III) : 111

सामान्य अध्ययन-III (पेपर IV) : 115

सामान्य अध्ययन-IV (पेपर V) : 124

वैकल्पिक विषय : समाजशास्त्र

(पेपर I) : 162

(पेपर II) : 150

लिखित परीक्षा में प्राप्तांक : 895

व्यक्तित्व परीक्षण : 173

कुल प्राप्तांक : 1068

अब तक की जीवन-यात्रा

- सृष्टि जयंत देशमुख का जन्म भोपाल में एक मध्यम वर्गीय परिवार में हुआ। उनके पिता पेशे से इंजीनियर और उनकी माता एक शिक्षिका हैं। सृष्टि का एक छोटा भाई भी है। वह शुरू से ही एक मेधावी छात्रा थीं। उन्होंने स्कूल की शिक्षा कार्मेल कॉन्वेंट स्कूल, BHEL, भोपाल, मध्य प्रदेश से पूरी की। कक्षा बारहवीं में उनके 93.4% अंक आए थे। उन्होंने भोपाल के राजीव गांधी प्रौद्योगिकी विश्वविद्यालय से केमिकल इंजीनियरिंग में बी.टेक. किया।
- सृष्टि ने अपने पहले ही प्रयास में यू.पी.एस.सी. में कामयाबी पाई। उन्होंने पहले से ही तय कर रखा था कि वह एक ही बार यह परीक्षा देंगी। सृष्टि अपनी सफलता का श्रेय अपने परिवार, दोस्तों और शिक्षकों को देती हैं। उनकी रुचि योगा और मेडिटेशन में भी है।
- सृष्टि ने मात्र 23 वर्ष की उम्र में यू.पी.एस.सी. की परीक्षा में सफलता प्राप्त की थी। अपना कॉलेज पूरा करते ही वे सिविल सर्विसेज की तैयारी में जुटी रहीं और अपना लक्ष्य पहली ही बार में प्राप्त कर लिया।

परीक्षा की योजना

- हालाँकि भोपाल में रहकर सिविल सर्विसेज की तैयारी करना आसान नहीं था सृष्टि के लिए। यहाँ रहते हुए कभी उन्हें स्टडी मैटेरियल नहीं मिलता तो कभी कोचिंग क्लास की किल्लत, जिसके चलते उन्होंने इंटरनेट का सहारा लिया और यहाँ पर उन्हें नॉलेज, टेस्ट सीरीज, क्लासेज सबकुछ आसानी से मिल गया। सृष्टि ने स्वाध्याय से ही यू.पी. एस.सी. की तैयारी की।
- सृष्टि अपने परिवार की पहली आई.ए.एस. अफसर हैं। इनसे पहले इनके पूरे खानदान में कोई आई.ए.एस. अफसर नहीं हुआ। सृष्टि ने मध्य प्रदेश कैडर का प्रिफरेंस भरा था और जो रैंक उन्हें मिली है, उसमें मध्य प्रदेश कैडर में आई.ए.एस. अफसर बनना उनके लिए और आसान हो गया। सृष्टि हमेशा से ही आई.ए.एस. बनना चाहती थीं। उनके भीतर जुनून इतना ज्यादा था कि उन्होंने कॉलेज के दौरान कैंपस प्लेसमेंट में हिस्सा ही नहीं लिया और न ही अपना सी.वी. तैयार किया। उन्होंने नौकरी के लिए किसी कंपनी को अप्रोच भी नहीं किया।
- सृष्टि ने टेस्ट सीरीज में पढ़ा था कि मध्य प्रदेश में 15 से 30 हजार स्कूल ऐसे हैं, जहाँ सभी बच्चों के लिए सिर्फ एक शिक्षक है। यह बात उनके दिमाग में घर कर गई। उन्होंने सोचा, मैं इस स्थिति को बदलने के लिए क्या कर सकती हूँ और उन्हें यहीं से प्रोत्साहन मिला। इंजीनियरिंग इसलिए की, ताकि बैकअप तैयार रहे।

- जिन दिनों सृष्टि सिविल सर्विसेज की तैयारी कर रही थीं, उस दौरान उन्होंने खुद को सोशल नेटवर्किंग साइट्स से दूर रखा। इंटरनेट का इस्तेमाल सिर्फ पढ़ाई के लिए ही किया। उनके दोस्तों ने तो कहना शुरू कर दिया था कि पढ़ाई के चक्कर में सृष्टि सोशल लाइफ से कटती जा रही है, लेकिन सृष्टि के मन में इरादा कुछ और करने का था। उन्हें आगे बढ़ना था। ऐसे में उन्होंने दोस्तों की बातों पर भी ध्यान नहीं दिया और वही किया, जो करने के लिए उनके दिल ने उन्हें उकसाया।
- बचपन से ही वह अपने लक्ष्य को लेकर निश्चित थीं, तैयारी के शुरुआती दिनों में उन्होंने कुछ घंटों की ही पढ़ाई की, लेकिन जैसे-जैसे परीक्षा का समय नजदीक आया उन्होंने अपनी पढ़ाई के घंटे भी बढ़ा दिए। सृष्टि करेंट अफेयर्स से हमेशा जुड़ी रहीं और खुद को अपडेट रखने के लिए अखबार को अपना सबसे अच्छा दोस्त बना लिया।
- हर दिन सृष्टि छह से आठ घंटे पढ़ाई को देती थीं। अगले दिन क्या पढ़ना है, वह एक दिन पहले ही तय कर लेती थीं। और आखिरकार यू.पी.एस.सी. 2018 की परीक्षा में सृष्टि जयंत देशमुख ने AIR 5 हासिल कर ही लिया। वैसे तो सृष्टि को इस परीक्षा में पाँचवीं रैंक मिली है, लेकिन अगर महिला अभ्यर्थियों की बात की जाए तो उसमें वे अव्वल हैं, यानी कि टॉपर हैं और ऐसा उन्होंने अपने प्रथम प्रयास में कर दिखाया।

नए अभ्यर्थियों के लिए संदेश

- किसी भी अभ्यर्थी को अपनी शुरुआत पुराने छह से सात साल के पेपर्स से करनी चाहिए। हर रात उन सवालों को आधे घंटे देखें, जिससे तैयारी करते समय आपको आइडिया हो जाए कि ऐसे भी प्रश्न परीक्षा में आ सकते हैं।
- इंटीग्रेटेड प्रिपरेशन ज्यादा जरूरी है। प्रीलिम्स की तैयारी करें तो ऑब्जेक्टिव, मेन्स के लिए जरूरी टॉपिक्स और इंटरव्यू के लिए करंट अफेयर्स पढ़ते रहें।
- अखबार पढ़ना अपनी रोज की दिनचर्या में जोड़ें। उन्होंने कहा कि अखबार में खबरें ही न पढ़ें, बल्कि एक नजर संपादकीय, यानी एडिटोरियल पेज पर भी डालें। रोज जो भी आप करंट अफेयर्स पढ़ते हैं। उन्हें नोट्स के रूप में भी तैयार कर लें। राज्य सभा टी.वी. देखना भी अपनी तैयारी में रखें। इसके अलावा, वहाँ से रोज एक टॉपिक को नोट करें और उसके बारे में पढ़ें।
- सबसे आखिरी पड़ाव होता है इंटरव्यू, जिसके लिए आपका डिटेल एप्लीकेशन फॉर्म देखा जाता है। इसलिए एक बार अपने एप्लीकेशन फॉर्म में जो आपने लिखा है, यहाँ तक कि रुचियाँ भी, तो उन्हें पढ़ लें।

- कहीं से भी कुछ भी आपसे संबंधित पूछा जा सकता है।
- सृष्टि ने यह भी बताया– उन्हें गाने सुनना पसंद है, पर उन्हें म्यूजिक के बारे में नहीं पता था, इसलिए उन्होंने इसके बारे में हॉबी में नहीं लिखा।
- इसलिए आप भी वही लिखें, जिसके बारे में आप निश्चित तौर से वाकिफ हों।
- कोचिंग सिर्फ आपको मार्गदर्शन दे सकती है, पढ़ाई आपको खुद ही करनी होगी। मैंने खुद रोज छह से सात घंटे पढ़ाई की और जैसे-जैसे परीक्षा का समय नजदीक आया, मैंने पूरा ध्यान पढ़ाई पर केंद्रित किया। लेकिन मैं आपको कहूँगी कि ज्यादा घंटे पढ़ने से कुछ नहीं होता। अच्छी तैयारी के लिए आपको मन लगाकर पढ़ना होगा। साथ ही आपको जरूरी विषयों पर ध्यान देना होगा।

❑

4

नाम : शुभम गुप्ता

रैंक : 06, सीएसई-2018

"इस परीक्षा में सफलता पाने के तीन फॉर्मूले हैं—समर्पण, प्रतिबद्धता और दृढ़ता। आत्मविश्वास बनाए रखें, यकीनन आप इस परीक्षा में सफलता प्राप्त करेंगे।"

शुभम गुप्ता

वैकल्पिक विषय

कानून (लॉ)

परीक्षा का माध्यम

अंग्रेजी

निवासी

भुदोली, नीम का थाना, जिला-सीकर (राजस्थान)

शैक्षिक योग्यता

❖ बी.ए. (ऑनर्स) अर्थशास्त्र : दिल्ली कॉलेज ऑफ आर्ट्स एंड कॉमर्स, दिल्ली विश्वविद्यालय (2015)

अभिभावकों का पेशा

❖ **पिता** : बिजनेसमैन

❖ **माता** : गृहिणी

कोचिंग

❖ जी.एस. : निर्वाण आई.ए.एस.

❖ लॉ : निर्वाण आई.ए.एस.

प्राप्तांक

प्रीलिम्स (प्रारंभिक परीक्षा) : पेपर-1 : 108

पेपर-2 : 150

मेन्स (मुख्य परीक्षा)

निबंध (पेपर I) : 139

जनरल स्टडीज (सामान्य अध्ययन)-1 (पेपर II) : 97

जनरल स्टडीज-II (पेपर III) : 124

जनरल स्टडीज-III (पेपर IV) : 101

जनरल स्टडीज-IV (पेपर V) : 118

वैकल्पिक विषय-I (लॉ) (पेपर I) : 149
वैकल्पिक विषय-II (लॉ) (पेपर II) : 155
लिखित परीक्षा में प्राप्तांक : 883
इंटरव्यू : 184
कुल अंक : 1067
मुझसे संपर्क करें–
फेसबुक : *https://m-facebook.com/shubham1108.gupta*
इंस्टाग्राम : *https://www.instagram.com/shubhamgupta1108*
ट्वीटर : *https://twitter.com/AskShubhamGupta*
ब्लॉग : *https://myantardhwani.blogspot.com*

सिविल सेवा की यात्रा

- यू.पी.एस.सी. का मेरा सफर काफी कम उम्र में ही शुरू हो गया था, शायद तब, जब मैं पाँचवीं कक्षा में पढ़ता था। कारोबारी होने के नाते मेरे पिता को अपने जीवन में नौकरशाहों के साथ कुछ बुरे अनुभवों का सामना करना पड़ा। लिहाज, एक दिन उन्होंने मुझसे कहा कि मैं कलेक्टर बनने को चुनौती के रूप में स्वीकार करूं, ताकि उन लोगों को एक अनुकूल माहौल दे सकूं, जिन्हें तमाम कामों के लिए नौकरशाहों के संपर्क में आना पड़ता है। उसी समय से मेरे दिमाग में इस दिशा में जाने का विचार घर कर गया। इसी विचार ने मेरी जिंदगी के शुरुआती वर्षों में यू.पी.एस.सी. सी.एस.ई. परीक्षा के लिए की जानेवाली कोशिशों के रूप में आकार लेना शुरू कर दिया था।
- इस सफर के दौरान मैंने कई असफलताएँ झेलीं। इस सफर में जहाँ न केवल मैं ऐसे कारणों से मन-माफिक नतीजा पाने में नाकाम रहते हुए पेशेवर तौर पर हारा, जिन्हें बाद में समझना मेरे लिए काफी मुश्किल था, बल्कि इस दौरान मुझे व्यक्तिगत तौर पर भी काफी कुछ खोना पड़ा। मेरे दोस्त मुझसे दूर हो गए और अपने परिवार के लोगों से भी मैं नजदीकियां बरकरार नहीं रख पाया। इसका कारण यह था कि जब कभी मैंने इस परीक्षा के लिए प्रयास शुरू किए, या तो मैं कॉलेज में था या फिर ट्रेनिंग कर रहा था, जिसके कारण मुझे वह खाली वक्त नहीं मिल पाया, जो व्यक्तिगत संबंधों के लिए उपलब्ध हो सकता था। यह नुकसान इतना ज्यादा था, जिसे मैं आज तक महसूस कर सकता हूँ।
- वर्ष 2015 में पहली बार मैंने सी.एस.ई. की परीक्षा दी थी, लेकिन मैं प्रीलिम्स भी नहीं निकाल पाया। यह बात ठीक मेरे ग्रेजुएशन के बाद की है। मुझे समझ आ गया था कि मैं इस समय इस परीक्षा की तैयारी के लिए भी तैयार नहीं था, क्योंकि इस परीक्षा में सफलता के लिए जिस गूढ़ ज्ञान की जरूरत होती है, वह मेरे पास इस समय था ही नहीं। इसके अलावा, परीक्षा में सफलता पाने के लिए बेहद जरूरी है टाइम मैनेजमेंट स्किल, यानी समय का सदुपयोग करने की कला। लेकिन मैंने अभी यह कला भी नहीं

सीखी थी। मुझे इस बात का एहसास हुआ और अपनी इन गलतियों को सुधारते हुए अगले ही साल यानी वर्ष 2016 में मैंने प्रीलिम्स और फिर मेन्स की परीक्षा भी पास कर ली। उस साल मेरा ए.आई.आर. ऑल इंडिया रैंक 366 था। मुझे भारतीय ऑडिट और अकाउंट सेवा दी गई। जब मैंने अपनी मार्क शीट (अंक तालिका) देखी तो यह देखकर चौंक गया कि मेरा मेन्स का स्कोर उस साल के टॉप 5 सफल रैंक वालों में था; लेकिन इंटरव्यू में मुझे 124 अंक मिले थे, जो बेहद कम थे। इस बात से मैं थोड़ा परेशान हुआ। मैंने अपनी गलतियों का मूल्यांकन किया और उन्हें पहचानने की कोशिश की। फिर भी, मैं इंटरव्यू में मिले इतने कम नंबरों के पीछे की कोई एक वजह पकड़ने में नाकामयाब रहा। मैंने भारतीय राजस्व सेवा की बजाय भारतीय ऑडिट और अकाउंट्स सेवा को प्राथमिकता दी थी, जिससे मेरे परिवारवाले ज्यादा खुश नहीं थे।

❖ लिहाजा, मैंने एक बार फिर, यानी तीसरी बार इस परीक्षा को देने का फैसला किया। समय और हौसले की कमी ने एक बार फिर मुझे निराश किया और मैं प्रीलिम्स भी नहीं निकाल पाया। मेरे लिए यह बहुत निराशाजनक था, खास तौर पर इसलिए, क्योंकि मैं पहले से ही इस सेवा में था। हालाँकि, इस नतीजे ने मुझे इस बात का भी एहसास करवाया कि इस परीक्षा में अनिश्चितता कितनी ज्यादा होती है। इस बीच, शिमला में मेरी भारतीय ऑडिट और अकाउंट सेवा की ट्रेनिंग शुरू हो गई थी। यह ट्रेनिंग का निश्चित तौर पर काफी थकानेवाला हिस्सा था। ट्रेनिंग के दौरान क्लासेज सुबह 9.30 से शुरू होकर शाम को 5.30 बजे खत्म होती थीं। शनिवार को साप्ताहिक ट्रेक्स होता था। लिहाज, शिमला में ट्रेनिंग के दौरान मेरे पास इस परीक्षा की तैयारी के लिए बहुत ही कम समय बच पाता था।

❖ काफी सोच-विचार के बाद मैंने चौथी और आखिरी बार इस परीक्षा में अपनी किस्मत आजमाने का फैसला किया। मैंने क्लासेज के बाद मिले खाली समय में इस परीक्षा की तैयारी शुरू की। सी.एस.ई. के लिए मुझे कमर तोड़ मेहनत करनी थी, लेकिन मुझे अलग-अलग तरह के खेल भी खूब भाते थे, इसलिए मैंने दोनों के बीच संतुलन बनाने की कोशिश की। किस्मंत ने साथ दिया और मेरे बैच के जिन 16 लोगों ने वर्ष 2018 का प्रीलिम्स दोबारा दिया था, उनमें सफल रहे 3 लोगों में मैं भी एक था। इसके बाद मैंने मेन्स भी निकाला। अब बारी आई इंटरव्यू की। जैसा कि मैंने पहले बताया कि पिछली बार इंटरव्यू में मुझे काफी खराब नंबर मिले थे। लिहाज, मैंने फैसला किया कि मैं इस बार इंटरव्यू की तैयारी में खुद को पूरी तरह झोंक दूंगा। मैंने पूरा जी-जान लगाकर इंटरव्यू के लिए खुद को तैयार किया। इंटरव्यू के दिन मैंने नीले रंग का सूट पहना हुआ था। मुझे अपनी बारी के लिए करीब 3 घंटे वेटिंग हॉल में इंतजार करना पड़ा। अपने पिछले अनुभव के चलते इस बार मन में जो उथल-पुथल मची हुई थी, उसे काबू में करना मेरे लिए जरा मुश्किल ही था। इसको काबू में करने के लिए मुझे काफी जूझना पड़ा और आखिरकार इंटरव्यू निपट गया।

❖ जिस दिन नतीजा आया, मुझे वाकई कोई उम्मीद नहीं थी कि उसी दिन यू.पी.एस.सी. अंतिम सूची निकालेगा। अचानक मेरे दो दोस्त भागते हुए मेरे पास आए। वे चिल्ला रहे थे कि मुझे यू.पी.एस.सी. में छठा ऑल इंडिया रैंक मिला है। पहले तो मुझे उनकी बातों पर यकीन ही नहीं हुआ। मैं अपनी आँखों से नतीजा देखना चाहता था। सूची में अपना नाम इतना ऊपर देखकर मैं काफी खुश हो गया। उस समय मेरे दिमाग में बस, यही खयाल आया कि पाँच साल के एक बच्चे ने आखिरकार सालों से देखा अपना सपना सच कर दिखाया है। बेशक, इसमें काफी वक्त और बहुत सारी मेहनत लगी, लेकिन इसका फल उम्मीद से कहीं ज्यादा मीठा था। मेरे आसपास की दुनिया रातो-रात बदल गई। अब लोग मुझे जानते थे। वे मुझसे बात करना चाहते थे। लेकिन मैंने खुद को शांत रखते हुए अपने आप से कहा कि यह मेरे सफर का अंत नहीं, बल्कि शुरुआत है।

नए अभ्यर्थियों के लिए संदेश

❖ इस परीक्षा में सफलता पाने के तीन फॉर्मूले हैं– समर्पण, प्रतिबद्धता और दृढ़ता। हर उम्मीदवार के लिए यह बेहद महत्त्वपूर्ण है कि वह पूरी तन्मयता से यू.पी.एस.सी. की तैयारी करे। यह प्रतिबद्धता अंदर से आनी चाहिए और परीक्षार्थी की अंतर्ध्वनि में झलकनी चाहिए। यह अंतिम नतीजे के प्रति आपकी प्रतिबद्धता दरशानेवाली होनी चाहिए, जिसे इस परीक्षा को पास कर यू.पी.एस.सी. में प्रवेश के रूप में परीक्षार्थी हासिल करने की कोशिश कर रहा है। यह बात भी काफी महत्त्वपूर्ण है कि इस पूरे सफर में परीक्षार्थी का अपने साथ-साथ इस पूरी प्रक्रिया पर भी भरोसा बना रहे, ताकि वह असफलता के बोझ तले न दब जाए और ऐसी किसी भी स्थिति में खुद को दोबारा उठा पाने में सफल हो। यह याद रखने की जरूरत है कि इस परीक्षा की प्रकृति कुछ ऐसी है कि अच्छे से अच्छे को विनम्रता का सबक मिल जाता है। लिहाजा, लगातार सीखते रहने की प्रक्रिया बहुत महत्त्वपूर्ण है और इस परीक्षा के तमाम चरणों में सफलता पाने के अवसरों को बढ़ा देती है।

❖ उम्मीदवारों को मैं यह भी कहूँगा कि यू.पी.एस.सी. जीवन का केवल एक हिस्सा है। इससे अपने पूरे जीवन को प्रभावित न होने दें। यू.पी.एस.सी. एक सफर के अंत का एक साधन मात्र है, खुद अंत नहीं है।

❖ जहाँ तक इस परीक्षा की तैयारी का सवाल है, मैं यहाँ यह जरूर कहना चाहूँगा कि सहजता के साथ परीक्षा की तैयारी करें। एक विषय के लिए सबकुछ पढ़ने की कोई आवश्यकता नहीं है। आपका फोकस अच्छा पढ़ने पर होना चाहिए, ज्यादा-से-ज्यादा चीजों के पढ़ने पर नहीं। खुद पर भरोसा बनाए रखें तो निश्चित तौर पर आप इस परीक्षा में सफलता प्राप्त कर पाएंगे।

❑

5

नाम : वैशाली सिंह

रैंक : 08, सीएसई-2018

"अपनी खूबियों व खामियों को पहचानें और उन्हें दुरुस्त करें। हमेशा याद रखें कि हम अपनी सोच से ज्यादा मजबूत हैं और हमें किसी-न-किसी रूप में अपनी हिम्मत का फल जरूर मिलेगा।"

वैशाली सिंह

वैकल्पिक विषय

कानून (लॉ)

परीक्षा का माध्यम

अंग्रेजी

निवासी

फरीदाबाद (हरियाणा)

शैक्षिक योग्यता

❖ बी.ए.एल.एल.बी. (ऑनर्स)-2016

अभिभावकों का पेशा

❖ **पिता** : वकील ❖ **माता** : वकील

कोचिंग

❖ जी.एस.-विजन आई.ए.एस.

प्राप्तांक

प्रीलिम्स (प्रारंभिक परीक्षा): पेपर-1 : 122.66

पेपर-2 : 124.18

मेन्स (मुख्य परीक्षा)

❖ निबंध (पेपर I) : 146

जनरल स्टडीज (सामान्य अध्ययन)-1 (पेपर II) : 103

जनरल स्टडीज-II (पेपर III) : 102

जनरल स्टडीज-III (पेपर IV) : 111

जनरल स्टडीज-IV (पेपर V) : 111

वैकल्पिक विषय-I (लॉ) (पेपर I) : 151

वैकल्पिक विषय-II (लॉ) (पेपर II) : 147

इंटरव्यू : 195

कुल अंक : 1066

मुझसे संपर्क करें-

इंस्टाग्राम : *@_singhvaishali_*

सिविल सेवा की यात्रा

- सबको मेरा नमस्कार। मेरा नाम वैशाली सिंह है और मैंने वर्ष 2018 की सिविल सर्विसेज परीक्षा में आठवाँ ऑल इंडिया रैंक हासिल किया है। हर किसी की तरह मैं भी एक ऐसी लड़की हूँ, जिसने बहुत सारे सपने देखे थे और आखिरकार मेरा आई.ए.एस. बनने का सपना पूरा भी हुआ। मुझे उम्मीद है कि मुझे दूसरों की कहानियां सुनकर जिस तरह की प्रेरणा मिली, वैसी ही प्रेरणा दूसरों को मेरी कहानी सुनकर भी मिलेगी।
- मैं हरियाणा के फरीदाबाद से हूँ और मैंने अपनी स्कूली शिक्षा वहीं के दिल्ली पब्लिक स्कूल से पूरी की है। चूँकि मेरे माता-पिता दोनों ही वकील हैं, इसलिए मेरे लिए यह स्वाभाविक ही था कि मैं भी वकालत को अपने पेशे के रूप में चुनती। इसलिए स्कूली शिक्षा खत्म करने के बाद मैंने वकालत की पढ़ाई करने का फैसला किया और नेशनल लॉ यूनिवर्सिटी, दिल्ली के बी.ए.एल.एल.बी. (ऑनर्स) में दाखिला ले लिया। ग्रेजुएशन के अंतिम साल में मैंने जब आई.डी.आई.ए. (कानूनी शिक्षा तक पहुँच बढ़ाकर विविधता को बढ़ाना) पर काम किया, तब जाकर मुझे सिविल सर्विस की ओर जाने की प्रेरणा मिली। हालाँकि, मुझे तब तक एक लॉ फर्म से नौकरी का प्रस्ताव मिल चुका था और मैंने नौकरी स्वीकार भी कर ली थी। इसकी वजह थी इस क्षेत्र को और अच्छी तरह समझना, ताकि यू.पी.एस.सी. में लॉ को मैं अपना वैकल्पिक विषय बना पाऊं। कुछ महीनों बाद मैंने नौकरी छोड़ दी और यू.पी.एस.सी. की परीक्षा में बैठने का फैसला किया।
- मैंने इस परीक्षा की तैयारी जनवरी 2017 से शुरू की और जैसा कि मैंने सोचा हुआ था, वकालत को अपना वैकल्पिक विषय बनाने का फैसला किया। प्रीलिम्स की परीक्षा के लिए मेरे पास केवल पाँच से छह महीने का वक्त था और इसी में मुझे अपनी तैयारी पूरी करनी थी। मैंने यू.पी.एस.सी. में पहली बार किस्मत आजमाने का फैसला किया। मेरा दिल बुरी तरह टूट गया, जब मुझे पता चला कि मैं महज 5 अंकों से प्रीलिम्स पास नहीं कर पाई हूँ। नतीजा आने के दस दिन बाद से ही मैंने अपनी गलतियों का विश्लेषण करना शुरू कर दिया। हालाँकि अपनी पहली कोशिश में ही मुझे काफी कुछ जानने का मौका मिला था, लेकिन कमी थी तो बस एक अच्छी रणनीति की। लिहाजा जब मैंने दूसरी बार परीक्षा की तैयारी शुरू की तो इस पर बहुत ज्यादा ध्यान दिया।
- यू.पी.एस.सी. के दूसरे प्रयास के दौरान मैंने खुद पढ़ाई की और कुछ बातों पर फोकस किया : (1) पढ़ने के लिए इस्तेमाल किए जानेवाले तमाम स्रोतों को सीमित रखना, (2) रोजाना अखबार पढ़ना, (3) मॉक टेस्ट (अभ्यास के लिए बनावटी परीक्षा देना) का अभ्यास करना। पहली बार बेशक मैं प्रीलिम्स पास नहीं कर पाई, लेकिन मुझे यह बात अच्छी तरह समझ में आ गई थी कि बीच-बीच में छुट्टी लेना जरूरी है। अपना पसंदीदा काम भी जरूर करना चाहिए। अब मैंने थोड़ा-बहुत इधर-उधर घूमना शुरू

कर दिया था। कभी-कभी तो मैं अपने दोस्तों से भी मिलती-जुलती थी। एक साल का यह सफर ठीक-ठाक रहा; लेकिन मुझे प्रीलिम्स और मेन्स के दौरान ऐसी कई चुनौतियों का सामना करना पड़ा, जो एकाएक मेरे सामने आकर खड़ी हो गईं। एक विशेष आपात स्थिति के कारण प्रीलिम्स से ठीक पहले मई में मैं करीब पंद्रह दिनों तक पढ़ ही नहीं पाई। इससे पढ़ाई का तारतम्य टूट गया। आखिरी के दस दिनों में मैंने जैसे–तैसे खुद को संभाला और बार-बार मॉक टेस्ट का अभ्यास करते हुए अपनी तैयारी को दोबारा पटरी पर लाई।

❖ ठीक इसी तरह मेन्स में अपने ऐच्छिक पेपर से महज दो दिन पहले मुझे चोट लग गई और मेरी दाईं कलाई की गोल स्नायु (लिगमेंट टीयर) टूट गई। डॉक्टर की सलाह थी कि मुझे किसी भी स्थिति में अपना दायाँ हाथ बिलकुल भी हिलाना-डुलाना नहीं चाहिए। उन्हें इस बात पर भी शक था कि क्या मैं परीक्षा में लगातार दो दिनों तक छह-छह घंटे लिख पाऊंगी। ऐसे हालात में भी मैंने हिम्मत नहीं हारी और खुद से कहा कि साल भर की मेहनत को मैं यूं ही बरबाद नहीं होने दूंगी। मेरे लिए इस दर्द से ज्यादा यह बात मायने रखती है कि मेरे पास मेन्स देने का यह एक सुनहरा अवसर है और हालात जो भी हों, मैं उनका सामना डटकर करूंगी। मैंने परीक्षा वाले दिन कई दर्द निवारक दवाएं खाईं और लिखते हुए कई बार 'वॉलिनी' भी स्प्रे किया। आखिरकार, मुझे इस हौसले का फल मिला। मैं न केवल अपना पूरा पेपर खत्म कर पाई, बल्कि मुझे इसमें काफी अच्छे नंबर भी मिले।

❖ इन दो अनुभवों से मैंने सीखा कि हमें अकसर अपने जीवन के सबसे जरूरी दिनों में एकाएक सामने आई समस्याओं और परेशानियों से दो-चार होना ही पड़ता है। हम सभी के अंदर इन परेशानियों का सामना करने की शक्ति होती है, लिहाजा हमें इनसे घबराकर हार नहीं माननी चाहिए। हमें हमेशा यह बात याद रखनी चाहिए कि हम जितना सोचते हैं, उससे कहीं ज्यादा मजबूत हैं और हमें अपने साहस का किसी-न-किसी रूप में जरूर फल मिलता है।

नए अभ्यर्थियों के लिए संदेश

❖ मैं नए परीक्षार्थियों और परीक्षा की तैयारी कर रहे युवाओं से बस, यही कहना चाहूँगी कि अपने साथ-साथ अपनी क्षमताओं पर भी विश्वास रखिए। अपनी खूबियों व खामियों को पहचानिए और उन पर काम कीजिए। इस परीक्षा के लिए ज्ञान के साथ-साथ अच्छी रणनीति का होना भी बहुत जरूरी है, लिहाजा पिछले पेपर्स को देखें और इस परीक्षा की आवश्यकताओं को समझने की कोशिश करें। यह तो हुआ आधा संघर्ष। खूब मेहनत करें, तैयारी के दौरान खुद के प्रति ईमानदार बनें और अपना सर्वश्रेष्ठ सामने लाने के लिए बीच-बीच में छुट्टी लेते रहें।

किताबों की सूची

मैंने इस परीक्षा की तैयारी सीमित किताबों से ही की–

- **एमआईएच** : स्पेक्ट्रम
- **कला और संस्कृति** : नितिन सिंघानिया
- **प्राचीन और मध्य युग** : तमिलनाडु टेक्स्ट बुक
- **राजतंत्र (पॉलिटी)** : लक्ष्मीकांत
- **पर्यावरण** : अनएकेडमी वीडियो + शंकर आई.ए.एस. किताब के कुछ अध्याय
- **भूगोल** : कक्षा XI और XII की एन.सी.ई.आर.टी. + जी.सी. लियॉन्ग
- **अन्य मुख्य विषय** : ऑनलाइन पर उपलब्ध जानकारियों के नोट्स बनाए

❑

6

नाम : अंकिता चौधरी

रैंक : 14, सीएसई-2018

"हम सभी के जीवन में कुछ-न-कुछ समस्याएँ होती ही हैं, फिर चाहे वे व्यक्तिगत हों या पेशेवर; लेकिन आई.ए.एस. बनने का लक्ष्य वाकई इस लायक है कि उसके लिए लगातार जी-तोड़ मेहनत की जाए।"

अंकिता चौधरी

वैकल्पिक विषय

लोक प्रशासन

परीक्षा का माध्यम

अंग्रेजी

निवासी

मेहम (रोहतक) हरियाणा

शैक्षिक योग्यता

❖ बी.एस.सी. (रसायन विज्ञान)-हिंदू कॉलेज (दिल्ली विश्वविद्यालय)
एम.एस.सी. (रसायन विज्ञान)-आई.आई.टी., दिल्ली

अभिभावकों का पेशा

❖ **पिता** : रिकॉर्डकर्ता, शुगर मिल, मेहम

कोचिंग

❖ जी.एस.-वजीराम

❖ वैकल्पिक विषय-सिनर्जी

प्राप्तांक

प्रीलिम्स (प्रारंभिक परीक्षा) : पेपर-1 : 122

मेन्स (मुख्य परीक्षा)

निबंध (पेपर I) : 137

जनरल स्टडीज (सामान्य अध्ययन)-1 (पेपर II) : 97

जनरल स्टडीज-II (पेपर III) : 115

जनरल स्टडीज-III (पेपर IV) : 105

जनरल स्टडीज-IV (पेपर V) : 111

वैकल्पिक विषय-I (लोक प्रशासन) (पेपर I) : 163

वैकल्पिक विषय-II (लोक प्रशासन) (पेपर II) : 151

इंटरव्यू : 182

सिविल सेवा की यात्रा

- यू.पी.एस.सी. की परीक्षा एक बहुत लंबी प्रक्रिया है और यदि आप इस प्रक्रिया का हिस्सा बनने जा रहे हैं तो बहुत जरूरी है कि आप खुद को इस चुनौती के लिए मानसिक तौर पर तैयार कर लें। तैयारी के दौरान खूब मेहनत और धैर्य की जरूरत होती है। यह मेरा दूसरा प्रयास था, जिसमें मैंने सफलता प्राप्त कर ली। मैं जानती हूँ कि मेरा संघर्ष बहुत लंबा नहीं है; लेकिन फिर भी मैं कुछ सुझाव तो दे ही सकती हूँ।
- तैयारी के दौरान हौसला बनाए रखना बहुत चुनौतीपूर्ण है। लिहाजा यह बहुत जरूरी है कि आप अपने लक्ष्य को लेकर प्रतिबद्ध हों। किसी इनसान को तब तक आराम नहीं करना चाहिए, जब तक कि वह अपना लक्ष्य हासिल नहीं कर ले। अपनी गलतियों से सीखें, क्योंकि इस सफर में आप कुछ गलतियां तो करेंगे-ही-करेंगे। अपनी गलतियों का विश्लेषण करें, अपनी खूबियों व खामियों दोनों को देखें। आशावादी बने रहने की कोशिश करें।
- व्यक्तिगत तौर पर मैंने पहली बार दी यू.पी.एस.सी. की परीक्षा में असफलता के बाद चुनौतियों का सामना किया। लेकिन हिम्मत तब भी नहीं हारी और दोबारा इस परीक्षा के लिए खुद को तैयार करना शुरू किया। मैंने खुद से कहा कि मैं ऐसा कर सकती हूँ। इसलिए मैं कहूँगी कि खुद पर भरोसा बनाए रखना बहुत जरूरी है। यह वह समय था, जब मुझे अपना आत्मविश्वास बढ़ाने की जरूरत महसूस हो रही थी। लिहाजा मैंने दूसरी नौकरियों के लिए भी आवेदन करने शुरू कर दिए। इसका फायदा यह हुआ कि पूरे साल मेरा फोकस पढ़ाई पर बना रहा।
- परीक्षा की तैयारी लगातार चलती रहती है, इसलिए लंबे ब्रेक न लिये जाएं तो ही बेहतर है। रोजाना पढ़ने की कोशिश करें। हर रोज ही नहीं, महीने का भी लक्ष्य बनाएँ और उसे पूरा करने की कोशिश करें। इससे आत्मविश्वास बढ़ता है। एक दिनचर्या बनाएँ और अपने दिमाग को आराम देने के लिए बीच-बीच में छोटे-छोटे ब्रेक्स लें।
- मैंने एक दिन में करीब 10 से 11 घंटे पढ़ाई की है। इसके अलावा, सोशल मीडिया और इंटरनेट का इस्तेमाल भी किया। मैं जानती हूँ कि लोग अमूमन यू.पी.एस.सी. की तैयारी के दौरान सोशल मीडिया से दूर रहने की सलाह देते हैं; लेकिन मैं तो यही कहूँगी कि अपने दोस्तों के संपर्क में बने रहें। इसकी वजह से मैं इस परीक्षा के दबाव और तनाव से दूर रही। हां, यह बात जरूर है कि सोशल मीडिया पर जरूरत से ज्यादा वक्त बरबाद करने से भी सबको बचना चाहिए।
- इंटरनेट सूचना का एक बहुत लाभदायक स्रोत है, लिहाजा मैं हर किसी को सलाह दूंगी कि वह जीकेटुडे, इनसाइट्स, पीआईबी जैसे ऑनलाइन स्रोतों से समसामयिकी के नोट्स तैयार करें। ताजा-तरीन सूचना के लिए सरकारी आधिकारिक साइट्स को खंगालते रहें। अपना स्टडी मैटीरियल सीमित रखें। अलग-अलग स्रोतों को खंगालने की बजाय ज्यादा महत्त्वपूर्ण यह होगा कि आप अपने नोट्स को कई बार दोहराएँ।

- हम सभी के दिमाग में एक गलत धारणा होती है कि यू.पी.एस.सी. की परीक्षा बहुत होशियार और टॉपर्स ही निकाल सकते हैं, लेकिन व्यक्तिगत रूप से मैंने यह महसूस किया कि इस परीक्षा में बहुत सी खूबियां देखी जाती हैं; जैसे–मेहनत, धैर्य, आशावाद और लीडरशिप। लिहाजा, अगर आप एक औसत छात्र भी हैं, तब भी सही रणनीति से इस परीक्षा को पास कर सकते हैं। हम सब की अलग-अलग रणनीति होती है, जो हर इनसान के लिए अलग ढंग से काम करती है। इसलिए अपनी रणनीति खुद बनाएं। दूसरे के लिखने की शैली की नकल न करें। इसकी बजाय अपनी शैली को खास और यूनिक बनाएं।
- इंटरव्यू के लिए खुद को शांत रखने की कोशिश करें। बोर्ड आपकी शख्सियत को परखता है, लिहाजा अपने मजबूत पहलुओं को आगे रखना जरूरी है।
- आखिर में, मैं बस, यही कहना चाहूँगी कि हम सब के जीवन में कुछ-न-कुछ समस्याएं आती ही रहती हैं–कुछ व्यक्तिगत, कुछ पेशेवर। लेकिन आई.ए.एस. बनने के लक्ष्य इस लायक हैं कि इसके मद्देनजर कड़ी मेहनत और सतत प्रयास करना तो बनता ही है। सबकुछ छोड़कर आगे बढ़ें और केवल अपने लक्ष्य पर फोकस करें। जीवन में असफलताओं से घबराएं नहीं। इन्हें चुनौतियों की तरह लें। गिरें और उठकर दोबारा खड़े हों।

❑

7

नाम : अनुराज जैन

रैंक : 24, सीएसई-2018

"यदि आपके भीतर सफलता पाने की प्रबल इच्छा और अंदरूनी हौसला है, तभी आप इस सफर में बने रह सकते हैं।"

अनुराज जैन

वैकल्पिक विषय

मनोविज्ञान

परीक्षा का माध्यम

अंग्रेजी

निवासी

लखनऊ

शैक्षिक योग्यता

❖ बी.ई (ऑनर्स) इलेक्ट्रिकल एंड इलेक्ट्रॉनिक्स और एम.एस.सी.(ऑनर्स) गणित, बिट्स पिलानी

अभिभावकों का पेशा

❖ **पिता** : कारोबारी ❖ **माता** : गृहिणी

कोचिंग

❖ जनरल स्टडीज: वजीराम (लेकिन अधिकतर क्लासेज नहीं लीं)।

❖ राजतंत्र (इसकी क्लासेज नियमित कीं)।

❖ मनोविज्ञान : वजीराम एंड रवि (पाठक सर)

प्राप्तांक

प्रीलिम्स (प्रारंभिक परीक्षा): पेपर-1 : 136

मेन्स (मुख्य परीक्षा)

निबंध (पेपर I) : 100

जनरल स्टडीज (सामान्य अध्ययन)-1 (पेपर II) : 108

जनरल स्टडीज-II (पेपर III) : 115

जनरल स्टडीज-III (पेपर IV) : 113

जनरल स्टडीज-IV (पेपर V) : 116

वैकल्पिक विषय-I (मनोविज्ञान) (पेपर I) : 159

वैकल्पिक विषय-II (मनोविज्ञान) (पेपर II) : 174

लिखित परीक्षा में प्राप्तांक : 885

इंटरव्यू : 171 ❖ **कुल अंक** : 1056

मेरी सिविल सेवा की यात्रा

संघर्ष

- पहली कोशिश में मैं बमुश्किल 5 अंकों से अंतिम कटऑफ में जगह बनाने में असफल रहा।
- फिर मैंने किस प्रकार अपने द्वितीय प्रयास में खुद में सुधार किया?
- दूसरी बार दी यू.पी.एस.सी. की परीक्षा के दौरान मैंने उन क्षेत्रों को पहचाना, जहाँ मेरे लिए सुधार की अच्छी-खासी गुंजाइश थी, लिहाजा वहाँ मुझे और ज्यादा प्रयास करने थे। मैं अपने दिमाग के भीतर लक्ष्यों का पीछा कर रहा था।
- निबंध में 35 अंकों का सुधार किया जा सकता है (सी.एस.ई. 2017 के अंकों की तुलना में)
- मनोविज्ञान में भी करीब 30-35 अंकों का सुधार हो सकता है। सामान्य ज्ञान में कुल मिलाकर मैंने अच्छे अंक प्राप्त किए थे, फिर भी 20 अंकों का और सुधार किया जा सकता था (सी.एस.ई. 2017 के अंकों की तुलना में)।
- इंटरव्यू में भी 5-10 अंकों के सुधार की गुंजाइश थी।
- लिहाजा मैंने निबंध और वैकल्पिक विषय पर ज्यादा ध्यान देते हुए अपने समय को बाँट लिया। जी.एस. में ज्यादा अच्छे अंक लाने (नीचे बताया गया है) के लिए मैंने मूल्यपरक सामग्री को इकट्ठा करने की कोशिश की। आखिरकार, मुझे वैकल्पिक पेपर (66 अंकों की बढ़ोतरी) में इसका बहुत अच्छा फल मिल भी गया। जी.एस. के बाकी पेपर्स को मिलाकर मेरे पूरे टर्म के अंक (452) पिछले साल के (458) मुकाबले कम थे। लेकिन तुलनात्मक रूप से मुझे पक्का यकीन है कि ये देश में टॉप 5-10 में रहे होंगे।
- पता नहीं क्यों, निबंध (100) में मुझे उम्मीद के मुताबिक नंबर नहीं मिले, हालाँकि आज तक मुझे लगता है कि मेरा सबसे अच्छा पेपर निबंध का ही था। चलिए, इसे मैं खुद के लिए एक अनसुलझी पहेली मान लूंगा। साक्षात्कार में भी मुझे पहले के मुकाबले 6 अंक ज्यादा मिले। तो कुल मिलाकर, मैं यह कहूँगा कि निबंध के पेपर के अलावा मैंने जिन-जिन क्षेत्रों में मेहनत की थी, मुझे उनमें अच्छे-खासे नतीजे दिखाई दिए, जिससे मुझे अच्छा रैंक लाने में मदद मिली।
- लिहाजा एक बार फिर मैं इस परीक्षा में सफलता हासिल करने के इच्छुक सभी लोगों से कहूँगा कि अपनी कमजोरियों का बारीकी से विश्लेषण करें, उनको सुधारने के लिए दृढ़ता और निष्ठा से की गई मेहनत से आपको सिविल सर्विस परीक्षा के अशांत पानी में अपनी नैय्या पार लगाने में निश्चित तौर पर मदद मिलेगी।

नए अभ्यर्थियों के लिए संदेश

- ईमानदारी से कहूँ तो सिविल सर्विसेज के लिए मैंने हौसला बढ़ानेवाले किसी भी सेमिनार में हिस्सा नहीं लिया; क्योंकि बेशक कितनी ही चुनौतियां सामने आई हों, मैंने तैयारी के दौरान कभी भी खुद को लक्ष्य से भटका हुआ नहीं पाया।
- मनोविज्ञान के मुताबिक, लक्ष्य हासिल करने के लिए अपने हौसले को बार-बार मजबूती के साथ सहारा देने की जरूरत पड़ती है। लिहाजा मैं कहूँगा कि मेरे लंबे और छोटे समय के लक्ष्य हमेशा स्पष्ट थे। यह चुनौतीपूर्ण, लेकिन हासिल करने योग्य था, क्योंकि मैंने हमेशा इसे पाने का प्रयास किया था।
- बुरे नतीजे लाकर ज्यादा निराश होने के दुष्चक्र के उलट मैं किस्मतवाला था कि अपने लक्ष्य को पाने और ज्यादा-से-ज्यादा प्रेरणावाली मानसिक स्थिति में था। यह मुझे हर गुजरनेवाले दिन में सुधार की तरफ ले गया, जिसके बाद मेरे अंदर यह एहसास जागा कि मैं अपने अंतिम लक्ष्य के नजदीक हूँ। इसने मेरे हौसले को बनाए रखा। मैं इसका थोड़ा-बहुत श्रेय सकारात्मक सोच और सचेत मन से सिविल सर्विस को चुनने के अपने फैसले को भी देना चाहूँगा। मैंने सिविल सर्विस जैसी अनिश्चितताओं से भरी परीक्षा की तैयारी के लिए अपनी अच्छी-खासी तनख्वाह वाली नौकरी छोड़ी थी। चूँकि यह मेरे पूरे होशो-हवास में किया गया फैसला था, लिहाजा मैंने करीब 28 महीनों तक लगातार एक ही जैसी दिनचर्या जीने के बावजूद तैयारी वाले चरण में किसी तरह का दबाव महसूस नहीं किया। लिहाजा, अगर आपका अंदरूनी हौसला जबरदस्त हैं और आपके अंदर सफल होने की चिनगारी जल रही है, तभी आप इस सफर को जारी रख सकते हैं।

आपकी पुस्तक सूची कैसी थी?

- जैसा कि ज्यादातर टॉपर्स कहते हैं—मेरी पुस्तकों की सूची ज्यादा लंबी-चौड़ी नहीं थी। 'प्रीलिम्स और मेन्स के लिए किताबें लगभग एक जैसी थीं, क्योंकि पाठ्यक्रम मोटे तौर पर काफी कुछ वही था।' मैं बस, यही कहूँगा कि मैंने उन किताबों को खूब पढ़ा।

जीएस-1

आधुनिक भारत—केवल स्पेक्ट्रम और कुछ नहीं।

प्राचीन और मध्यकालीन इतिहास—केवल पुरानी एन.सी.ई.आर.टी. की किताबें। इसके अलावा वजीराम से जैन सर की क्लास के नोट्स।

विश्व इतिहास—विजन आई.ए.एस. विषय सामग्री इसके अलावा आई.ए.एस. 4 श्योर के नोट्स (कुछ विषय)।

आर्ट एंड कल्चर—नितिन सिंघानिया के नोट्स (किताब नहीं)। इसके अलावा, वजीराम में जैन सर की क्लास नोट्स।

भूगोल–मृणाल के वीडियो। इसके अलावा, एन.सी.ई.आर.टी. की 11 कक्षा की किताबें (दोनों। एटलस

समाजशास्त्र–कुछ विशेष नहीं, वजीराम के क्लास नोट्स। कुछ ज्यादा गहन अध्ययन नहीं, बल्कि पाठ्यक्रम की मुख्य शब्दावली की व्यापक समझ।

जीएस–2

राजतंत्र–लक्ष्मीकांत

राजतंत्र (करेंट)–विजन आई.ए.एस. मासिक, हिंदू

आईआर–विजन आई.ए.एस. मासिक, हिंदू

गवर्नेंस–श्रीराम आई.ए.एस. क्लास नोट्स, द्वितीय ए.आर.सी. समरी (चुने हुए हिस्से)

जीएस–3

अर्थशास्त्र–श्रीराम आई.ए.एस. सामग्री, वजीराम की क्लास के नोट्स।

अर्थशास्त्र (करेंट)–विजन आई.ए.एस. मासिक, हिंदू, आर्थिक सर्वेक्षण।

पर्यावरण–शंकर आई.ए.एस., विजन आई.ए.एस. मासिक, हिंदू।

सुरक्षा मुद्दे–मुख्य परिभाषाओं को समझना, विजन आई.ए.एस. मासिक, हिंदू, द्वितीय ए.आर.सी. समरी के चुने हुए हिस्से।

विज्ञान तकनीक–विज्ञान का छात्र होने के कारण कुछ विशेष नहीं। विजन आई.ए.एस. मासिक, हिंदू, आधारभूत जैव-प्रौद्योगिकी/अंतरिक्ष/बीमारी से जुड़े मुद्दे।

आपातकाल प्रबंधन–द्वितीय ए.आर.सी. समरी चैप्टर, विजन आई.ए.एस. मासिक, हिंदू।

जीएस– 4

वजीराम क्लास नोट्स (मनोविज्ञान और पब एड से जुड़े सिद्धांत)।

मृणाल.ओआरजी–नीतिशास्त्र के नोट्स और वीडियो (बहुत साफ तरीके से समझाए गए)।

पाठ्यक्रम के सारे अहम शब्दों की सामान्य जानकारी।

बतौर नौसिखिया तैयारी की योजना बनाना

इसके लिए मैं ऊपर वाले वीडियो (Mrunal.Org.) को देखने की सलाह दूंगा। बाद में उसी की व्यापक तौर पर टाइमलाइन दी गई है। मुझे लगता है कि प्रीलिम्स से ठीक एक साल पहले उसकी तैयारी शुरू कर देनी चाहिए। मैंने भी ठीक ऐसा ही किया; लेकिन अभ्यर्थी अपने हालात को देखते हुए अपने हिसाब से ऐसा कर सकते हैं।

शुरुआत के 7–8 महीने

- जनरल स्टडीज के लिए हर महीने एक विषय अपने आप पढ़ें।
- मेन्स के लिए हर रोज दो उत्तर और हर 15 दिन में एक निबंध लिखें।

- वैकल्पिक विषय का अच्छा आधार तैयार करने के लिए क्लासेज लें या फिर समय रहते खुद से उसकी पूरी तैयारी कर लें।
- पाठ्यक्रम के विभिन्न हिस्सों में अपनी पकड़ मजबूत करें।

अगले 1–2 महीने

- प्रीलिम्स के कुछ पेपर्स हल करें और जी.एस. जैसे विषयों के नोट्स कुछ इस तरह से बनाने शुरू करें कि आप बाद में उन्हें दोहरा सकें (पाठ्यक्रम का स्टैटिक, यानी स्थिर हिस्सा भी)।
- इन नोट्स को इतना लंबा-चौड़ा मत बनाएँ कि ये किसी अलग किताब की तरह लगने लगें और इतने छोटे भी नहीं कि इनमें कई महत्त्वपूर्ण हिस्से छूट जाएं।
- प्रीलिम्स के कुछ पेपर्स हल करके और मेन्स के कुछ उत्तर लिखकर आपको इतना तो पता चल ही जाएगा कि नोट्स में क्या कुछ शामिल करना है और क्या छोड़ना है।

प्रीलिम्स से 2 महीने पहले

- प्रीलिम्स के अगले 40 दिनों तक, जब तक नतीजे नहीं आएं, प्रीलिम्स के नोट्स को दोहराएँ और अपनी कूटनीति तैयार करें।
- सतर्क रहें। ये 40 दिन अनुमान लगाते हुए न गंवाएं।
- वैकल्पिक विषय के कम-से-कम कुछ नोट्स पूरे करें। इसके बाद मुझे लगता है कि किसी भी उम्मीदवार को तैयारी की योजना बनाने के लिए एक-एक कदम की ट्रेनिंग देने की जरूरत नहीं पड़ती। वैकल्पिक विषय और जी.एस. के लिए टेस्ट सीरीज से जुड़िए और उनके टेस्ट देना शुरू कर दीजिए। टेस्ट (जी.एस. में) देने से पहले पूरे पाठ्यक्रम को पूरा करने के फेर में न पड़ें।

सिविल सेवा की तैयारी के लिए कोचिंग की भूमिका

- मैं कोचिंग का बहुत बड़ा समर्थक नहीं हूँ। यदि जनरल स्टडीज (सामान्य अध्ययन) की बात करें तो मैं यही कहूँगा कि अगर आपको अच्छी स्कूली शिक्षा मिली है तो फिर आपको इसके लिए कोचिंग नहीं लेनी चाहिए। कोचिंग इंस्टीट्यूट्स के मार्गदर्शन की जरूरत राजतंत्र और अर्थशास्त्र जैसे कुछ एक विषयों में पड़ती है। ईमानदारी से कहूँ तो शुरुआत में मैं भी थोड़ा असुरक्षित महसूस कर रहा था, क्योंकि मेरे पास बहुत ज्यादा ऑनलाइन मैटीरियल नहीं था, लिहाजा मैंने वजीराम के क्लासरूम कार्यक्रम में दाखिला ले लिया। वहाँ भी मैंने केवल राजतंत्र, अर्थशास्त्र के अलावा कुछ एक विषयों की ही क्लासेज लीं। मुझे लगता है कि वहाँ कुछ ज्यादा ही स्पून फीडिंग करवाई जा रही है। (मसलन वे परीक्षार्थियों को पूरे-के-पूरे नोट्स लिखवाते हैं, जैसे हम कोई स्कूली छात्र हों।)

- लिहाजा, मेरा मानना है कि यदि किसी के पास कोई मार्गदर्शक नहीं है तो वह एक मजबूत आधार तैयार करने के लिए राजतंत्र, अर्थशास्त्र और शायद नीतिशास्त्र के लिए अलग से क्लासेज ले सकते हैं। इतिहास, भूगोल, समाजशास्त्र, विज्ञान, तकनीक जैसे विषय तो खुद ही पढ़कर तैयार किए जा सकते हैं। कुछ लोग पाठ्यक्रम खत्म करने के लिए पूरी तरह कोचिंग पर निर्भर रहते हैं, जो एक बहुत बड़ी गलती है। इसे नजरअंदाज किया जाना चाहिए। क्लास में चाहे जो कुछ भी चल रहा हो, हमें हमेशा वो पाठ अपने आप जरूर पढ़ना चाहिए। इससे आपको दो तरह से मदद मिलेगी-क्लास में जो पढ़ाया गया है, उसे आप दोहरा पाएंगे या फिर अगर नहीं बताया गया है तो क्लास में जब कभी उस विषय के बारे में जानकारी दी जाएगी तो आपको उसकी ज्यादा समझ होगी।
- चलिए, कोचिंग की उपयोगिता को एक बिल्डिंग के निर्माण के जरिए समझते हैं। एक बिल्डिंग शुरुआत में केवल एक ढांचा भर होती है, जिसे बाद में जाकर पूरी तरह से तैयार किया जाता है। और सबसे आखिर में इसे अंतिम रूप दिया जाता है, ताकि वो आँखों को भाए। ठीक उसी तरह कोचिंग एक ढांचा तैयार करने जैसी प्रक्रिया है। एक बार ढांचा तैयार हो गया, तब हर एक उम्मीदवार पर निर्भर करता है कि वह उस ढांचे को अंतिम रूप कैसे देता है।

❑

8

नाम : गरिमा अग्रवाल

रैंक : 40-सीएसई-2018, 241-सीएसई-2017

"जीनियस बनने के लिए 1 फीसदी प्रतिभा और 99 फीसदी मेहनत की जरूरत होती है।"—आइंस्टाइन

गरिमा अग्रवाल

वैकल्पिक विषय

दर्शनशास्त्र

परीक्षा का माध्यम

अंग्रेजी

निवासी

खरगौन (मध्य प्रदेश)

शैक्षिक योग्यता

❖ बी.टेक. और एम.एस. – ई.सी.ई., आईआई.आई.टी., हैदराबाद

अभिभावकों का पेशा

❖ **पिता** : बिजनेसमैन

❖ **माता** : गृहिणी

कोचिंग

❖ वजीराम और रवि

प्राप्तांक

प्रीलिम्स (प्रारंभिक परीक्षा) : पेपर-1 : 106

पेपर-2 : 147.5

मेन्स (मुख्य परीक्षा)

जी.एस. : 438

वैकल्पिक विषय : 274

इंटरव्यू : 193

सिविल सेवा की यात्रा

1. तैयारी के दौरान संघर्ष का सबक सीखा

❖ जब हम यू.पी.एस.सी. की तैयारी करना शुरू करते हैं तो हमारे मन में अपनी पृष्ठभूमि, अपनी क्षमताओं और प्रतिस्पर्धा को लेकर बहुत से डर व आशंकाएं होती हैं। लेकिन इस नतीजे ने इन शंकाओं को मुंह-तोड़ जवाब दिया। यहाँ मेरे भीतर मौजूद ऐसी ही कुछ आशंकाओं का जिक्र है-

❖ हाँ, मैंने अपनी पूरी स्कूली शिक्षा मध्य प्रदेश के एक दूर-दराज के कस्बे खरगौन से पूरी की है। और इसके बावजूद मैंने करीब डेढ़ साल की कड़ी मेहनत के बाद यह परीक्षा पास करके दिखाई। इसलिए, यकीन जानिए कि इस तरह की पृष्ठभूमि आपकी सफलता में बाधा नहीं बनती।

2. एक दूरस्थ ग्रामीण पृष्ठभूमि आपकी सफलता में बाधक नहीं होती

❖ हाँ, मैंने अपनी पढ़ाई एक हिंदी माध्यम स्कूल से की है; लेकिन इसके बावजूद मैंने अपने सारे पेपर्स, जिसमें आई.आई.टी.-जे.ई.ई. और यू.पी.एस.सी. शामिल है, अंग्रेजी में लिखे। यह मेरे लिए थोड़ा चुनौतीपूर्ण था; लेकिन वास्तव में भाषा कोई रुकावट नहीं, बल्कि अपने भावों को अभिव्यक्त करने का एक माध्यम है।

❖ हाँ, मैंने आई.आई.आई.टी.-हैदराबाद से इंजीनियरिंग की है और एक फायदे की नौकरी या पी.एच.डी. के ऑफर को स्वीकारने की बजाय सिविल सर्विस की परीक्षा की तैयारी करना मेरे लिए एक कठिन फैसला था। लेकिन यदि आपको अपने फैसले पर शत-प्रतिशत यकीन है तो आप कभी असुरक्षित महसूस नहीं करेंगे।

❖ हाँ, मैं एक महिला हूँ और इसके बावजूद मैंने आई.पी.एस. को अपनी दूसरी प्राथमिकता बनाया; क्योंकि मुझे वाकई लगता है कि महिला सुरक्षा के मद्देनजर पुलिस में महिलाओं का ज्यादा-से-ज्यादा प्रतिनिधित्व आगे चलकर मील का पत्थर साबित होगा।

❖ आखिर में, अगर मैं यह करके दिखा सकती हूँ तो कोई भी कर सकता है।

किताबों की सूची

राजतंत्र–लक्ष्मीकांत

इतिहास–स्पेक्ट्रम एंड मॉडर्न इंडिया, एन.सी.ई.आर.टी.

पर्यावरण–शंकर आई.ए.एस.

अर्थशास्त्र–के. शंकर गणेश

भूगोल–11वीं और 12वीं की एन.सी.ई.आर.टी. की पुस्तकें।

आईआर, साइंस टेक–करेंट बुकलेटस।

तैयारी के लिए योजना बनाना

प्रीलिम्स और मेन्स

क्योंकि हर परीक्षार्थी को इस परीक्षा के लिए जरूरी किताबों की भलीभांति जानकारी होती है, इसलिए मैं कुछ दूसरे अहम मददगार टिप्स साझा करना पसंद करूंगी।

❖ **प्रीलिम्स और मेन्स के लिए जनरल स्टडीज का संकलित अध्ययन करें।** जब पढ़ें तो प्रीलिम्स और मेन्स दोनों की जरूरतों को ध्यान में रखते हुए सारी जरूरी किताबों को पढ़ने और दोहराने के लिए विस्तार से एक टाइम टेबल बनाएँ (मासिक, साप्ताहिक और रोजाना)।

  उदाहरण के लिए, अगर आप राजतंत्र से जुड़ा कोई विषय पढ़ रहे हैं, जैसे एम. लक्ष्मीकांत का ऑर्डिनेंस, तो आपको प्रीलिम्स के लिए संवैधानिक प्रावधानों को तो जरूर पढ़ना ही चाहिए, साथ ही मेन्स के लिए कूपर और डी.सी. वाधवा केस (जिसका उल्लेख उसी पृष्ठ पर है) के बारे में भी पढ़ना चाहिए। इसे करेंट अफेयर्स से जोड़ आप अपने इस विषय को सही मायने में पूरा करते हैं।

❖ **टेस्ट के जरिए पाठ को दोहराएँ।** विभिन्न खंडों के टेस्ट से दोहराने की प्रक्रिया ज्यादा मजेदार और दिलचस्प हो जाती है। इसके साथ-साथ यह आपको मेन्स के लिए भी तैयार करता है। मेन्स में सफलता पाने के लिए उत्तर लिखने की कला में निपुण होना और टाइम मैनेजमेंट बेहद जरूरी हैं।

❖ **करेंट अफेयर्स के लिए नई तकनीकें अपनाएं।** अपनी स्टडी टेबल के आगे स्टिकी नोट्स रखने से पेचीदा तथ्य याद रहते हैं। करेंट अफेयर्स एम.सी.क्यू. के लिए रोज वीडियो देखना, अखबार पढ़ना और नियमित तौर पर मॉक टेस्ट का अभ्यास करने से भी करेंट अफेयर्स को समझने में मदद मिलती है। रोजाना करेंट अफेयर्स के दो उत्तर लिखना जी.एस. 2, 3, 4 की तैयारी में मददगार साबित हो सकता है।

❖ **स्मार्ट तरीके से पढ़िए।** इसका मतलब है कि परीक्षा की जरूरत के हिसाब से मानसिक तौर पर सजग रहते हुए पढ़ना। इसकी व्याख्या कुछ इस प्रकार है– अगर आपको प्रीलिम्स के लिए इंडियन ओशियन रिम एसोसिएशन (हिंद महासागर रिम संगठन) के बारे में पढ़ना है तो ऐसे में एक स्मार्ट उम्मीदवार सभी 21 सदस्य देशों के नाम याद नहीं करेगा, बल्कि उन देशों को मानचित्र में देखेगा और याद करेगा, जो हिंद महासागर में हैं; लेकिन आई.ओ.आर.ए. के सदस्य (इस मामले में पाकिस्तान और म्याँमार) नहीं हैं। इससे काम और आसान हो जाएगा और आप इस प्रश्न से जुड़ा कोई भी सवाल हल कर पाएंगे।

- परीक्षा का कोई भी चरण हो, पिछले साल के प्रश्न-पत्र एक महत्त्वपूर्ण गाइड की भूमिका निभाते हैं, फिर चाहे वह प्रारंभिक (प्रीलिम्स)-जी.एस., सीसैट, वैकल्पिक विषय या फिर मुख्य परीक्षा क्यों न हो।
- मेन्स और आखिरी चयन के लिए निबंध एवं वैकल्पिक पेपर बहुत महत्त्वपूर्ण हैं। वैकल्पिक विषय के लिए अच्छे नोट्स और अभ्यास टेस्ट से आपको ज्यादा-से-ज्यादा अंक मिलते हैं।

इंटरव्यू (व्यक्तित्व जाँच)

- इंटरव्यू (190) में मेरे नंबर मेरी मार्कशीट के लिए एक उम्मीद की किरण रहे। मेरी तैयारी में शामिल रहा—दो अखबार पढ़ना, राज्यसभा के शो देखना, डी.ए.एफ. की नियमित तैयारी और कई मॉक (बनावटी) इंटरव्यू।
- हालाँकि, आखिरी इंटरव्यू में मुझे सबसे ज्यादा मदद मिली, (1) सजग दिमाग और (2) पिछले कुछ वर्षों में विकसित की गई अपनी शख्सियत से।

❑

9

नाम : विक्रम ग्रेवाल

रैंक : 51, सीएसई-2018

"यदि आप सपने देख सकते हैं, और अपने सपनों को अपना मालिक नहीं बनाते; यदि आप सोच सकते हैं–और अपनी सोच को अपना लक्ष्य नहीं बनाते; यदि आप जीत और हार से रू-बरू होकर दोनों बहुरूपियों से एक-सा व्यवहार करते हैं तो ध रती और उसमें मौजूद सब कुछ आपका है।"

विक्रम ग्रेवाल

वैकल्पिक विषय

इतिहास

परीक्षा का माध्यम

अंग्रेजी

निवासी

कुरुक्षेत्र (हरियाणा)

शैक्षिक योग्यता

❖ बी.ए. ऑनर्स (इतिहास)

अभिभावकों का पेशा

❖ **पिता** : आर्मी ऑफिसर ❖ **माता** : गृहिणी

कोचिंग

नहीं ली। लेकिन विज़न, राव, इनसाइट जैसी तमाम वेबसाइट्स पर लगातार ऑनलाइन टेस्ट सीरीज देखीं।

प्राप्तांक

प्रीलिम्स (प्रारंभिक परीक्षा) : पेपर–1 : 126

पेपर–2 : 155

मेन्स (मुख्य परीक्षा)

निबंध (पेपर I) : 161

जनरल स्टडीज (सामान्य अध्ययन)–1 (पेपर II) : 86

जनरल स्टडीज–II (पेपर III) : 106

जनरल स्टडीज–III (पेपर IV) : 106

जनरल स्टडीज–IV (पेपर V) : 111

वैकल्पिक विषय–I (इतिहास) (पेपर I) : 133

वैकल्पिक विषय–II (इतिहास) (पेपर II) : 142

इंटरव्यू : 190 ❖ **कुल अंक** : 1035

मुझसे संपर्क करें-

ट्वीटर *@vgrewal0*

प्रेरणादायक संदेश और रणनीति

- परेशानी के समय मैंने कविताओं का सहारा लिया।
- यू.पी.एस.सी. 2018 की तैयारी एक यात्रा थी, जिसके लिए एक ऐसे गीत की जरूरत थी, जिसे मैं इस सफर में गुनगुना सकूं। यह एक ऐसा सफर था, जिसके लिए मुझे अपने पूरे रास्ते में तमाम इशारों की जरूरत थी, ताकि मैं खुद को भरोसा दिला सकूं कि मैं सही रास्ते पर चल रहा हूँ। यह मेरी जिंदगी का वह समय था, जब मुझे रोजाना हौसला-अफजाई करनेवाले शब्दों की जरूरत पड़ती थी।

और मुझे इस दौरान किपलिंग के शब्दों से शक्ति मिली–

"अगर आप इंतजार कर सकते हैं और इंतजार करते हुए थकते नहीं
आपसे झूठ बोला जाए, लेकिन आप झूठ न बोलें
आपसे नफरत की जाए, लेकिन आप नफरत न करें
इसके बावजूद खुद को बहुत अच्छा या बुद्धिमान
दिखाने की कोशिश न करें।"

- मैंने महसूस किया कि इन छंदों में सिविल सर्विस परीक्षा का पूरा-का-पूरा सार छिपा हुआ है। यह खुद से किया गया दिमागी संघर्ष है, चरित्र की परीक्षा है। यह एक ऐसा मिशन है, जिसके लिए दृढ़ता, निरंतर लगे रहने और आशावाद की जरूरत पड़ती है। इस परीक्षा में निश्चित तौर पर उम्मीदवार के ज्ञान की परख होती है; लेकिन इससे भी कहीं ज्यादा यह ढूंढ़ा जाता है कि आप उस ज्ञान का कैसे इस्तेमाल कर रहे हैं।
- इससे भी बढ़कर, 'यू.पी.एस.सी.' युवाओं के दिमाग को संतुलन ढूंढ़ने के लिए 'खंगालता' है। इस परीक्षा के जरिए परीक्षार्थियों के भीतर का 'संतुलन' बाहर दिखाई पड़ता है। यू.पी.एस.सी. के जरिए ढूंढ़ा जाता है एक ऐसा संतुलित दिमाग, जिसमें एक अनुकूलनशील नजरिया हो–एक सहानुभूति रखनेवाला नजरिया, जिससे आप देश की समस्याओं को समझने में सक्षम हों। वह समझदारी, जिससे आप समाज के विभिन्न स्तरों के लोगों के विचारों के साथ सामंजस्य बैठा सको। एक ऐसा दिमाग, जिसमें विचारों की स्पष्टता हो और फिर भी वह इसकी अनभिज्ञता से वाकिफ हो। यहीं अनेक विषयों का ज्ञान रखनेवाला भाव अंतर्निहित होता है सबकुछ समावेशी और प्रगतिशील।
- संतुलन के साथ 'भावों की मौलिकता' आती है। एक ऐसा दिमाग, जो एक मुद्दे के सकारात्मक और नकारात्मक पहलुओं का आलिंगन करता है, वह एक प्रगतिशील हल को अपनाने की दिशा में आगे बढ़ने में सक्षम होता है। यू.पी.एस.सी. इसे काफी सम्मान से देखता है, खासतौर पर जब बात मुख्य परीक्षा और इंटरव्यू वाले चरण की होती है। अगर आपके विचार संतुलित हैं तो प्रीलिम्स में भी आप प्रश्न को विस्तार से समझने में सक्षम होंगे, जिससे गलत विकल्प को चुनने की संभावना कम हो जाएगी।

- जब बात परीक्षा में रणनीति बनाने की आती है। तो उम्मीदवार अकसर ये सारी बातें भूल जाते हैं और पेचीदगियों के जाल के लिए रास्ता तैयार कर देते हैं। यह बात मुझे एक और बिंदु पर ले जाती है, जिसे 'यू.पी.एस.सी.' एक उम्मीदवार के अंदर देखता है और वह है 'सरलता'। सफलता की नीति सीधी-सादी व सरल होनी चाहिए।
  - लगातार पाठ्यक्रम देखें।
  - आधारभूत किताबें जरूर पढ़ें, खासतौर पर एन.सी.ई.आर.टी.। हर चीज पढ़ने के चक्कर में न रहें।
  - अखबारों, रोजाना-मासिक और सालाना आनेवाले संकलनों को देखें।
  - सटीक नोट्स बनाएँ और उन्हें दोहराएँ।
  - परीक्षा वाली स्थिति पैदा करके (मैंने आई.ए.एस. प्रीलिम्स की इनसाइट शृंखला दी-2018) टेस्ट का बनावटी अभ्यास (मॉक प्रैक्टिस) करें।
  - हर सफल कदम पिछले कदम से ज्यादा महत्त्वपूर्ण है।
- इस सफर के दौरान आपकी सरलता को कोचिंग इंस्टीट्यूट की अतिरिक्त कक्षाएँ, वरिष्ठों, रिश्तेदारों की सलाह और आपके वॉट्सएप टेलीग्राम ग्रुप्स के तौर पर चुनौती मिलेगी। जरूरी बात यह है कि अपनी सरल नीति से अपना ध्यान एकदम नहीं हटाएं।
- ज्यादा किताबों, नोट्स और शिक्षकों के जरिए अपनी भौतिक जरूरतों को न बढ़ाएं। अपनी सोचने की क्षमता को बढ़ाएं। यह एक मानसिक युद्धभूमि है, जिसे घड़ी और पेन पर सवार होकर लड़ा जा सकता है। हाँ, ज्ञान एक ताकत है। लेकिन आपको इसके इस्तेमाल को लेकर चयनशील होना होगा। आप अपने तरकश में गिने-चुने तीर ही रख सकते हैं। जरूरी बात यह है कि उसका किफायत से इस्तेमाल किया जाए।
- जरूरत से ज्यादा ज्ञान आपके दबाव को और ज्यादा बढ़ाता है और आपकी गति को धीमा करता है; लेकिन एक तेज दिमाग आपकी गति को बढ़ा सकता है। इसलिए, अपनी याददाश्त को बढ़ाने के लिए स्मृति संकेतों, लघु रूप और खुद तैयार की गई युक्तियों का इस्तेमाल करें। इससे प्रीलिम्स में सही विकल्प पहचानने के आपके मौकों में सुधार होगा। आलोचनात्मक सोच जरूरी है। मुद्दों के मेहनत से किए विश्लेषण से आप अच्छे नोट्स बना सकते हैं और लिखित उत्तरों में अच्छे नंबर पा सकते हैं।
- 'नियमित और अनुशासित' रहना जरूरी है। इससे कोई फर्क नहीं पड़ता कि आपकी रणनीति क्या है अगर आप कोई काम नियमित तौर पर नहीं करते तो यह बेकार है। नियमित तौर पर पढ़ाई के लिए एक ऐसी दिनचर्या तैयार करें, जिस पर अमल किया जा सके। अपने दिन को छोटे-छोटे सेशन्स में बांटें और बीच-बीच में तरोताजा करनेवाले रचनात्मक काम करें। उदाहरण के लिए, ऑल इंडिया रेडियो सुनें, डॉक्यूमेंट्री फिल्म

देखें, ध्यान (मेडीटेशन) लगाएं और अपने पसंदीदा गाने सुनें। यह आपकी एकाग्रता को चमत्कारिक रूप से बढ़ाएगा और इससे आपके जी.एस., नीतिशास्त्र, निबंध पेपर की भी साथ-ही-साथ तैयारी होती रहेगी।

- कहा जाता है कि 'तकनीक के गुलाम' मत बनिए। इंटरनेट का इस्तेमाल समझदारी से कीजिए। खुद को सोशल मीडिया के चंगुल से बचाइए और समय बचाइए। 'वक्त असल मालिक है।' यदि आप इससे उलझेंगे तो यह आपको उलझा देगा।
- आखिरी और बहुत जरूरी बात, आपको इस सफर में एक मजबूत संबल की जरूरत होती है। फिर चाहे वे आपको माता-पिता हों, दोस्त हों, रिश्तेदार हों या फिर कोई भी, जो आपके लक्ष्यों और आकांक्षाओं को समझता हो, जो आपके अपने अंदर की चिनगारी को हवा देता रहे। रोजाना की नीरसता के बीच प्रेरणा रूपी वसंत को ढूंढ़ें, जो रफी की आवाज, केट मैककिनॉन्स की कॉमेडी, साहिर लुधियानवी के शब्दों, कीथ रिचड्र्स के उद्धरणों या फिर आसपास मौजूद अन्य चीजों से मिल सकती है।
- अपने अंदर के जिज्ञासु बच्चे को जगाइए। हर प्रश्न का उत्तर आप ही के भीतर अचेत अवस्था में मौजूद है। पढ़ने-लिखने से आपको इसे जगाने में मदद मिलेगी और यही इस परीक्षा का आधारभूत संदेश है। एक अच्छे प्रशासनिक अधिकारी बनने का सफर जीवन भर एक अच्छे विद्यार्थी बनने से शुरू होता है और इसकी अभिव्यक्ति में सफलता असफलता दोनों शामिल हैं।

❑

10

नाम : सुमित कुमार रॉय
रैंक : 54, सीएसई-2018

"यू.पी.एस.सी. का सफर अनिश्चितताओं से भरा हुआ है, जिसके विभिन्न चरणों में असफलता से भी दो-चार होना पड़ेगा। जरूरी बात यह है कि आप ऐसे समय में खुद को बचा कर रखें।"

सुमित कुमार रॉय

वैकल्पिक विषय

लोक प्रशासन (पब्लिक एडमिनिस्ट्रेशन)

परीक्षा का माध्यम

अंग्रेजी

निवासी

गोपालगंज, बिहार

शैक्षिक योग्यता

❖ पेट्रोलियम इंजीनियरिंग में दोहरी डिग्री (बी.टेक+एम.टेक) आई.आई.टी. (आई.एस.एम.), धनबाद (2008-2013)

अभिभावकों का पेशा

❖ **पिता** : किसान ❖ **माता** : गृहिणी

कोचिंग

❖ जी.एस.-नहीं ली ❖ वैकल्पिक-नहीं ली

उत्तर लिखने का अभ्यास-फोरम आई.ए.एस. (जी.एस. और निबंध के लिए), विजन आई.ए.एस. (निबंध के लिए), लुकमान (नीतिशास्त्र के लिए)

प्राप्तांक

प्रीलिम्स (प्रारंभिक परीक्षा) : पेपर-1 : 106

पेपर-2 : 120

मेन्स (मुख्य परीक्षा)

निबंध (पेपर I) + 127

जनरल स्टडीज (सामान्य अध्ययन)-1 (पेपर II) : 98

जनरल स्टडीज-II (पेपर III) : 98

जनरल स्टडीज-III (पेपर IV) : 119

जनरल स्टडीज-IV (पेपर V) : 104

वैकल्पिक विषय-I (लोक प्रशासन) (पेपर I) : 150
वैकल्पिक विषय-II (लोक प्रशासन) (पेपर I) : 157
कुल : 853
इंटरव्यू : 182
कुल अंक : 1035
मुझसे संपर्क करें-
फेसबुक : *https://www.facebook.com/sumitrai007*
इंस्टाग्राम : *https://www.instagram.com/sumitkumarrai_ias/*
ट्वीटर : *https://https://twitter.com/skrias2018*
ब्लॉग : *https://sumitkumarrai.com*
क्वोरा : *https://www.quora.com/profile/Sumit-Kumar-Rai*

सिविल सेवा की यात्रा

❖ "नहीं हुआ।" 27 अप्रैल, 2018 की शाम गमगीन चेहरे और डूबते दिल के साथ मैंने ये शब्द अपनी माँ से कहे। मैं उनकी दुःख से भरी आँखें देख सकता था। यू.पी.एस. सी. में यह मेरी चौथी कोशिश एवं दूसरा इंटरव्यू था और एक बार फिर मेरा नाम सूची में नहीं था। मैं इससे पहले भी असफलता का मुंह देख चुका था। यू.पी.एस.सी. जिस तरह की यात्रा है, उसके लिए मेरा उसे तहे-दिल से शुक्रिया; लेकिन वह पीड़ा, जिसे मेरी माँ नहीं छिपा पा रही थीं, इन सभी बातों से ज्यादा कष्टदायी था। उस दिन मैंने दो फैसले लिये, मुझे किसी भी तरह अपने अंदर की रोशनी के बुझने की झुंझलाहट से बाहर निकलना है। हाँ, जब मेरे अंदर उम्मीद की किरण बुझ-सी रही थी तो मैंने खुद से यही कहा। मैंने खुद को यह भी कहा कि जब अगले सी.एस.ई. का नतीजा आएगा, मैं घर पर नहीं रहूँगा।

नौकरी के साथ-साथ यू.पी.एस.सी. की तैयारी के लिए कड़ी मेहनत करना

❖ मैं वर्ष 2013 में कायर्न इंडिया से बतौर पेट्रोलियम इंजीनियर जुड़ा और यू.पी.एस.सी. के अपने सभी पाँचों प्रयास नौकरी में रहकर ही किए। नौकरी के साथ-साथ परीक्षा की तैयारी करना एक बहुत थका देनेवाला अनुभव था और इसके लिए बहुत सारी योजना बनाने, दृढ़ता, जुनून एवं मजबूत इरादों की जरूरत थी।

❖ सबसे पहले, आपके दिमाग में अपनी वर्तमान नौकरी को लेकर एक सोच होनी चाहिए और आपको इसे अपने जीवन में एक अस्थायी चीज मानकर चलना चाहिए। इसे महज एक नौकरी मानकर ही चलिए। यह वो जगह नहीं है, जहाँ आप अपनी पूरी जिंदगी लगाना

चाहते हैं। सिविल सर्विसेज के लिए आपका जुनून और धधकती इच्छा आपके कार्यस्थल पर आपका मार्गदर्शक होनी चाहिए। लिहाजा, अपनी नौकरी के प्रति वैसा ही रवैया अपनाएँ जैसी वह है। यह आपकी तैयारियों में गौण होनी चाहिए। लेकिन मेरे कहने का यह अर्थ कतई नहीं है कि आप अपने काम को लेकर बेपरवाही दिखाएं। ऐसा एकदम नहीं होना चाहिए और सिविल सर्विसेज में आने का इच्छुक उम्मीदवार ऐसा करेगा भी नहीं। आप में काम के प्रति दक्षता और पेशेवराना अंदाज दोनों होना चाहिए। साथ ही सुनिश्चित करें कि आप सौंपे गए काम को एक निश्चित अवधि में निपटा दें। लेकिन आपको उन दूसरे कामों को करने से बचना चाहिए, जिनमें बरबाद किया वक्त आप यू.पी.एस.सी. की तैयारी में लगा सकते थे। (सामाजिक मेल-मिलाप, बार-बार होनेवाली पार्टियां, दफ्तर की चुगलियां, दोपहर के लंच में ज्यादा वक्त गंवाना वगैरह) तनख्वाह में बढ़ोतरी के पीछे मत भागिए। अगर आपकी तनख्वाह बहुत ज्यादा नहीं भी बढ़ती तो भी यह आपके जीवन का अंत नहीं है। एक भले काम के लिए थोड़े-बहुत त्याग की जरूरत पड़ती ही है।

- मैंने दफ्तर में किसी को भी पता नहीं लगने दिया था कि मैं परीक्षा की तैयारी कर रहा हूँ। मैं खामोशी से तैयारी करता रहा। अपनी सफलता को शोर मचाने दें। इस मामले में, विशेष तौर पर निजी क्षेत्र में, कुछ व्यावहारिक दिक्कतें पेश आती हैं, लिहाजा मैंने इसे गुप्त ही रखा।
- दफ्तर से आने के बाद अपने वक्त को विवेकपूर्ण ढंग से योजनाबद्ध किया। वैकल्पिक विषय और जी.एस. के बीच अपने वक्त को बांटकर उसी हिसाब से पढ़ा। इस बात की उम्मीद न पालें कि आप हर दिन अपनी तैयारियों को अपना शत-प्रतिशत देंगे। कुछ ऐसे दिन भी आएंगे, जब आपको कुछ भी पढ़ने का मन नहीं होगा। इस तरह से सोचना कोई बड़ी बात नहीं है और उस दिन नहीं पढ़ने में कोई हर्ज भी नहीं है। हाँ, ऐसा बार-बार करना ठीक नहीं होगा। मैं हमेशा खुद से कहता रहता था कि 'नहीं, मेरी कहानी का अंत ऐसा नहीं होगा। गिरना लाजमी है, लेकिन मुझे असफल नहीं होना है।' लिहाजा, आरामदायक स्थिति से बाहर निकलकर पढ़ना शुरू कर देता था।
- सप्ताहांत मेरे लिए ऊपरवाले की सौगात से कम नहीं था- लिहाजा, मैंने इन दिनों का भरपूर इस्तेमाल किया।
- सोशल मीडिया- चूँकि मेरे पास वक्त की कमी थी, इसलिए जितना हो सके, मैंने खुद को उतना सोशल मीडिया से दूर ही कर लिया। इसकी जगह अखबार पढ़ता था और काम की चीजें करता था। मैं लंबे समय तक फेसबुक से दूर रहा। मैंने वॉट्सएप्प इस्तेमाल नहीं किया और इस साल के नतीजों के बाद ही फेसबुक, वॉट्सएप्प पर सक्रिय हुआ। इसलिए खुद से कहें, हर चीज इंतजार कर सकती है।
- मेरा मोबाइल मेरा सबसे अच्छा दोस्त है और कामकाजी या इधर-उधर यात्रा करनेवाले उम्मीदवारों के लिए तो यह बहुत ज्यादा फायदेमंद है। आप हवाई जहाज, ट्रेन यहाँ

तक कि दफ्तर के शौचालय में भी पढ़ सकते हैं। अतः अपने मोबाइल को मैंने अपनी लाइब्रेरी बना रखा है।

- जब कभी यू.पी.एस.सी. की तैयारी से मन उचट जाए, तो ये शब्द याद कीजिए–"मैंने इस सफर की शुरुआत क्यों की थी?" इस लंबी यात्रा में ऐसे पल भी आएंगे, जब दफ्तर में दिन अच्छा नहीं बीतेगा या फिर आप खुद को एक असफल या मजबूर व्यक्ति समझेंगे।
- मैंने जितना हो सके, दफ्तर में विवादों से बचने की हरसंभव कोशिश की। चूँकि मेरा परेशान रहना मेरी तैयारी पर असर डाल सकता था, इसलिए मैंने अपनी नजरें हमेशा यू.पी.एस.सी. पर टिकाए रखी।
- आखिर में, मैं आपको अपने व्यक्तिगत सफर से अवगत कराता हूँ।
- मैं वर्ष 2014 में प्रीलिम्स पास नहीं कर पाया। 2015 में मेन्स में असफल रहा। बाकी दो प्रयासों में मैं इंटरव्यू तक पहुँचा (2016–2017) चार बार किए। प्रयासों में मैंने कई बार अपने दिल को टूटते हुए देखा है। हर बार नए सिरे से दोबारा परीक्षा की तैयारी शुरू करना बहुत मुश्किल था। कई लोगों ने कहा कि तुम इतनी मोटी तनख्वाह पाते हो, इसलिए तुम्हें यू.पी.एस.सी. की ज्यादा चिंता नहीं करनी चाहिए। लेकिन मेरा दिल कहता था कि मैं ऐसा कैसे कर सकता हूँ? मैं कैसे हार मान सकता हूँ? और दिल कभी झूठ नहीं बोलता।
- इसलिए मैं लगातार आगे बढ़ता चला गया।
- मेरे मन में यह बात साफ थी कि मैं आखिरी मौके तक अपनी कोशिशें जारी रखूंगा। अगर मैं अपने छठे प्रयास में असफल हो जाता तो भी मुझे इस बात से खुशी मिलती कि चलो, मैं असफल हुआ, लेकिन मैंने कोशिश तो की।
- मैं जीवन में इसका पछतावा नहीं चाहता था : काश, ऐसा होता।

नए अभ्यर्थियों के लिए संदेश

- क्या यह परीक्षा मुश्किल है? **हाँ।**
- क्या यह परीक्षा पास करना असंभव है? **नहीं।**
- यू.पी.एस.सी. का सफर अनिश्चितताओं से भरा हुआ है। परीक्षा के किसी भी चरण में आपका सामना असफलता से हो सकता है। जरूरी है कि आप ऐसे समय में खुद को बचाएं। मैं ऐसा इसलिए कह रहा हूँ, क्योंकि मैं यह बात अच्छी तरह जानता हूँ कि अपना नाम पी.डी.एफ. में नहीं देखना कितना मुश्किल भरा होता है, फिर चाहे वह प्रीलिम्स, मेन्स या फिर इंटरव्यू के बाद हो।
- ऐसे दुःखद पलों में खुद के प्रति थोड़ा दयालु बनिए। शीशे में देखिए। शीशे में देखने वाले व्यक्ति को देखिए। अब तक के अपने सफर, अपने त्याग पर गर्व कीजिए। उस व्यक्ति की पीठ थपथपाइए और थोड़ा मुसकराइए। 'आज नहीं', जैसा कि सीरियो फोरेल आर्या स्टार्क से कहता है, ऐसा ही आप खुद से कहिए, 'आज नहीं'। आज वह दिन

नहीं कि आप अपने अस्त्र-शस्त्र नीचे रख दें। अच्छे योद्धा बनें। परेशानी के दिनों में बेहतरीन बनें। ये मानसिक शक्ति का खेल है। आपको वैसा व्यक्ति बनने की जरूरत है, ठीक वैसा ही जैसा कि आर्या स्टार्क वर्षों की तकलीफ और अभ्यास के बाद बना था। इस रवैए के साथ अंततः आपको सफलता मिल ही जाएगी।

- ❖ आपको 30 सेकेंड के अंदर-अंदर लक्ष्मीकांत के पी.डी.एफ. तक पहुँच बनाने में सक्षम होना चाहिए। ऐच्छिक विषय के नोट्स पढ़ें। आपको एवरनोट (या फिर किसी दूसरे एप्प में) में अपने ऑनलाइन नोट्स बनाना आना चाहिए। इसलिए, मैं आपको सलाह दूंगा कि एक अच्छा-खासा स्टोरेज वाला मोबाइल खरीदें।
- ❖ अपने दोस्त समझदारी से चुनें। ज्यादा शोर-शराबा करनेवाले दोस्तों से बचें। ऐसे लोगों के साथ रहें, जो आपकी हौसला अफजाई करते हों और आपकी जिंदगी में सकारात्मकता प्रदान करनेवाले हों। ऐसे दोस्त बनाएं, जिन्हें हमेशा आप पर विश्वास बना रहे। ऐसे लोग आपके लिए चमत्कारिक तौर पर अच्छे साबित होते हैं।
- ❖ करीबी दोस्तों का एक समूह बनाएं, जिनके साथ आप प्रश्नों या फिर उत्तर पुस्तिका पर चर्चा कर अपने ज्ञान को बढ़ा सकें।
- ❖ सब को सम्मान दें और उनके प्रति दयालु भाव रखें। आप जिस किसी से भी मिलते हैं, वे सब किसी-न-किसी संघर्ष में लगे हुए हैं। लिहाजा थोड़ा दयालु बनें। यही आपको एक अच्छा इनसान बनाता है। दफ्तर में लोगों की मदद करें। इससे आपको अच्छा लगेगा। इससे मिलनेवाला आशीर्वाद और सकारात्मक ऊर्जा कहीं-न-कहीं आपको समाज-सेवा के लिए भी तैयार करेगी।
- ❖ हार न मानें। प्रीलिम्स, मेन्स या इंटरव्यू में असफलता मिलने पर जल्दबाजी में फैसले न लें। खुद को एक हफ्ते का वक्त दें और दोबारा तैयारी में जुट जाएं।
- ❖ इस तरह के रवैए से ही अंततः आपको सफलता मिलेगी।

❑

11

नाम : मनीषा राणा

रैंक : 67, सीएसई-2018

"साधारण और असाधारण के बीच बस, 'अ' का ही अंतर होता है।"

मनीषा राणा

वैकल्पिक विषय

गणित

परीक्षा का माध्यम

अंग्रेजी

निवासी

खेड़ा कलाँ, नई दिल्ली

शैक्षिक योग्यता

❖ बी.टेक.–बिट्स, पिलानी

अभिभावकों का पेशा

❖ **पिता** : सेवानिवृत्त सैन्य अधिकारी

❖ **माता** : गृहिणी

कोचिंग

❖ जी.एस.–श्रीराम

❖ गणित–आई.एम.एस.

मेन्स (मुख्य परीक्षा)

निबंध (पेपर I) : 130

जनरल स्टडीज (सामान्य अध्ययन)-1 (पेपर II) : 105

जनरल स्टडीज-II (पेपर III) : 99

जनरल स्टडीज-III (पेपर IV) : 112

जनरल स्टडीज-IV (पेपर V) : 100

वैकल्पिक विषय-I (गणित) (पेपर I) : 155

वैकल्पिक विषय-II (गणित) (पेपर I) : 171

कुल प्राप्तांक : 872

इंटरव्यू : 157

कुल अंक : 1029

सिविल सेवा की यात्रा

सफलता और असफलता के दौर से कैसे उबरें?

- इस बार मेरा चौथा प्रयास था। अपने पिछले तीन प्रयासों में मैं एक बार भी इंटरव्यू पास नहीं कर पाई थी। सफलता व असफलता इस प्रक्रिया का एक हिस्सा है और किसी को भी उम्मीद नहीं हारनी चाहिए। हर किसी को इस बात पर पूरा भरोसा रखना चाहिए कि मेहनत का फल एक-न-एक दिन जरूर मिलता है। कभी-कभी आपको ऐसे लोग भी मिलेंगे, जो आपको कम करके आकेंगे। कभी-कभी आप खुद की क्षमताओं को कमतर आकेंगे। लेकिन यही वह बात है, जो इस सफर को दिलचस्प बनाती है। यह यात्रा आपको जिंदगी के कई नए सबक सिखाएगी, जैसे–धैर्य, दृढ़ता, इच्छा-शक्ति, मेहनत, किस्मत और इन सब का आपसी प्रभाव।
- सिविल सर्विसेज परीक्षा एक ऐसा क्षेत्र है, जहाँ मेहनत और किस्मत दोनों ही बहुत महत्त्वपूर्ण भूमिका निभाते हैं और यही इसे अनिश्चित भी बनाता है। इसलिए हर अभ्यर्थी के दिमाग में विकल्प के तौर पर एक कैरियर जरूर होना चाहिए। यह आपकी मानसिक शांति के लिए तो जरूरी होगा ही, असफल होने पर आपका सहारा भी बनेगा।
- अपने हौसले को बरकरार रखने के लिए आप प्रेरणादायक संगीत सुन सकते हैं, प्रेरणादायक कोट्स पढ़ सकते हैं, दूसरे सफल उम्मीदवारों के सफर के बारे में जान सकते हैं और उनसे प्रेरणा पा सकते हैं। इसके अलावा, प्रीलिम्स और मेन्स की परीक्षाओं के टेस्ट पेपर्स को हल कीजिए। इससे आपको अपनी ऊर्जा बनाए रखने में मदद मिलेगी। इसके अलावा, कठोर मेहनत से ज्यादा इस परीक्षा में रणनीति महत्त्वपूर्ण है।
- मैं जोर देकर कहूँगी कि विजन आई.ए.एस. के वीडियो देखें, जो टेलीग्राम समूह में हैं। मृणाल और इनसाइट एवं दूसरी वेबसाइटों पर छपे टॉपर्स के लेख भी पढ़ें। इससे आपको एक दिशा भी मिलेगी और कठोर परिश्रम करने की प्रेरणा भी। परीक्षा की तैयारी के दौरान किसी को भी अपने शारीरिक स्वास्थ्य की अनदेखी नहीं करनी चाहिए और दबाव के स्तर को कम करने के लिए नियमित तौर पर कसरत करनी चाहिए।
- इसके अलावा, दो वर्षों तक भारतीय वन सेवा में काम करने के बाद मैं यह कह सकती हूँ कि जीवन परीक्षा से कहीं ज्यादा महत्त्वपूर्ण है। खूब मेहनत करें, लेकिन अपनी खुशी को इस परीक्षा की सफलता पर आश्रित मत करें। सकारात्मक सोच बनाए रखें। एक अच्छा इनसान बनें, मेहनत करें और कभी भी उम्मीद का दामन न छोड़ें।

  जीवन में सफल होने के लिए आपकी सच्ची इच्छा-शक्ति के अलावा कुछ और मायने नहीं रखता।

❑

12

नाम : दिलीप प्रताप सिंह शेखावत

रैंक : 72, सीएसई-2018

गली के लड़के से आई.ए.एस. बनने तक की यात्रा

दिलीप प्रताप सिंह शेखावत

वैकल्पिक विषय

लोक प्रशासन (पब्लिक एडमिनिस्ट्रेशन)

परीक्षा का माध्यम

अंग्रेजी

निवासी

जोधपुर

शैक्षिक योग्यता

❖ केमिकल इंजीनियरिंग में बी.टेक.

अभिभावकों का पेशा

❖ **पिता** : एक निजी फर्म में मैनेजर

❖ **माता** : गृहिणी

प्राप्तांक

प्रीलिम्स (प्रारंभिक परीक्षा) : पेपर-1 : 98.66

पेपर-2 : 140.00

मेन्स (मुख्य परीक्षा)

निबंध (पेपर I) : 150

जनरल स्टडीज (सामान्य अध्ययन)-1 (पेपर II) : 80

जनरल स्टडीज-II (पेपर III) : 118

जनरल स्टडीज-III (पेपर IV) : 95

जनरल स्टडीज-IV (पेपर V) : 92

वैकल्पिक विषय-I (लोक प्रशासन) (पेपर I) : 160
वैकल्पिक विषय-II (लोक प्रशासन) (पेपर II) : 154
लिखित परीक्षा में प्राप्तांक : 849
इंटरव्यू : 179
कुल अंक : 1028

मेरी यात्रा

(1) मेरे बचपन की एक झलक

❖ जब कभी मेरे बड़े मुझसे सवाल करते थे कि ''बेटा, बड़े होकर क्या बनना चाहते हो'' तो मध्यम वर्गीय समाज के बाकी बच्चों, जिनका जवाब अमूमन डॉक्टर, टीचर या फिर इंजीनियर होता है, के उलट मैं कहता कि मैं एक क्रिकेटर बनना चाहता हूँ। मेरी इस बात की हमेशा या तो खिल्ली उड़ाई जाती या फिर आलोचना की जाती। मेरे आसपास के लोग अकसर मेरी इस बात का मजाक बनाया करते और कहते, ''हर कोई सचिन नहीं बन सकता।'' क्रिकेट के प्रति अपने जुनून के कारण मैं इतना मजबूत बन गया था कि इस तरह की बातों का मुझ पर असर पड़ना ही बंद हो गया।

❖ मैं अपने स्कूल के दिनों में पूरी तरह क्रिकेट को समर्पित था। एक शाम मेरे कोच ने मुझसे कहा, ''मुझे दो साल दे दो, मैं तुम्हारा भारतीय क्रिकेट टीम में चयन करवा दूंगा।'' मेरे कोच द्वारा कही गई यह बात मेरे लिए बहुत प्रेरणादायक थी। मैंने खुद को पूरी तरह से क्रिकेट की ट्रेनिंग में झोंक दिया था। लेकिन, इसके बाद शुरू हुआ, पारिवारिक ड्रामा। मैं 12वीं कक्षा में पढ़ रहा था, जो मेरे जीवन का एक अहम पड़ाव था, क्योंकि यह मेरे कैरियर को एक दिशा देनेवाला साबित हो सकता था। एक मध्यम वर्गीय पिता की तरह मेरे पिता भी क्रिकेट में मेरे कैरियर बनाने के सख्त खिलाफ थे। इसलिए थोड़ी बहुत ना-नुकुर के बाद मैंने दबाव के आगे घुटने टेक दिए और क्रिकेट छोड़कर पढ़ाई पर फोकस करना शुरू कर दिया।

(2) पढ़ने से वास्ता

❖ मैं अपने पूरे स्कूली जीवन में औसत दर्जे का छात्र भी नहीं रहा। मुझे कक्षा में केवल पास होने से ही मतलब रहता था, फिर चाहे जैसे भी हो, यह मेरे लिए मायने नहीं रखता था। क्रिकेट से दूर होने के बाद मुझे आई.आई.टी.-जे.ई.ई., ए.आई.ई.ई.ई. जैसी, प्रतिस्पर्धी परीक्षाओं की दुनिया में धकेल दिया गया। लेकिन, जब एक इनसान घनी पीड़ा में छटपटा रहा होता है तो वह संघर्ष करता है, जद्दोजहद करता है, कोशिश करता है और यही कोशिश मुझे ए.आई.ई.ई.ई. परीक्षा में ऑल इंडिया रैंक 14,821 लाने के बाद राउरकेला के नेशनल इंस्टीट्यूट ऑफ टेक्नोलॉजी में ले गई। अब 14,821 रैंक पाना बहुत अच्छा नहीं लगता; लेकिन उस समय माता-पिता, गली के दोस्तों, समाज, शहर

और बल्कि खुद से आजादी पाने का मेरा उद्देश्य पूरा हो चुका था। हां, मैं खुद से भी आजादी पाना चाहता था, क्योंकि मुझे लगता था कि दबाव के आगे घुटने टेकते हुए मैंने क्रिकेट छोड़ने का जो फैसला लिया, उसकी वजह से वैसे ही मैं अपनी जिंदगी में एक बार असफल हो चुका हूँ।

(3) गलत चुनाव

❖ मैं इंजीनियरिंग कॉलेज की काउंसलिंग के अंतिम चरण में एम.एन.आई.टी. जयपुर या एस.वी.एन.आई.टी., सूरत में एडमिशन की उम्मीद लगाए बैठा था। लेकिन एक बार फिर मेरे हाथ निराशा लगी और मुझे राउरकेला के एन.आई.टी. में केमिकल इंजीनियरिंग में एडमिशन दिया गया। जब मैंने कॉलेज आवंटन के अंतिम चरण के नतीजे देखे; तो मुझे बहुत सदमा लगा; क्योंकि पिछले साल के रुझान और रैंकिंग को देखते हुए मैंने एन.आई.टी. राउरकेला की एकदम उम्मीद नहीं की थी। एन.आई.टी. राउरकेला जाने के बाद मैं पश्चिम की संस्कृति से एकदम अलग पूर्व की संस्कृति से रू-बरू हुआ। एक ऐसे शख्स के लिए, जिसने अपना पूरा बचपन और स्कूली शिक्षा एक ही शहर में रहकर पूरी की हो, उसके लिए आगे का रास्ता काफी चुनौतीपूर्ण था।

❖ फिर भी, मैंने पूरा साहस जुटाया और एन.आई.टी. राउरकेला में दाखिला लेने अकेले ही चल पड़ा। वहाँ पहुँचने के बाद मेरा सामना एक अलग ही दुनिया से हुआ, जिसकी संस्कृति, खान-पान, लोग, वनस्पति वगैरह सब अलग थी। मैं इसके ठीक बाद डिप्रेशन में चला गया और कॉलेज छोड़कर घर वापस आने का मन बना लिया। जब मैं कॉलेज छोड़ने ही वाला था, तब कॉलेज के प्रशासनिक दफ्तर में काम करनेवाले एक सज्जन ने मुझे मेरे फैसले पर दोबारा विचार-विमर्श करने और कॉलेज में ही टिकने की सलाह दी। मैंने अपने अतीत पर एक नजर डाली और अपने जीवन के हारे हुए पल को याद किया, जैसे कि क्रिकेट को अपना कैरियर न बना पाना। मैंने महसूस किया कि क्रिकेट को छोड़कर मैं कितना हताश और निराश था और यह बात आजीवन मन में नासूर बनकर चुभती रहेगी। मैंने कसम खाई कि अब मैं जीवन में कभी हार नहीं मानूंगा। यहीं से गली के एक लड़के का आई.ए.एस. बनने का सफर शुरू होता है।

(4) सिविल सेवा की यात्रा

❖ आई.ए.एस. बनने का ख्याल मेरे मन में दूर-दूर तक कभी नहीं आया था। मुझे सिविल सर्विस के बारे में ज्यादा-कुछ पता भी नहीं था। और जब मुझे इसके बारे में पता चला तो यह भी ज्ञात हुआ कि यह परीक्षा दुनिया की कुछ बेहद कठिन परीक्षाओं में है। अतः, मेरे जैसे औसत दर्जे के छात्र के लिए इसे पास करना लगभग असंभव सी बात थी। मुझे बॉलीवुड फिल्में बहुत पसंद हैं। फिल्म 'ओम शांति ओम' का एक डायलॉग है, "अगर किसी चीज को पूरी शिद्दत से चाहो तो सारी कायनात तुम्हें अपनी मंजिल से मिलाने में जुट जाती है।"

- मैंने जीवन में एक काम बहुत शिद्दत से किया था, एन.आई.टी. राउरकेला के लायंस क्लब के जरिए समाज-सेवा। मैं कॉलेज के फर्स्ट इयर में ही लायंस क्लब से जुड़ गया था। मैं और मेरे साथी क्लब के माध्यम से समाज-सेवा से जुड़े काम किया करते थे; जैसे- गरीब बच्चों को पढ़ाना, वृद्धाश्रमों और अनाथालयों में जाकर काम करना, ब्लड डोनेशन कैंप लगाना वगैरह-वगैरह। हालाँकि ये सारे काम हमने बड़े पैमाने पर नहीं किए, लेकिन मुझे हमेशा इस बात से खुशी और संतुष्टि मिलती थी कि मैं लोगों की सेवा कर रहा हूँ, उनकी समस्याओं को समझ रहा हूँ और उनकी दिक्कतों को दूर करने की कोशिश कर रहा हूँ। खुशी और संतुष्टि के यही भाव सिविल सर्विस की परीक्षा देने के लिए मेरे सच्चे प्रेरणादायक बन गए। इसके बावजूद कॉलेज के चौथे साल में भी मैंने यू.पी.एस.सी. की परीक्षा में बैठने की बात एकदम नहीं सोची थी। कॉलेज के आखिरी साल में मुझे कैंपस प्लेसमेंट के दौरान एक निजी फर्म के लिए चुन लिया गया और मैं नौकरी ज्वाइन करने की तैयारी करने लगा।

(5) बहुत ज्यादा कशमकश

- मई 2015 में कॉलेज पूरा करने के बाद मैं वापस घर लौटा और अपनी नई नौकरी ज्वॉइन करने का इंतजार करने लगा। लेकिन वक्त बीतता जा रहा था और ज्वॉइनिंग हो नहीं रही थी। जून की बात है, मेरा सी.डी.एस. 2015 की लिखित परीक्षा का नतीजा निकल गया और पता चला कि मैंने एसएसबी पास कर लिया है। यह वही समय था, जब मैंने यू.पी.एस.सी. की परीक्षा देने पर विचार करना शुरू किया। मेरे कुछ सीनियर भी यू.पी.एस.सी. की तैयारी कर रहे थे। यू.पी.एस.सी. में मेरी दिलचस्पी जानकर वे काफी खुश हुए। लेकिन यहाँ मेरे आगे एक बड़ी दुविधा खड़ी हो गई, क्या मैं एक सुरक्षित नौकरी ज्वाइन कर लूं या फिर यू.पी.एस.सी. जैसी कठिन परीक्षा की तैयारी करूं। मेरा दिमाग मुझे प्राइवेट नौकरी करने को कहता था, लेकिन दिल से आवाज आती थी कि मुझे यू.पी.एस.सी. की तैयारी करनी चाहिए।
- कशमकश के इस दौर में मैंने दोबारा अपने बचपन के दिन याद किए, जब मैंने अनिश्चितता और बेहद कठिन प्रतिस्पर्धा को देखते हुए क्रिकेट छोड़ दिया था। लेकिन, फिर मैंने तमाम बिंदुओं को जोड़ा और खुद से कहा कि यदि मैं पूरे समर्पण और कड़ी मेहनत से यू.पी.एस.सी. की परीक्षा देता हूँ तो मैं इसे भी पास कर सकता हूँ, क्योंकि अब मेरा दिलो-दिमाग यहीं है। मैंने अपने माता-पिता से कहा कि मैं जीवन में एक बार असफल हो चुका हूँ और एक क्रिकेटर न बन पाना मुझे एक डरावने सपने की तरह हमेशा डराता है। मुझे जीवन में दोबारा एक ऐसा कैरियर बनाने का मौका मिला है, जिसके लिए मैं दिल से तैयारी करना चाहता हूँ। कृपया मुझे यह जोखिम उठाने दें। इस तरह मैंने अपने माता-पिता को यू.पी.एस.सी. के लिए जोखिम उठाने और उसकी तैयारी के लिए मनाया। मुझे गृह मंत्रालय से एनओसी (नो ऑब्जेक्शन सर्टिफिकेट) मिल गया और मैं सिविल सर्विसेज की तैयारी के लिए दिल्ली आ गया।

(6) अनिश्चितता के महासागर में उम्मीद की किरण

- मैं जुलाई 2015 में दिल्ली आया था, लेकिन जल्द ही डिप्रेशन में चला गया। इसकी वजह भी थी। दरअसल ओल्ड राजेंद्र नगर में घुसते ही मैंने देखा कि यू.पी.एस.सी. की परीक्षा पास करने का सपना आँखों में संजोए हजारों युवा इस राह पर पहले से ही निकले हुए हैं। मेरी पृष्ठभूमि तो बहुत साधारण सी थी और शैक्षणिक उपलब्धियां भी बहुत ज्यादा नहीं थीं। मैंने ऐसे में खुद को अनिश्चितता के महासागर में डूबा हुआ पाया। डिप्रेशन में एक बार तो मैंने वापस घर जाने की भी सोची। मैंने महसूस किया कि मुझे कुछ ऐसा करना चाहिए, जो मेरी औसत दर्जे की योग्यता के अनुकूल हो। उस दौरान दोबारा मैंने अपनी अंतरात्मा की बात सुनी और इस बात को समझा कि अपनी तरफ से जितना हो सके, अच्छा करो और बाकी ऊपर वाले पर छोड़ दो।
- दिल्ली में अपने शुरुआती दिनों में मैं अपने एक दोस्त के घर रहा, जिसके बाद मैंने ओल्ड राजेंद्र नगर में घर ढूंढ़ना शुरू कर दिया। वहाँ करीब दर्जनभर घर देखने के बाद मैं और मेरा दोस्त पूसा रोड के नजदीक दो कमरों के मकान में रहने लगे। खाने के लिए हमने एक टिफिन सर्विस का सहारा लिया, जो बेहद स्वादिष्ट खाना परोसते थे– 'स्वाद ऐसा कि घर की याद आ जाए' यह थी टिफिन सर्विस देनेवालों की टैगलाइन, जो वाकई सही थी। सच में, जब दाल में दानों की जगह ज्यादा पानी और गेहूँ से ज्यादा मैदे से बनी रोटी खाने को मिले तो वाकई दिन में दो बार घर और माँ की याद आ जाती थी। ओल्ड राजेंद्र नगर में हर चीज पैसे से तौली जाती थी और व्यावसायिक थी। मानवता तो एक विलुप्तप्राय प्रजाति की तरह थी, जो न तो क्लासेज में दिखाई देती थी, न ही मेस में और न ही ब्रोकरों में। लेकिन, फिर भी मैं अपने परिवार और दोस्तों का धन्यवाद अदा करना चाहूँगा, जो इन मुश्किल पलों में मेरे साथ खड़े रहे। इस तरह, मैं इन कठिन परिस्थितियों में भी मजबूत बना रहा और दिल्ली में अपनी तैयारी के शुरुआती चरण को पूरा किया।

(7) रातों को नींद न आना

- शुरुआती तैयारी वाले चरण के बाद जब अचानक क्लास लेकर, नोट्स, किताबों, टेस्ट सीरीज की बौछार होनी शुरू हुई तो मेरा अप्रशिक्षित औसत से कम दिमाग इस सबको झेलने में अक्षम रहा। इसकी वजह से मेरी नींद उड़ गई। सोने की लाख कोशिशों के बावजूद मैं सो ही नहीं पाता था। इस दौरान गूगल पर मैंने जिस विषय को सबसे ज्यादा ढूंढ़ा, वह था– अनिद्रा से कैसे निपटें। लेकिन फिर मुझे लगा कि बिस्तर पर यूं ही लेटे रहने से केवल वक्त की बरबादी होगी। इसलिए मैंने तब तक पढ़ना शुरू कर दिया, जब तक कि मुझे खुद ही नींद नहीं आ जाती थी।
- तैयारी का यह चरण मेरे लिए बहुत महत्त्वपूर्ण था, क्योंकि इस दौरान न केवल मैंने अपनी घबराहट पर विजय पाई, बल्कि जी.एस. और ऑप्शनल के सिलेबस को पूरा करके अपने डर को भी दूर भगाया।

(8) अक्षम्य गलतियाँ

- अप्रैल 2016 में कोचिंग खत्म होने के बाद मैंने घर जाने का बेवकूफी भरा फैसला लिया। मैंने ओल्ड राजेंद्र नगर दो कारणों की वजह से छोड़ दिया। पहला, मुझे यहाँ के प्रतिकूल वातावरण को नहीं झेलना पड़ेगा और घर पर माँ के द्वारा मनोबल बढ़ाने से मेरी क्षमता बढ़ जाएगी। पहला कारण तो फिर भी सही था, लेकिन दूसरा कारण मुझ पर उलटा पड़ गया। मनोबल बढ़ाने के बजाय मैं जितना जल्द हो सके, परीक्षा पास करने का भारी नैतिक दबाव महसूस करने लगा।
- लेकिन घर की कई चुनौतियों (जैसे–घर का काम करना, रिश्तेदारों के सवालों को झेलना वगैरह) के बावजूद मैं लगा रहा और अपनी पहली परीक्षा जोधपुर से ही दी। 7 अगस्त को होनेवाला सी.एस.ई. 2016 का प्रीलिम्स अच्छा रहा। मैं पेपर देने के बाद ठीक-ठाक महसूस कर रहा था। मैंने खुद को इसमें करीब 118 नंबर दिए। कुछ कोचिंग इंस्टीट्यूट्स ने कटऑफ के 110 रहने की उम्मीद लगाई थी। इस तरह, मेरे लिए यह बात उत्साह बढ़ाने वाली थी। अपनी पुरानी गलती से सबक लेते हुए मैं टेस्ट सीरीज और सी.एस.ई. 2016 के मेन्स की तैयारी के लिए दोबारा दिल्ली लौट आया।

(9) सितंबर का खौफ

- सितंबर में दिल्ली लौटने के बाद मैंने सी.एस.ई. 2016 मेन्स के लिए धुआँधार तैयारी करनी शुरू कर दी। मेन्स में अच्छा करने के लिए मैंने दिन-रात मेहनत की; लेकिन उस वक्त मेरी पूरी मेहनत पर पानी फिर गया, जब 16 सितंबर की शाम प्रीलिम्स का नतीजा निकला। सफल उम्मीदवारों की सूची में मेरा नाम नहीं था। मुझे इससे बहुत ज्यादा झटका लगा, क्योंकि मेरा प्रीलिम्स अच्छा गया था और मुझे उससे बहुत सारी उम्मीदें थीं। मेरे जीवन में जो भी खुशियां आई थीं, वे अचानक गायब हो गईं और मैंने खुद को अंधेरे में पाया। वह परीक्षा, जिसमें मैंने अपने जीवन का पूरा एक साल लगाया था, उसने मुझे नकार दिया। ऐसा लगा मानो मैं बेसहारा हो गया हूँ।
- लेकिन कुछ दिनों की दुःख-तकलीफ के बाद मुझे एक बार फिर खुद के लिए एक फैसला लेना था–दोबारा यू.पी.एस.सी. की तैयारी करूं या फिर अपने जीवन के लिए कोई आसान विकल्प चुन लूं। मैंने एक बार फिर सी.एस.ई. 2016 के प्रीलिम्स के बारे में सोचा और पाया कि मैं सफलता के काफी नजदीक तक पहुँच चुका था। मैं अपनी गलतियां पहचान सकता था। यह मार्कशीट में भी साफ दिखाई दे रही थीं–मुझे 115.34 अंक मिले थे और आधिकारिक कट-ऑफ 116 था। मैंने नतीजें को सकारात्मक तौर पर लिया और इस संकल्प से दोबारा परीक्षा की तैयारी शुरू कर दी कि पिछली गलतियां नहीं दोहराऊंगा।
- अब बात वर्ष 2017 के मेन्स की, जिसकी मैंने जमकर तैयारी की। मेरा फोकस रहा करेंट अफेयर्स के नोट्स बनाने, उत्तर लिखने का अभ्यास करने और लिखित परीक्षा

की सीरीज करने में। अब मैं इस बात को समझ चुका था कि यदि मैं 2016 में मेन्स की परीक्षा देता, तो शायद उसे पास ही नहीं कर पाता, क्योंकि मैं उत्तर लिखने की कला में निपुण नहीं था। करेंट अफेयर्स को लेकर भी मेरी जानकारी बहुत ज्यादा नहीं थी। 2017 में मैंने प्रीलिम्स की परीक्षा पास की। अब मुझे हर हाल में मेन्स भी पास करना था, वह भी अच्छे अंतर के साथ।

(10) सी.ए.पी.एफ. 2017 में शारीरिक जाँच की परीक्षा

नीचे मेरे छोटे भाई ने एक ब्लॉग लिखा है, जो तब का है, जब मैं सी.ए.पी.एफ. में शारीरिक परीक्षा पास करने की तैयारी कर रहा था। तैयारी शुरू किए एक साल बीत चुका था, इसलिए इसकी तैयारी एक अतिरिक्त चुनौती थी। मेरा भाई मुझसे हफ्ते में कम-से-कम एक दिन जरूर बात करता था। लिहाजा, उसे मेरी चुनौतियों का अच्छा-खासा अनुमान था। प्रस्तुत है उसका ब्लॉग:

"यह पोस्ट पूरी तरह मेरे भाई डी.जे. को समर्पित है। मेरे भाई में बहुत-सी खूबियां हैं, उन सब को एक जगह समेटना कठिन है। फिर भी, मैं ऐसा करने की कोशिश करूँगा।

मेरे भाई को यू.पी.एस.सी. की तैयारी करते हुए करीब दो साल हो गए हैं। मेरे भाई ने अपने सपनों को पूरा करने के लिए अपना सबकुछ कुर्बान कर दिया है। दोस्त, मौज-मस्ती, खेल– अब उनके लिए अजनबी हैं। अगर किसी चीज के लिए मेरा समर्पण x है तो यू.पी.एस.सी. के लिए उनका 10^(6)x है। उन्होंने इसी तरह का जीवन चुना है और मैं उनके इस फैसले की पूरी इज्जत करता हूँ। हर कोई इतना बहादुर नहीं होता कि अपना युवा जीवन महानता हासिल करने की चाह में झोंक दे, वह भी तब, जब इसका अर्थ सबकुछ कुर्बान कर देने से हो। मेरा भाई अपनी डिग्री लेने के लिए अपने कॉलेज के दीक्षांत समारोह तक में नहीं गए, जो किसी दूसरे शख्स के लिए मौज-मस्ती से भरे बीते दिनों को दोबारा याद करने वाला जीवन भर का एक सुनहरा मौका हो सकता था। मैं नहीं जानता कि वह अपने जीवन का मकसद पाने के लिए इतना त्याग कैसे कर पाते हैं। मैं जानता हूँ कि यह एक बड़ी बात है, लेकिन वाकई हम में से कितने लोग इस तरह की छोटी-छोटी खुशियों को न कहने का माद्दा रखते हैं। हमें तो यही लगता है कि हम जितनी मेहनत कर रहे हैं, उस हिसाब से ये खुशियां तो हमें मिलनी ही चाहिए। मुझे पक्का यकीन है कि इससे परे कम ही लोगों की सोच होती है।

अब तक भाई ने तीन पेपर दिए हैं-2016 में यू.पी.एस.सी. प्रीलिम्स, 2016 में ही आर.ए.एस. प्रीलिम्स और इसी साल सी.आर.पी.एफ. की परीक्षा।

मेरे भाई यू.पी.एस.सी. का प्रीलिम्स पास नहीं कर पाए। उन्हें 118 नंबर मिले थे, जो दिल्ली के कई कोचिंग इंस्टीट्यूट्स के मुताबिक मेन्स के लिए क्वालिफाई करने के लिए वाजिब थे। ये उन्हें एक सदमे की तरह लगा, क्योंकि पिछले ही साल उन्होंने मेन्स की तैयारियां भी शुरू कर दी थीं। वह आर.ए.एस. का प्री कुछ उचित कारणों की वजह से पास

नहीं कर पाए (मैं उन कारणों की चर्चा बाद में करूँगा)। उन्होंने सी.आर.पी.एफ. की प्रीलिम्स परीक्षा पास की, मेन्स में बैठे, उसे भी पास किया। भाई ने मेडिकल दिया, जिसमें ज्यादा वजन होने के कारण उन्हें वजन घटाने के लिए एक महीने का वक्त दिया गया। उस दौरान वह 99 किलो के थे और सीमा थी 78 किलो की। इसके लिए भाई ने दिल्ली के एक जिम और जहाँ कहीं वह जा सकते थे, वहाँ जाकर लोगों से सलाह भी ली। लेकिन सभी ने यही कहा कि एक महीने में 12 किलो वजन कम करना असंभव है। उन्होंने कहा कि वो ज्यादा-से-ज्यादा उसका 7 किलो वजन कम करवा सकते हैं। लेकिन भाई ने इसे एक चुनौती के तौर पर लिया।

उन्होंने एक कठोर डाइट प्लान अपनाया। नाश्ता–बादाम, नींबू, शहद। दोपहर का भोजन–एक सेब। रात का भोजन–उबले हुए ओट्स। उन्होंने एक महीने तक इसी डाइट को फॉलो किया। मैं जानता हूँ कि रोज-रोज किए जानेवाले इन प्रयासों को छोड़ना गलत है। हर दिन वही भोजन करना, वही ओट्स खाना, भूख को अनदेखा करना। मुझे लगता है कि भूख इनसान को आंदोलन करने पर मजबूर कर देती है। लेकिन यहाँ एक ऐसा शख्स है, जो यह भूल गया है कि उसे खाना कितना पसंद है। वह इतनी मेहनत कर रहा है, वो भी सी.आर.पी.एफ. के क्लास बी अधिकारी के इंटरव्यू की तैयारी के लिए। मैं तो दो दिन भी अपनी भूख पर नियंत्रण नहीं रख सकता। अगर मैंने एक वक्त का भोजन छोड़ दिया है तो मेरा अगला नाश्ता भारी होगा। भाई ने करीब 15 किलो वजन घटाया और वह करीब 75 किलो के हो गए।

इस बीच दोबारा होनेवाले मेडिकल टेस्ट की तारीख आगे बढ़ गई थी और वह हर दिन अपनी डाइट कम करते जा रहे थे। मेडिकल टेस्ट की तारीख नजदीक आते-आते उन्होंने अपनी डाइट और कम कर दी। अपना कम वजन बनाए रखने के चक्कर में टेस्ट से दो-तीन दिन पहले उन्होंने बमुश्किल कुछ खाया। उन दिनों वे काफी कमजोर महसूस कर रहे थे और अकसर नीचे गिर जाते थे। उन्हें अब भी याद है कि वो मेडिकल के दौरान कितना कमजोर महसूस कर रहे थे और मैदान में गिर भी सकते थे। उनका वजन 69 किलो रह गया था, जो कटऑफ वजन से कहीं ज्यादा कम था। मुझे लगता है कि वजन कम करने का उनका प्रण अपनें आप में एक बड़ी उपलब्धि थी। हम में से आखिर कितने लोग यह हासिल कर पाते हैं। ईमानदारी से कहूँ तो मैं ऐसा नहीं कर सकता था।

उन्होंने दो मॉक इंटरव्यू दिए, जो उनके लिए एकदम नई बात थी। उन्होंने अपना अंतिम इंटरव्यू 16 जनवरी, 2017 को दिया।

8 फरवरी, 2017 को सी.आर.पी.एफ. का नतीजा आ गया, हमें हमको बेसब्री से इंतजार था। वो इसमें असफल हो गए थे। मुझे भी 12 फरवरी को जीएटीई-2017 की परीक्षा देनी थी। उन्होंने 12 तारीख तक सबसे यह बात छिपाए रखी। मेरे वापस कमरे में लौटने के बाद वह भी वहाँ आए। उन्होंने मेरे साथ थोड़ा हंसी-मजाक किया। मेरा पेपर अच्छा गया था

और मुझे इससे थोड़ी-बहुत राहत मिली थी। हमने लगभग 1 घंटे तक बातचीत की, जिसके बाद उन्होंने मुझे सी.आर.पी.एफ. वाली परीक्षा से जुड़ी खबर सुनाई। वह अंदर से दु:खी थे और यह बात मैं उनके चेहरे पर साफ तौर पर देख सकता था। उन्होंने इसके लिए कितना बलिदान दिया था। इस बार सी.आर.पी.एफ. की इस परीक्षा में 400 की बजाय केवल 189 छात्रों को ही चुना गया था। अब उन्होंने बहुत कड़ा फैसला लिया और बाहर जाना ही बंद कर दिया। उन्होंने 1 मार्च से ही एक-एक पेपर पर ध्यान देने के लिए कमर कस ली। भाई ने ऐसा जून 2017 में होनेवाली यू.पी.एस.सी. की प्रीलिम्स परीक्षा के मद्देनजर किया था।

मैंने उनके फैसलों का सम्मान किया और जीवन में हर मोर्चे पर उनके साथ डटा रहा। क्योंकि मैं जानता हूँ कि जो काम मैं सपने में भी नहीं कर सकता, वो सबकुछ मेरे भैया कर सकते हैं। डी.जे. को सलाम।''

(11) 2017 का प्रयास : सीखने की दिशा में एक बड़ा मोड़

- इस बार मैंने वर्ष 2017 के प्रीलिम्स की तैयारियां पहले से ही शुरू कर दी थीं, ताकि इसी साल होनेवाली मेन्स की परीक्षा से जुड़ी कोई शंका ही नहीं रह जाए। मैंने करीब 70 मॉक टेस्ट हल किए, करेंट अफेयर्स के नोट्स बनाए और बार-बार अभ्यासों को दोहराया, सिलेबस को तो मैंने कई बार दोहराया।
- मेरा प्रीलिम्स अच्छा रहा। मैं मेन्स में चुने जाने की उम्मीद लगाए बैठा था। लेकिन, एक बार फिर मैंने बेवकूफी की और प्रीलिम्स खत्म होने के तुरंत बाद मेन्स 2017 की टेस्ट सीरीज ज्वाइन नहीं की। मैंने नतीजों की घोषणा का इंतजार कर गलती की। दरअसल इस बार मैं इस बात को लेकर आश्वस्त हो जाना चाहता था कि मैं प्रीलिम्स पास कर लूं, ताकि मेन्स की परीक्षा देने का रास्ता साफ हो जाए। मेरे अवचेतन मन को सितंबर 2016 का डर अब भी सताता था। मुझे लगा कि मैं इस बार प्रीलिम्स में ठीक-ठाक नंबर लाऊंगा। इसके बावजूद मैंने मेन्स की जोर-शोर से तैयारी करना शुरू नहीं किया। दरअसल वर्ष 2016 में मैंने प्रीलिम्स का नतीजा आने से पहले ही मेन्स की तैयारी शुरू कर दी थी; लेकिन नतीजा मेरे पक्ष में नहीं आया और मेरी मेन्स की पूरी-की-पूरी तैयारी बेकार हो गई। इस तरह, इस मामले में मानवीय मनोविज्ञान ने तर्कसंगतता को पछाड़ दिया।
- 27 जुलाई, 2017 को प्रीलिम्स का नतीजा निकला। करीब 13,000 उम्मीदवार वर्ष 2017 के मेन्स के लिए चुने गए थे। मैं इस बात से बेहद खुश था कि मैं भी उन उम्मीदवारों में एक हूँ, जिन्हें मेन्स की परीक्षा देने का सुनहरा मौका मिलेगा। हालाँकि, मैंने प्रीलिम्स के नतीजे का इंतजार करते हुए काफी वक्त बरबाद किया था, फिर भी 2017 के मेन्स के लिए अपनी पूरी ताकत झोंककर इसकी तैयारी करनी शुरू कर दी। मैंने निबंध, जी.एस. और ऑप्शनल के लिए टेस्ट सीरीज दीं और दूसरे अभ्यर्थियों के साथ नियमित तौर पर टेस्ट देने लगा। जब 2017 की मेन्स की परीक्षा का वक्त नजदीक आया, तो मुझे पूरा विश्वास हो गया था कि मैं इसे पास कर लूंगा।

- मेन्स की परीक्षा मैंने पूरे मन से दी। मुझे उम्मीद थी कि इंटरव्यू के लिए मुझे जरूर बुलाया जाएगा। 10 जनवरी, 2018 को मुझे इंटरव्यू के लिए बुलावा आया। मेन्स में सफल हुए उम्मीदवारों की सूची में अपना रोल नंबर देखकर मुझे बड़ी शांति मिली। आखिरकार, मेरी कठोर मेहनत रंग लाई थी और मैं अब गौरवपूर्ण उपलब्धि हासिल करने से महज एक कदम दूर था। उस दौरान मैं घर पर ही था। बगैर वक्त गंवाए, मैं इंटरव्यू की तैयारी करने के लिए दिल्ली चला आया।

(12) सी.एस.ई. 2017 के इंटरव्यू का खौफ

- करीब दो महीने की तैयारी के बाद मेरा इंटरव्यू आखिरकार 23 मार्च, 2018 को सुबह के सत्र में हुआ। मैंने इंटरव्यू के दौरान अपनी मां को दिल्ली बुला लिया था, ताकि मैं ज्यादा शांत और संयमित रहूँ। इंटरव्यू से एक दिन पहले मैं इतना ज्यादा नर्वस था कि घबराहट और असफलता के डर के कारण नींद तक नहीं आई। यू.पी.एस.सी. भवन में डॉ. पी.के. जोशी सर के बोर्ड में मेरा साक्षात्कार हुआ, जिसकी शुरुआत बहुत अच्छी नहीं रही। मुझसे मेरी ग्रेजुएशन (केमिकल इंजीनियरिंग) और रुचियों से जुड़े कुछ कठिन प्रश्न पूछे गए। मैं शुरुआत में ही थोड़ा नर्वस हो गया था और वापस अपना आत्मविश्वास नहीं पा सका। इंटरव्यू में 275 अंक में से मुझे केवल 138 अंक मिले, जिसकी वजह से मैं सी.एस.ई. 2017 की अंतिम सूची में अपनी जगह नहीं बना पाया। महज 15 नंबरों से मैं असफल हो गया। हालाँकि यह बहुत कम अंतर था, लेकिन मेरी मेहनत और दृढ़ता के लिए मुझे किसी तरह का सांत्वना पुरस्कार तो मिलना नहीं था।
- इंटरव्यू के बाद मुझे इस बात की उम्मीद कम ही थी कि मुझे आई.ए.एस. में चुना जाएगा। मैं दोबारा दिल्ली छोड़कर जोधपुर आ गया। इस बार मेरा इरादा दिल्ली वापस लौटने का नहीं था। रोडमैप सुस्पष्ट था। अगर मेरा नाम सूची में आ जाता है, तो मैं अपनी रैंक में सुधार कर आई.ए.एस. तक लाऊंगा और अगर ऐसा नहीं होता तो मैं आर.ए.एस. 2018 की तैयारी करूँगा, जिसके लिए मैंने यू.पी.एस.सी. के इंटरव्यू के बाद आवेदन किया था।

(13) 27 अप्रैल, 2018 : ब्रेकिंग प्वाइंट

- 27 अप्रैल, 2018 की शाम सी.एस.ई. 2017 का अंतिम नतीजा आया। उस वक्त मैं अपने कमरे में पढ़ रहा था। मुझे सोशल मीडिया पर सी.एस.ई. 2017 के नतीजों से जुड़ी हलचल दिखाई दी। दुर्भाग्यवश, मैं परीक्षा में दोबारा असफल हो गया था। इस बार के नतीजे ने मुझे पूरी तरह तोड़ दिया था। मैंने अपनी मजबूत माँ को भी टूटते हुए देखा। यह मेरे और मेरे परिवार के लिए मुश्किलों की घड़ी थी। 3 साल के संघर्ष के बाद मैं दोबारा उसी जगह पर था, जहाँ से मैंने शुरुआत की थी।
- सी.एस.ई. 2018 के प्रीलिम्स को अब केवल 1 महीना ही बचा था। मेरे पास बहुत कम समय था, जो 2018 के प्रीलिम्स की तैयारी के लिए अपर्याप्त था। मुझे तो जिंदगी

में इतना बड़ा धक्का लगने के बाद उबरने का वक्त भी नहीं मिल पाया था। उस दौरान मैंने आई.ए.एस. में अपने एक वरिष्ठ से बात की और उन्होंने मुझे सुझाव दिया कि हालात से बाद में उबरना, पहले 2018 के प्रीलिम्स पर पूरी तरह फोकस करो।

(14) 2018 के प्रीलिम्स के लिए

❖ सी.एस.ई. 2017 के अंतिम नतीजे के बाद सी.एस.ई. 2018 के प्रीलिम्स के लिए महज एक महीना बचा था। यह मेरे लिए कुछ-कुछ हल्दीघाटी के युद्ध की तरह था, जो अकबर की फौज (यू.पी.एस.सी. सी.एस.ई. 2017 की असफलता+सी.एस.ई. 2018 के प्रीलिम्स की चुनौती) और महाराणा प्रताप की फौज (जिंदगी में कई असफलताओं+यू. पी.एस.सी. की असफलता के बाद हुआ भारी नुकसान) के बीच हुई थी। लेकिन, मैंने अपनी आखिरी सांस तक लड़ने की चुनौती को स्वीकारा और सीमित समय में जितना हो सकता था, अपना सर्वश्रेष्ठ करने की कोशिश की। प्रीलिम्स का समय मेरी जिंदगी में काफी अहम था। दशकों बाद यू.पी.एस.सी. ने बहुत कठिन पेपर तैयार किया था। यह कुछ-कुछ ऐसा था मानो मशीनगन का मुकाबला तलवार से किया जा रहा हो। लेकिन, मैंने इसकी परवाह नहीं की और पूरे आत्मविश्वास से पेपर दिया-आर या पार की लड़ाई। मैंने जी.एस. पेपर 1 के सारे 100 प्रश्नों के उत्तर (नेगेटिव मार्किंग की वजह से प्रीलिम्स में एक बहुत मूर्खतापूर्ण कदम) दिए। अलग-अलग उत्तर पुस्तिकाओं से जांचने के बाद मैंने खुद को 98 से 104 नंबर दिए। मैंने महसूस किया कि खेल खत्म हो चुका है।

❖ मैंने दिल्ली में अपने दोस्तों के साथ खुद को दिए नंबर साझा किए और उन्होंने मुझपर भरोसा जताते हुए कहा कि मुझे दिल्ली आकर 2018 के मेन्स की तैयारी शुरू करनी चाहिए। आखिरकार, मैंने 2018 के मेन्स की तैयारी के लिए दिल्ली आने का फैसला किया। मैं दोबारा 2018 की प्रीलिम्स परीक्षा के नतीजों का इंतजार करने लगा। मुझे याद है कि उस दौरान फुटबॉल विश्व कप चल रहा था। बेचैनी और 2018 के प्रीलिम्स के पूर्वानुमान के बीच मैं 2018 के मेन्स के लिए पढ़ाई कर ही नहीं पा रहा था, लिहाजा मैंने सभी फुटबॉल मैच देखे और दोस्तों के साथ खूब घूमा। इस बीच मुझे जुलाई 2018 की शुरुआत में वायरल बुखार हो गया, जिसके कारण मेरे करीब दस दिन यूं ही बरबाद हो गए।

(15) 2018 के प्रीलिम्स के नतीजे का दिन

❖ शनिवार का दिन था और मैं अपनी लाइब्रेरी में बैठा था। मेरे एक दोस्त ने लाइब्रेरी में नतीजे को लेकर हलचल और कानाफूसी नोटिस की। उसने मुझे कॉल किया और मुझसे मेरे नतीजे के बारे में पूछा। इस बीच मुझे भी पता चल चुका था कि नतीजा निकल गया है। मैं अपनी संवेदनाएँ लाइब्रेरी में व्यक्त करके शर्मिंदगी नहीं उठाना चाहता था, इसलिए जल्द ही अपने कमरे की तरफ निकला। जब मैंने कमरे में अपना रिजल्ट देखा तो मैं जोर से चिल्लाया और मारे खुशी के कूद पड़ा। मैंने चमत्कारिक ढंग से प्रीलिम्स पास करके 2018 की मेन्स की परीक्षा के लिए क्वालिफाई कर लिया था। चमत्कारिक इसलिए, क्योंकि मैंने सकारात्मक नतीजे की उम्मीद खो दी थी।

❖ मैंने तुरंत अपनी माँ को फोन लगाया और रिजल्ट के बारे में बताया। वह मेरी इस सफलता से काफी खुश थीं, नहीं तो बतौर परिवार हम टूट सकते थे। लेकिन फिर मुझे समझ में आया कि यह मेरा आखिरी मौका है और मैंने खुद से एक बड़ा वादा किया–दोबारा इस स्थिति में कभी नहीं आऊंगा।

(16) 2018 का मेन्स–कड़ी मेहनत+समझदारी

❖ करीब 45 दिन अनुमान और इंतजार में गंवाने के बाद मैंने 2018 के मेन्स की तैयारियां शुरू कर दीं। मैंने सिलेबस निबटाने और बार-बार अभ्यासों को दोहराने में बहुत मेहनत की। मैंने समझदारी दिखाते हुए निबंध, जी.एस. पेपर 2 और लोक प्रशासन पर फोकस किया, ताकि कम समय में ज्यादा नंबर हासिल कर सकूं। इस बार मेरी योजना ने काम किया था और मैंने 2018 की मेन्स की परीक्षा करीब 80 नंबरों के अच्छे अंतर से पास कर ली।

(17) आखिरी छलांग–सी.एस.ई. 2018 का इंटरव्यू

❖ सी.एस.ई. 2017 के इंटरव्यू का खौफ मेरे दिमाग में अब तक तरोताजा था और इसलिए इस बार मैंने इंटरव्यू की तैयारी पहले से ही करनी शुरू कर दी थी। मैंने लाइब्रेरी के अपने दोस्त को साथ लिया और राष्ट्रीय-अंतर्राष्ट्रीय महत्त्व के तमाम विषयों पर चर्चाएं कीं। इसके अलावा, मैंने अपने लंबे-चौड़े प्रार्थना पत्र यानी बायोडाटा को भी साथ-साथ तैयार करना शुरू कर दिया। इस बार मैंने केवल अपने एक शौक का जिक्र किया–श्री रामचंद्र मिशन के संचालन में हर्टफुलनेस मेडिटेशन। मुझे हर्टफुलनेस मेडिटेशन से काफी फायदा पहुँचा था, क्योंकि इसने मुझे भौतिकवाद और अध्यात्मवाद के बीच सही संतुलन बनाना सिखाया था। इसी की वजह से मुझे जीवन के कठिनाई वाले दौर में भी सही हल ढूंढ़ने में मदद मिली थी।

❖ 20 दिसंबर, 2018 को मेन्स के रिजल्ट के बाद मैंने पूरे जोश-खरोश के साथ इंटरव्यू की तैयारी शुरू कर दी। मैंने वॉट्सएप्प ग्रुप्स बनाए, दोस्तों के साथ बैठकर मॉक इंटरव्यू दिए और इस तरह इंटरव्यू की तैयारी में कोई कोर-कसर बाकी नहीं छोड़ी।

(18) आखिरकार वह दिन आ ही गया

❖ 13 मार्च, 2019 की दोपहर को मेरा यू.पी.एस.सी. सी.एस.ई. 2018 का इंटरव्यू था। इस बार मैं काफी शांत, संतुलित और तनावमुक्त था। मैंने सुबह थोड़ी मस्ती की और अपने साथ यू.पी.एस.सी. भवन जाने के लिए अपने दोस्तों को भी बुला लिया। इंटरव्यू से पहले मेरा दिमाग एकदम शांत था और यही बात इंटरव्यू के दौरान मेरे पक्ष में गई, क्योंकि पूरा इंटरव्यू मैंने काफी आत्मविश्वास के साथ दिया। उस दिन मुझे समझ में आया कि अगर आपके अंदर सिविल सर्विसेज के लिए जरूरी गुण, जैसे–ईमानदारी, शराफत, संवेदना वगैरह हैं, तब आपको सफल होने से कोई नहीं रोक सकता। हाँ, खुद को लेकर आपकी शंकाएं आपकी सफलता में बाधा जरूर बन सकती हैं।

(19) अंतिम नतीजे की तारीख

- 5 अप्रैल, 2019 को यू.पी.एस.सी. ने सी.एस.ई. 2019 के अंतिम नतीजे घोषित किए। उस दिन सुबह से ही रिजल्ट आने की गहमागहमी थी। मैं काफी बेचैन हो गया और रिजल्ट के इन भारी-भरकम पलों में अपने तनाव को थोड़ा हलका करने के लिए मैंने अपने दोस्तों को अपने कमरे में बुला लिया। जैसे-जैसे वक्त बीतता जा रहा था, बेचैनी बढ़ती जा रही थी। आखिर में, हमने यू.पी.एस.सी. भवन जाकर खुद अपनी आँखों से नतीजे देखने का फैसला किया। जब मैं वहाँ पहुँचा तो मुख्य नोटिस बोर्ड पर रिजल्ट लगा हुआ था। मैंने कर दिखाया था।
- इस तरह, एक गली के लड़के का आई.ए.एस. बनने का सफर पूरा हुआ।
- मैं आखिर में यही कह सकता हूँ कि जीवन में सफल होने की दृढ़ इच्छा के अलावा और कोई बात मायने नहीं रखती।

❑

13

नाम : प्रदीप कुमार द्विवेदी

रैंक : 74, सीएसई-2018

"जब आपकी उम्मीदें, सपने और लक्ष्य एक पंक्ति में हों तो सफलता मिलना आसान हो जाता है।"

प्रदीप कुमार द्विवेदी

वैकल्पिक विषय

हिंदी साहित्य

परीक्षा का माध्यम

अंग्रेजी

निवासी

बारीगढ़, छतरपुर

शैक्षिक योग्यता

❖ बी.टेक

अभिभावकों का पेशा

❖ **पिता** : किसान

❖ **माता** : गृहिणी

कोचिंग : खुद पढ़ा

मेन्स (मुख्य परीक्षा)

निबंध (पेपर I) : 116

जनरल स्टडीज (सामान्य अध्ययन)-1 (पेपर II) : 81

जनरल स्टडीज-II (पेपर III) : 102

जनरल स्टडीज-III (पेपर IV) : 114

जनरल स्टडीज-IV (पेपर V) : 106

वैकल्पिक विषय-I (हिंदी साहित्य) (पेपर I) : 161

वैकल्पिक विषय-II (हिंदी साहित्य) (पेपर II) : 183

लिखित परीक्षा में प्राप्तांक : 863

इंटरव्यू : 165

कुल अंक : 1028

सिविल सेवा की यात्रा

- दोस्तो! मैं बुंदेलखण्ड के उस हिस्से से आता हूँ, जहाँ सिविल सेवा में आने का स्वप्न देख पाने को ही दूभर कार्य माना जाता है।
- जिला मुख्यालय से लगभग 75 किलोमीटर दूर स्थित बारीगढ़ की सड़क संपर्क का आलम यह है कि शाम 6 बजे से सुबह 9 बजे तक सबसे पास के रेलवे स्टेशन महोबा से कोई बस नहीं आती और निजी वाहन न हो तो 15 किलोमीटर के लिए लोग रात भर स्टेशन में इंतजार करते हैं। जिला मुख्यालय से आखिरी बस शाम 4 बजे निकल पड़ती है। यहाँ के ज्यादातर युवा शिक्षित बेरोजगार हैं और पलायन करके मजदूरी करना रोजगार का एकमात्र साधन है।
- ऐसी स्थिति में एक पिता ने स्वप्न देखा कि वह अपने बेटे को वह सब देगा, जो उसे नहीं मिला। वह पिता इलेक्ट्रिकल से डिप्लोमा था, जो उसके अपने जमाने में बड़ी बात थी; परंतु गांव की जिम्मेदारियों ने उसे खेती तक ही सीमित रखा। उस पिता का विवाह सामाजिक विधान के साथ चलते हुए 15 वर्ष में ही कर दी गई थी। उस पिता ने 22 वर्ष की उम्र तक तीन बच्चों को स्वप्न देखना सिखाया और यह कहानी उसी पिता के बड़े पुत्र की है।
- यह लड़का 7-8 वर्ष की उम्र में शांत दिमाग के साथ चुपचाप पूरी मेहनत कर रहा था, क्योंकि इसे बताया गया था कि नवोदय विद्यालय पहुँचने से अच्छी शिक्षा मिलती है और पापा को पैसे भी नहीं देने पड़ते।
- कहानी है सिविल सेवा परीक्षा 2018 में 74वां रैंक हासिल करनेवाले प्रदीप कुमार द्विवेदी की। छतरपुर जिले के बारीगढ़ से आनेवाले प्रदीप का उदाहरण कई ग्रामीण युवाओं के लिए प्रेरणा स्रोत बन सकता है कि अगर मन में जज्बा है तो व्यक्ति अपना लक्ष्य अवश्य पा सकता है।
- प्रदीप ने जब 10वीं कक्षा में विद्यालय में प्रथम स्थान प्राप्त किया तो 'दैनिक भास्कर' के एक पत्रकार ने उससे पूछा कि आप क्या बनना चाहते हैं? प्रदीप का जवाब था 'आई.ए.एस.'। पत्रकार ने पूछा क्यों? प्रदीप का जवाब था, 'क्योंकि छतरपुर से बारीगढ़ आने वाली बस 75 किलोमीटर की दूरी 5 घंटे में तय करती है और यह दूरी कई बच्चों को उनके सपनों से दूर कर देती है। मैं यह दूरी पाटना चाहता हूँ।'
- निश्चित तौर पर लक्ष्य था। आई.ए.एस. बनने का, क्योंकि प्रदीप को यही एकमात्र प्लेटफॉर्म पता था, जहाँ से वह कुछ बदल सकता था, कुछ ऐसा कर सकता था कि कुछ लोगों का जीवन बेहतर हो सके; परंतु सपनों में और सच्चाई में अंतर है और यह अंतर पाटना इतना आसान नहीं है, जितना दिखता है।
- प्रदीप को बताया गया कि एक अच्छी नौकरी पाने की सबसे आसान राह इंजीनियरिंग से होकर जाती है और इस तरह उन्होंने पिता के आर्थिक बोझ को बांटने को अपने

स्वप्न से ऊपर रखते हुए इंजीनियरिंग में दाखिला ले लिया। मैनिट में पढ़ते हुए प्रदीप के मन में आई.ए.एस. बनने का विचार तो आया, पर उसे असली जामा नहीं पहनाया जा सका। पी.एस.यू. की नौकरी इंजीनियर के लिए सबसे अच्छी नौकरी मानी जाती थी, इसलिए पी.एस.यू. में जाने के लिए गेट की तैयारी की, परंतु वह इसमें बुरी तरह असफल हो गए। इसके बाद उन्होंने एक अदद सरकारी नौकरी के लिए कई और परीक्षाएं दीं, परंतु सब में असफलता ही हाथ लगी। सामने कोई राह न देखकर अंतत: आदित्य बिरला में प्राइवेट नौकरी कर ली। नौकरी अच्छी थी, परंतु सरकारी नौकरी न कर पाने का मलाल प्रदीप को अंदर-ही-अंदर कचोटता रहता था। इसलिए यहाँ से निकलने के लिए वे सरकारी इंजीनियर की परीक्षाएं देते रहे और मध्य प्रदेश विद्युत विभाग में सहायक अभियंता के पद पर चयनित हुए। पहली पोस्टिंग हुई नरसिंहपुर जिले के उपसंभाग चीचली में और इस पोस्टिंग ने सिविल सेवा के उनके सपने को दोबारा जगा दिया। ग्रामीण आदिवासियों की हालत, किसानों की दयनीय स्थिति को सिर्फ बिजली आपूर्ति से सुधारा जाना न तो संभव था और न ही पर्याप्त। यहाँ प्रदीप को लगा कि वह वहाँ नहीं है, जहाँ वह जा सकते हैं और वह उतना नहीं कर रहे हैं, जितना वह कर सकते हैं। लिहाजा प्रदीप ने सिविल सेवा परीक्षा के सपने को जिंदा करने का फैसला लिया। जब उनकी पोस्टिंग जबलपुर हुई, तब भी उनके लिए पढ़ाई में पर्याप्त ध्यान दे पाना संभव नहीं हो पाया। तब अंतत: प्रदीप को अपने स्वप्न को पूरा करने के लिए एक कड़ा फैसला लेना पड़ा। फैसला था नौकरी छोड़ने का। एक राजपत्रित अधिकारी की नौकरी छोड़ना ऐसा फैसला था, जिसके लिए कोई तैयार नहीं था—न परिवार, न मित्र। सबके मन में सफलता को लेकर एक जायज संदेह था। परंतु प्रदीप का विश्वास देखकर उनके पिता ने अंतत: उनके फैसले को स्वीकारा। पिता ने एक बार फिर अपने स्वप्नों का बलिदान दिया और अपना घर बनाने की इच्छा को कोने में रख दिया। परिणाम आपके सामने है– **प्रदीप ने वर्ष 2017 में 491वां और 2018 में 74वां रैंक हासिल किया।**

- मित्रो! प्रदीप की कहानी बहुत आसान लग सकती है; परंतु यहाँ एक बात गौर करने लायक है, वह यह कि अपने स्वप्न को पूरा करने के लिए उनका किसी भी हद तक जाना, एक अच्छी-खासी सरकारी नौकरी छोड़ने का फैसला करना, कम-से-कम संसाधनों में तैयारी करने की हिम्मत जुटा पाना काबिल-ए-तारीफ है।
- दूसरी चीज जो इस कहानी में दिखती है, वह है खुद पर भरोसा। प्रदीप मानते हैं कि काम दो ही प्रकार के होते हैं– एक वो, जो आप चाहते हैं, जो आप हमेशा से बनना चाहते थे और दूसरा वो, जो आप मजबूरी में बन गए। अगर दूसरा काम ही करना है तो वे सिविल सेवा में प्रयास करने के बाद ही करेंगे। वे इस बात को लेकर आश्वस्त थे कि पेट भरने लायक वह कमा ही लेंगे और यही आश्वासन उन्होंने अपने पिता को भी दिया था।

❖ उनका कहना है कि वे कोशिश न कर पाने का मलाल लेकर जीवन नहीं जीना चाहते हैं और यही बात उन्होंने अपने जीवन के अन्य फैसलों तथा पहलुओं पर भी लागू की है। दोस्तो, अमिताभ बच्चन साहब की कही एक प्रसिद्ध पंक्ति है–'कोशिश करनेवालों की कभी हार नहीं होती।' बहुत सारे लोग इस बात से इत्तेफाक नहीं रखते, क्योंकि वे एक परीक्षा को हार-जीत का फैसला मान बैठते हैं। जीवन किसी भी एक परीक्षा से बड़ा है और कोशिश करनेवाला व्यक्ति कभी जीवन की परीक्षा नहीं हारता। प्रदीप मानते हैं कि व्यक्ति को उन पहलुओं पर ध्यान देना चाहिए, जो उसके हाथ में हैं। अनावश्यक चिंताएं लक्ष्य को तो अटकाती ही हैं, जीवन में तनाव का कारण भी बनती हैं। इसलिए कोशिश करिए, गिरिए; फिर उठिए, फिर कोशिश करिए; क्योंकि–

गिरते हैं शह सवार ही मैदान-ए-जंग में,
वो तिफ्ल क्या गिरेंगे, जो घुटनों के बल चले।

❑

14

नाम : जय शिवानी

रैंक : 81, सीएसई-2018

"इस परीक्षा के लिए निरंतरता, धैर्य और दृढ़ता सबसे महत्त्वपूर्ण हैं। हमें इस प्रक्रिया पर फोकस करना चाहिए, नतीजे पर नहीं।"

जय शिवानी

वैकल्पिक विषय

गणित

परीक्षा का माध्यम

अंग्रेजी

निवासी

भोपाल (मध्य प्रदेश)

शैक्षिक योग्यता

❖ कंप्यूटर साइंस में बी.टेक और आई.आई.टी. (आई.एस.एम.) धनबाद से इंजीनियरिंग

अभिभावकों का पेशा

❖ **पिता और बड़े भाई :** बिजनेसमैन

कोचिंग

नहीं ली, केवल टेस्ट सीरीज की।

प्राप्तांक

प्रीलिम्स (प्रारंभिक परीक्षा) : पेपर-1 : 106.66

पेपर-2 : 168.33

मेन्स (मुख्य परीक्षा)

निबंध (पेपर I) : 117

जनरल स्टडीज (सामान्य अध्ययन)-1 (पेपर II) : 96

जनरल स्टडीज-II (पेपर III) : 104

जनरल स्टडीज-III (पेपर IV) : 98

जनरल स्टडीज-IV (पेपर V) : 103

वैकल्पिक विषय-I (गणित) (पेपर I) : 164

वैकल्पिक विषय-II (गणित) (पेपर II) : 172
लिखित परीक्षा में प्राप्तांक : 854
इंटरव्यू : 171
कुल अंक : 1025
मुझसे संपर्क करें
http://demystifycse.in/importance-of-choosing-right-optionaljay-shivani-air-81/#more-601
For more, I'll soon be coming up with my own blog.
Contact options (I'll try to revert as soon as possible):
इंस्टाग्राम : *https://www.instagram.com/jayshivani/*
ट्वीटर : *https://www.twitter.com/jayshivani7/*
फेसबुक : *https://www.facebook.com/jayshivani07/*

सिविल सेवा की यात्रा

- यह कमाल का सफर मेरे ग्रेजुएशन के तीसरे साल के दूसरे चरण में शुरू हुआ। आई.ए.एस. बनना मेरे दिमाग में तब से ही था, जब मैं स्कूल में पढ़ता था; लेकिन तब मैं एक ही शब्द जानता था– 'आई.ए.एस.' और उस वक्त मुझे इसका फुल फॉर्म तक नहीं मालूम था। मुझे यह भी नहीं पता था कि इसके लिए कोई परीक्षा होती है या फिर कोई दूसरी तरह की प्रक्रिया पूरी की जाती है। मेरे दिमाग में यह ख्याल हमेशा से था; लेकिन इसकी गंभीरतापूर्वक तैयारी मैंने अपने स्नातक के तीसरे साल से शुरू की। दरअसल, कॉलेज के पहले दो सालों में समाज-सेवा के लिए मिले तमाम अवसरों की वजह से मुझे इस क्षेत्र में कुछ अनुभव प्राप्त हुए थे।
- कॉलेज में होने के कारण मैंने इसकी तैयारी खुद ही शुरू कर दी। शुरुआत में मार्गदर्शन के लिए मैं इंटरनेट और उससे भी ज्यादा कॉलेज में इस परीक्षा की तैयारी कर रहे सीनियर्स पर निर्भर रहा। मेरे इस सफर में मेरे सीनियर्स मुझे लगातार सहयोग व प्रोत्साहन देते रहे और हर परिस्थिति में मेरा साथ दिया। परिवार के साथ-साथ कॉलेज के सीनियर मेरा बड़ा सहारा बने रहे।
- दूसरे परीक्षार्थियों की तरह मुझे भी इस सफर में कई चुनौतियों और गहरे अवसाद वाले दौर का सामना करना पड़ा। हर किसी को इन परिस्थितियों से दो-चार होकर बाहर, मजबूत बनकर निकलना होता है।
- मेरे लिए सबसे कठिन स्थिति रही मेन्स से पहले का एक पूरा महीना और बल्कि अपने आखिरी प्रयास के दौरान मेन्स की तैयारी का समय, जब मेरी कलाई में बहुत ज्यादा सूजन आ गई थी। इस पूरे महीने मैं एक उत्तर तक नहीं लिख पाया। मुझे मेन्स से पहले और मेन्स के दौरान भी एक महीना हर रोज करीब डेढ़ घंटा फिजियोथैरेपिस्ट

के साथ बिताना पड़ा। मैं स्वयं को इतना थका हुआ महसूस करता था कि इस परीक्षा की तैयारी में अपना शत-प्रतिशत दे पाने में अक्षम था। लेकिन सौभाग्यवश, इस प्रयास में मैंने मेन्स पास कर लिया, जिससे मुझे बहुत ज्यादा आत्मविश्वास मिला और इस प्रक्रिया के दौरान मुझे दृढ़ता का महत्त्व समझ आया।

❖ अगर मैं वैकल्पिक विषय के चुनाव की बात करूं तो मैंने करीब फरवरी-मार्च 2016 में इसके बारे में सोचना शुरू किया। इस दौरान मैं कई वैकल्पिक विषयों पर विचार करके उनमें से किसी एक को अपना वैकल्पिक विषय बनाने पर विचार कर रहा था। मुझे इस तैयारी के बारे में कुछ भी पता नहीं था, न ही किसी तरह का अनुभव था। मैं उस सामान्य और प्रचलित सोच के साथ आगे बढ़ा कि गणित या फिर विज्ञान के विषयों को वैकल्पिक विषय बनाने के बारे में तो दूर-दूर तक नहीं सोचना चाहिए। हालाँकि मुझे विज्ञान के विषयों में गहरी रुचि थी और मैं इनको लेकर आत्मविश्वासी भी था और इनमें अच्छा करता भी रहा था; फिर भी, मैंने गणित को दरकिनार करके अर्थशास्त्र को चुनने का फैसला किया।

❖ करीब चार-पाँच महीने इसी विचार-विमर्श में बिताने के बाद और करीब छह महीने (वैकल्पिक की दृष्टि से हासिल किया गया ज्ञान कभी भी बेकार नहीं जाता) इसमें बरबाद करने के बाद मुझे अपने विकल्पों पर दोबारा विचार करना पड़ा और आखिर में अपने अंतिम वर्ष में मैंने गणित को अपना वैकल्पिक विषय चुन लिया।

❖ इससे अपने पहले प्रयास में मिले सीमित समय की वजह से मैं गणित में अपना सर्वोत्तम प्रदर्शन नहीं कर पाया। हालाँकि मैंने उस दौरान निबंध और जी.एस. की वजह से मेन्स पास कर लिया था, लेकिन करीब 25 अंकों से अंतिम सूची में जगह नहीं बना पाया। उस प्रयास में गणित में मुझे काफी कम अंक 252 (इस प्रयास में वह बढ़कर 336 हो गया) मिले।

❖ कुल मिलाकर, मैं यही कहना चाहूँगा कि किसी विषय को चुनने से पहले या फिर इस परीक्षा से जुड़े किन्हीं भी मिथकों पर विश्वास करने से पहले सारे पहलुओं पर विचार करें, जैसे–आपकी रुचि, आप उस फैसले को लेकर कितना सहज महसूस करते हैं, सामग्री की उपलब्धता, उस विषय में ज्यादा या कम अंकों की संभावना, अपना व्यक्तित्व और जब आप उस फैसले के बारे में सोचते हैं, उस वक्त आपका आत्मविश्वास कितना होता है।

नए अभ्यर्थियों के लिए संदेश

❖ मुझे हमेशा से ही इस बात पर पूरा यकीन रहा है कि इस परीक्षा के लिए निरंतरता, धैर्य और दृढ़ता सबसे महत्त्वपूर्ण हैं और हमें केवल इस प्रक्रिया पर फोकस करना चाहिए, नतीजे पर नहीं।

- केवल इस सफर का आनंद उठाइए, क्योंकि यह सफर आपके व्यक्तित्व को एक आकार देगा और आपको इस योग्य बनाएगा कि आपको एक सिविल सर्वेंट बनने की दिशा में प्रशिक्षण देने पर विचार किया जा सके।
- इस परीक्षा में मंजिल पाने से ज्यादा रोचक और महत्त्वपूर्ण सफर का आनंद लेना है। यह आपको काफी कुछ सिखाएगा, न केवल परीक्षा के नजरिए से, बल्कि जीवन के नजरिए से भी।
- अगर इस रास्ते पर चलकर इस परीक्षा को देने का फैसला लेने के पीछे हमारे पास उचित कारण और इरादा है तो किसी भी बाहरी प्रेरणा की कोई आवश्यकता ही नहीं रहेगी।
- जो छात्र फिलहाल ग्रेजुएशन कर रहे हैं (या फिर स्कूल में पढ़ते हैं), उनके लिए यही कहूँगा कि इतनी जल्दी इस परीक्षा की तैयारी में मत जुटिए कि कहीं पहले प्रयास से पहले ही आप थक न जाएं। अपने अनुभवों में विविधता लाएं, अपनी रुचियों को वक्त दें और पढ़ाई के अलावा मिलनेवाली गतिविधियों को वक्त दें। इनसे भी आपके व्यक्तित्व का विकास होगा।
- सही वक्त पर अपनी तैयारी को अपनी प्राथमिकता बना दें और सही वक्त पर ही शिखर पर चढ़ें।
- लक्ष्य बनाने और शेड्यूल पर चलने से काफी मदद मिलती है।
- इस परीक्षा में बैठने का फैसला सही वजह और इरादों से लेने के बाद पाठ्यक्रम (सिलेबस) को अच्छी तरह पढ़ें। सारी मूलभूत किताबों को पढ़ें, अखबार देखें और नियमित तौर पर करेंट अफेयर्स पर नजर रखें। उत्तर लिखने की कला पर फोकस करें। सही वैकल्पिक विषय चुनें और इस दिशा में सही ढंग से काम करें। यही सबसे महत्त्वपूर्ण है।

❑

15

नाम : निधि सिवाच

रैंक : 83, सीएसई-2018

"खुदी को कर बुलंद इतना के हर तकदीर से पहले,
खुदा बंदे से खुद पूछे बता तेरी रजा क्या है।"

निधि सिवाच

वैकल्पिक विषय

इतिहास

परीक्षा का माध्यम

अंग्रेजी

निवासी

गुरुग्राम, हरियाणा

शैक्षिक योग्यता

❖ बी.टेक (मेकैनिकल इंजीनियरिंग)

कार्य करने का अनुभव

❖ दो साल डिजाइन इंजीनियर की नौकरी

अभिभावकों का पेशा

❖ **पिता** : किराना की दुकान चलाते हैं

❖ **माता** : गृहिणी

प्राप्तांक

प्रीलिम्स (प्रारंभिक परीक्षा): जी.एस. : 101.33

सी.एस.ए.टी. : 126

मेन्स (मुख्य परीक्षा)

निबंध (पेपर I) : 129

जनरल स्टडीज (सामान्य अध्ययन)-1 (पेपर II) : 112

जनरल स्टडीज-II (पेपर III) : 107

जनरल स्टडीज-III (पेपर IV) : 096

जनरल स्टडीज-IV (पेपर V) : 122

वैकल्पिक विषय-I (इतिहास) (पेपर I) : 150

वैकल्पिक विषय-II (इतिहास) (पेपर II): 140

इंटरव्यू : 168

कुल अंक : 1024

मुझसे संपर्क करें-

टेलीग्राम : Born_fighter

सिविल सेवा की यात्रा

- कई बार आप मंजिल को नहीं, बल्कि मंजिल आपको चुनती है। कुछ ऐसी ही है मेरी कहानी, जहाँ मैंने अपने लिए कुछ और मंजिल चुनी थी, लेकिन किस्मत और मेरी माँ ने मेरे लिए कुछ और चाहा था। लोगों का कहना है कि एक सफल आदमी के पीछे एक औरत का हाथ होता है; लेकिन एक सफल बेटी के पीछे उसकी माँ का हाथ और साथ भी हो सकता है। माँ उस कुम्हार की तरह है, जो बाहर से तो चोट करता है, लेकिन अंदर से मटके में हाथ डालकर सहारा भी देता है, ताकि उसमें कोई कमी न रह जाए।
- मेरा जन्म हरियाणा के एक छोटे से गाँव भैणी सुरजन में हुआ, जहाँ कभी लड़कियों की पढ़ाई को अहमियत नहीं दी जाती थी और काफी हद तक आज भी नहीं दी जाती है। हमारे पैतृक समाज की विचारधारा और पुरुष-प्रधानता का डंका आज भी मेरे गाँव में गूंजता है। मेरे माता-पिता दोनों पढ़े-लिखे थे; लेकिन मेरी दादी के दबाव में आकर पिता को नौकरी छोड़ खेती करनी पड़ी। मेरे पिता उस जीवन को अपना चुके थे, लेकिन मेरी माँ नहीं। एक लड़की को जन्म देनेवाली माँ की पैतृक समाज में कोई इज़्जत नहीं करता और अगर गलती से दो बेटियां हो जाएं तो उससे बेकार किस्मत किसी की नहीं हो सकती। हर किसी के तंज सहते हुए अपनी बेटियों के लिए आवाज उठाने और लड़ने की हिम्मत अगर हर माँ में आ जाए तो हमारा समाज बदल सकता है, नहीं तो ये कुरीतियां ऐसे ही न जाने कितनी लड़कियों की जिंदगी खा जाएंगी। आज इस मुकाम पर आने के बाद अनेक लोगों ने मुझे बधाई देने के लिए संपर्क किया, लेकिन मेरी इस सफलता का सारा श्रेय मेरी माँ और उनके कठोर फैसलों को जाता है। मेरी माँ को पढ़ाई की कीमत पता थी, इसलिए जब मैं चार साल की थी, तब उन्होंने मुझे खुद से दूर मेरी मौसी के पास फरीदाबाद भेज दिया, ताकि मेरी पढ़ाई में कोई कमी न रह जाए। बात यहीं खत्म नहीं होती, क्योंकि सवाल सिर्फ मेरा नहीं, मेरे भाई-बहन के भविष्य का भी था। मेरे माता-पिता ने गाँव छोड़ गुड़गाँव में बसने का फैसला किया और अपनी एक दुकान खोली। पाँचवीं तक की पढ़ाई करने के बाद मैं भी अपने माता-पिता के पास वापस लौट आई। जब अपना कैरियर चुनने की बात आई तो मैंने मैकेनिकल इंजीनियरिंग को चुनना चाहा, लेकिन सबने मना किया। किसी का कहना था कि मेकैनिकल लड़कियों के लिए ठीक नहीं है, तो दूसरी ओर कुछ का कहना था कि इसकी पढ़ाई तो बहुत मुश्किल है, मैं पास ही नहीं हो पाऊंगी। लेकिन हमारे समाज के कुछ ठेकेदार ऐसे भी हैं, जिनकी विचारधारा ही अलग है। मेरे माता-पिता को उनका सुझाव था कि लड़की की 12वीं कक्षा पूरी हो गई है, दिखने में भी ठीक है, लंबी भी है। जितना पैसा इसकी पढ़ाई में लगाओगे, उतने में तो इसकी शादी हो जाएगी। लड़की ज्यादा पढ़-लिख गई तो दहेज भी उतना ही देना पड़ेगा और तुम्हें तो दो-दो लड़कियों की शादी करनी है। मेरी माँ ने किसी की एक नहीं चलने दी और कभी भी मेरा हाथ नहीं छोड़ा।

❖ स्नातक के समय एक चीज तो समझ आ गई थी कि दिक्कत सिर्फ शिक्षा पाने तक नहीं है, उसके बाद भी आपको अपने हक के लिए लड़ना पड़ेगा। मेकैनिकल की कोर कंपनीज ने लड़कियों को कैंपस प्लेसमेंट में ही नहीं बैठने दिया और जब कारण पूछे गए तो वे चुप्पी साध गए। लेकिन अगर मुझे एक शब्द में बोलना हो तो मैं उसे पुरुष प्रधानता बोलूंगी। मेरी माँ चाहती थीं कि स्नातक के बाद मैं सिविल्स की तैयारी करूं। लेकिन मेरी और मेरे पिता की सोच थी कि पहले मेरा अपने पैरों पर खड़ा होना जरूरी है, इसलिए मैंने टेक महिंद्रा में डिजाइनिंग की नौकरी शुरू कर दी। लेकिन इससे मैं संतुष्ट नहीं थी। मैंने एयर फोर्स की परीक्षा दी और उसके एस.एस.बी. ने मेरे जीवन को एक नई दिशा दी। एस.एस.बी. के इंटरव्यू के समय मुझे मेरे इंटरव्यूवर ने प्रशासनिक सेवा पर ध्यान देने का सुझाव दिया। उन्होंने ही अकादमी से मुझे वर्ष 2016 की परीक्षा का फॉर्म भरवाया। मैंने अपनी पहली कोशिश बिना किसी तैयारी के साथ की, लेकिन इसने मेरा मनोबल और बढ़ाया कि हां, मैं यह कर सकती हूँ। नौकरी के साथ मैंने 2017 की परीक्षा की तैयारी की; लेकिन काम की वजह से मैं अपनी प्रीलिम्स परीक्षा का सिलेबस तक पूरा नहीं कर पाई।

❖ वर्ष 2017 के प्रीलिम्स के बाद मेरे पिता मेरी शादी करना चाहते थे, जबकि मैं नौकरी छोड़कर इस परीक्षा पर गंभीरता के साथ ध्यान देना चाहती थी। मुझे अपने पिता को मनाने में एक हफ्ता लगा, जबकि मेरी माँ ने एक बार भी मुझे 'ना' नहीं बोला। लेकिन नौकरी छोड़ने से पहले पापा ने एक शर्त रखी कि एक प्रयास का मतलब एक प्रयास है। जब भी इस परीक्षा से बाहर हुई, फिर चाहे वह प्रीलिम्स हो, मेन्स हो या फिर इंटरव्यू, उसके बाद शादी के लिए मना नहीं करना। मुझे बस, एक मौका चाहिए था, मैंने पापा की शर्त मान ली। उनकी भी गलती नहीं है, हमारा समाज ही ऐसा है। मेरा नौकरी छोड़कर घर आने का जब लोगों को पता चला तो फिर से समाज के ठेकेदारों की आँखें खुलीं और उन्होंने दोबारा मेरे माता-पिता को ज्ञान देना शुरू कर दिया। उनका कहना था कि मुझे दोबारा नौकरी कर लेनी चाहिए, ताकि शादी के लिए योग्य लड़के मिलने में परेशानी न हो। मेरा एक सवाल है कि क्यों आखिर लड़की के जीवन की सब चीज एक लड़के और शादी से जोड़ी जाती है? बातें होंगी तो सुनने में आएंगी ही। फिर भी, मैंने सिर्फ अपनी पढ़ाई पर ध्यान लगाया, क्योंकि मेरे पास ज्यादा वक्त नहीं था। 3 जून, 2018 को प्रीलिम्स का पेपर था, लेकिन 2 मई, 2018 को मेरे घर में मेरे रिश्ते और शादी की बात चल रही थी। सबको लड़का और परिवार पसंद था; मेरे माँ-पापा को भी, लेकिन मेरा सपना तो कुछ और ही था। इस चक्कर में मेरी दो हफ्ते तक पढ़ाई ही नहीं हो पाई। आखिर पापा मान गए। प्रीलिम्स की परीक्षा के बाद शादी से संबंधित बातों और अन्य किसी प्रकार की टिप्पणी के लिए कोई जगह नहीं थी। मेरे माँ-पापा ने मुझ तक कोई बात नहीं आने दी, सब खुद ही संभाल लिया।

❖ लोग कहते हैं कि भगवान् बिना परीक्षा के कुछ नहीं देता, वह शायद मेरी परीक्षा ही चल रही थी। उस परीक्षा के दौरान एक सबसे बड़ा पड़ाव आया–मेरी मुख्य परीक्षा के पहले पेपर में। 24 सितंबर को मुख्य परीक्षा का मेरा पहला निबंध का पेपर था।

आधा घंटा बीत चुका था और मैंने अपने निबंध की रूपरेखा बनाकर निबंध लिखना शुरू किया। 2 पेज ही लिखे थे कि मेरी पीछे वाली सीट पर बैठे लड़के ने पानी का गिलास लेते वक्त गलती से पानी मेरे ऊपर गिरा दिया। मेरी पूरी आंसर शीट पानी में भीग गई थी। एक तो पेपर की चिंता, ऊपर से शीट का भीगना, मेरे होश उड़ गए। परीक्षक ने शीट्स सुखाईं। मुझे खुद को संभालने में 10 मिनट लगा और फिर आधा घंटा बरबाद करके मैंने फिर से लिखना शुरू किया। उस समय मन में डर था, हाथ भी कांप रहे थे; लेकिन दिमाग पर एक बात हावी थी–'अभी नहीं तो कभी नहीं। अगर यह मौका हाथ से निकल गया तो क्या पता आगे कभी यह मौका मिले या न मिले।' जैसे-तैसे मैंने अपना पेपर पूरा किया।

- घर आकर मैंने यह सब अपनी माँ को बताया और बच्चों की तरह रोकर सो गई। जब उठी तो माँ ने एक ही बात कही, 'बेटा, टूटना बहुत आसान है और कई बार जज़्बात बहुत हावी होते हैं; लेकिन जब दबाव बहुत ज्यादा हो तो समझ लो, अब वह खत्म होनेवाला है। सूरज की पहली किरण आने से पहले ही सबसे ज्यादा अंधेरा होता है। बस ईमानदारी से अपना काम करते रहो। जो हो गया, सो हो गया। उसकी वजह से आगे आनेवाले कल को खराब न करो।'
- माँ की इन बातों से मिली प्रेरणा की वजह से ही मैंने अपने बाकी के पेपर लिखे और रिजल्ट ने मेरी जिन्दगी ही बदल दी। यह सिर्फ मेरी कहानी नहीं है। हमारे देश में यह हर दूसरी लड़की की कहानी है। मैं अपने अनुभव से यही कहना चाहूँगी कि सबकुछ बिना माँगे नहीं मिलता। कुछ पाना है तो लड़ना भी पड़ेगा, मेहनत भी करनी पड़ेगी और बहुत से ऐसे मौके भी आएंगे, जब आप खुद को सबके खिलाफ अकेले खड़ा पाएंगे। यदि उस समय भी आप नहीं झुके और नहीं टूटे तो यह दुनिया आपके सामने खुद झुक जाएगी।

''खुदी को कर बुलंद इतना के हर तकदीर से पहले
खुदा बंदे से खुद पूछे बता तेरी रजा क्या है।''

पढ़ाई की योजना

मैंने बहुत सीमित अध्ययन किया; लेकिन जो पढ़ा, उसे बार-बार दोहराने और छोटे-छोटे नोट्स बनाने पर फोकस किया, ताकि परीक्षा से एक हफ्ते पहले मैं उसे दोहरा सकूं। मेरी पढ़ने की योजना में शामिल थे–

- पढ़ने की सामग्री को सीमित रखना।
- बार-बार अभ्यास करना।
- पिछले साल के प्रश्न-पत्रों का अध्ययन।
- छोटे-छोटे नोट्स बनाना।
- मॉक टेस्ट देना और उसके बाद मॉडल उत्तरों से उन्हें मिलाना। इसके बाद उसी टेस्ट की टॉपर्स की कॉपी को देखना, ताकि पता चले कि उन्होंने कैसे बेहतर किया।

- खुद को मिले नंबरों पर नहीं, गलतियों पर फोकस करना, जैसा मैंने किया।
- यू.पी.एस.सी. महज एक परीक्षा नहीं है। यह तो एक सफर है, जो आपके सोचने के तरीके, आप चीजों को कैसे लेते हैं और दुनिया के प्रति आपके नजरिए को बदलकर रख देती है। लेकिन पढ़ते समय चयनशील बनिए, क्योंकि आपको परीक्षा में पास होना है। अपने लक्ष्य पर ध्यान केन्द्रित रखें और आशावादी बने रहें। याद रखें कि अनुशासन का बोझ बर्दाश्त करना अपना सर्वश्रेष्ठ नहीं दे पाने और असफलता के पछतावे के बोझ तले दबने से ज्यादा आसान है।

नए अभ्यर्थियों के लिए संदेश

अपने अनुभव से मैं आपसे यही कहूँगी कि–

- जीवन में प्राथमिकताएं तय कीजिए। यदि आप अपने सपने सच करना चाहते हैं तो जरूरी नहीं कि आपको हर किसी का साथ भी मिले।
- बेशक, आपने अपने लिए काफी कुछ सोचा होगा, लेकिन किस्मत को कुछ और ही मंजूर होता है। यदि आप अपनी चेतना और संवेदनाओं पर नियंत्रण नहीं खोते तो आप अपनी किस्मत को भी बदल सकते हैं। इसकी असली परीक्षा प्रीलिम्स में होती है, क्योंकि वे सबसे ज्यादा अप्रत्याशित होते हैं। लिहाजा अपनी चेतना पर नियंत्रण रखते हुए इसका सामना करने के लिए तैयार हो जाएं और अच्छे नतीजों के साथ आगे बढ़ें।
- कोचिंग ज्यादा जरूरी नहीं है और आप इसको बगैर कोचिंग एवं स्टडी ग्रुप्स, के भी पास कर सकते हैं। हां, आपको थोड़ी ज्यादा कोशिश करनी होगी।

❑

16

नाम : अभिषेक जैन

रैंक : 111, सीएसई-2018

"सफलता मंजिल नहीं, बल्कि एक सफर है। प्रयास करते रहना नतीजे से ज्यादा महत्त्वपूर्ण है।"

अभिषेक जैन

वैकल्पिक विषय

कॉमर्स एंड अकाउटेंसी

परीक्षा का माध्यम

अंग्रेजी

निवासी

रोहिणी, दिल्ली

शैक्षिक योग्यता

❖ बी.कॉम (ऑनर्स) हंसराज कॉलेज, दिल्ली विश्वविद्यालय

अभिभावकों का पेशा

❖ पिता : कारोबारी ❖ माता : गृहिणी

प्राप्तांक

प्रीलिम्स (प्रारंभिक परीक्षा) : पेपर-1 : 108

पेपर-2 : 117

मेन्स (मुख्य परीक्षा)

निबंध (पेपर I) : 127

जनरल स्टडीज (सामान्य अध्ययन)-1 (पेपर II) : 097

जनरल स्टडीज-II (पेपर III) : 117

जनरल स्टडीज-III (पेपर IV) : 121

जनरल स्टडीज-IV (पेपर V) : 104

वैकल्पिक विषय-I (कॉमर्स एंड अकाउटेंसी) (पेपर I) : 139

वैकल्पिक विषय-II (कॉमर्स एंड अकाउटेंसी) (पेपर II) : 132

इंटरव्यू : 179

कुल अंक : 1016

सिविल सेवा की यात्रा

- मेरे दादाजी एक सेवानिवृत्त सरकारी अधिकारी हैं। अपने कैरियर में उन्होंने कई सिविल सर्वेंट्स के साथ काम किया और मुझे बताया कि कैसे वे लोगों की भलाई के लिए कई महत्त्वपूर्ण फैसले लेते हैं। इन्हीं कहानियों ने मेरे अंदर एक सिविल सर्वेंट बनने की इच्छा को विकसित किया।
- यूँ तो मैंने अपने कॉलेज के दिनों में ही एन.सी.ई.आर.टी. की किताबें पढ़नी शुरू कर दी थीं, लेकिन पूरे फोकस से यू.पी.एस.सी. की तैयारी मैंने ग्रेजुएशन के बाद से ही शुरू की।
- शुरुआत में मैंने यूट्यूब पर कई टॉपर्स के इंटरव्यू देखे, ताकि मुझे उन सफल उम्मीदवारों की रणनीति के बारे में जानकारी मिल सके। उनसे इनपुट लेने के बाद मैंने अपनी खुद की रणनीति बनाते हुए एक टाइम टेबल तैयार किया और फिर पूरा जोर लगाकर उस पर अमल किया। मैंने कई टेस्ट पेपर्स का अभ्यास भी किया। इसमें कोई दो राय नहीं कि परीक्षा के दिन बहुत दबाववाले होते हैं। लेकिन मैंने महसूस किया कि यू.पी.एस.सी. केवल हमारी मेहनत और ज्ञान को नहीं जांचता, यह वास्तव में हमारे **मिजाज** और **दिमागी मजबूती** को भी परखता है। इसलिए परीक्षा के दौरान मैंने सकारात्मक बने रहने की हर संभव कोशिश की।
- जब आपकी मेहनत रंग लाती है तो वाकई बहुत अच्छा महसूस होता है। उस पी.डी.एफ. ने मुझे रोमांच और उत्साह से भर दिया। मैंने पहले ही प्रयास में यह परीक्षा पास कर ली थी। मैं अपने परिवार की खुशी को शब्दों में बयाँ नहीं कर सकता। आनेवाले दिन बेहद रोमांचक रहने वाले थे। जब मैं पीछे मुड़कर देखता हूँ तो लगता है कि देर रात तक जागकर पढ़ना, आखिरी क्षणों में की गई रिवीजन, कई टेस्ट देना, नोट्स, हताशा, सुख-दुःख के पल–ये सबकुछ इस परीक्षा में मिलनेवाली सफलता के आगे कुछ भी नहीं।

नए अभ्यर्थियों के लिए संदेश

- "सफलता एक सफर है, मंजिल नहीं। नतीजे से ज्यादा जरूरी उसके लिए कोशिश करना है।" यू.पी.एस.सी. एक लंबी और कठिन परीक्षा है। इस प्रक्रिया के दौरान कुछ अच्छे पल भी आएंगे और कुछ बुरे भी। लेकिन इस सफर का आनंद लेना ज्यादा जरूरी है। इसके अलावा, हर कदम पर अपनी गलतियों से सबक सीखें।
- मेहनत और समर्पण का कोई विकल्प नहीं है। लेकिन इस परीक्षा की जरूरतों के हिसाब से बनाई गई एक स्मार्ट योजना आगे बढ़ने का सबसे अच्छा रास्ता है।
- आखिर में, यू.पी.एस.सी. एक परीक्षा ही है। इसके बाद दुनिया खत्म नहीं हो जाती। लिहाजा इसको इसी तरह से देखा जाना चाहिए, ताकि आपके प्रदर्शन पर बुरा प्रभाव डालने वाले फालतू के दबाव से बचा जा सके।
- आपने खुद आगे बढ़कर इस परीक्षा को देने का फैसला किया है। लिहाजा आप वैसे ही एक विजेता हैं। मैं आप सभी को शुभकामनाएँ देता हूँ और भरोसा दिलाता हूँ कि आपकी मेहनत जरूर रंग लाएगी।

❑

17

नाम : अतुल कुमार बंसल
रैंक : 115, सीएसई-2018

"संतुलित ढंग से परीक्षा की तैयारी करना, लगातार दोहराना और बहुत सारा अभ्यास ही सफलता की कुंजी है।"

अतुल कुमार बंसल

वैकल्पिक विषय

इतिहास

परीक्षा का माध्यम

अंग्रेजी

निवासी

पदमपुर, जिला–श्रीगंगानगर, राजस्थान

शैक्षिक योग्यता

❖ बी.टेक मेकैनिकल इंजीनियरिंग, आई.आई.टी. रुड़की

अभिभावकों का पेशा

❖ **पिता** : वकील

❖ **माता** : शिक्षिका

कोचिंग : स्वाध्याय

पेपर के कुछ हिस्सों के लिए कोचिंग ली, कुछ खुद पढ़े। कोचिंग के बाद भी परीक्षार्थी को खुद की पढ़ाई पर ही भरोसा करना चाहिए।

प्राप्तांक

प्रीलिम्स (प्रारंभिक परीक्षा) : पेपर–1 : 107.34

पेपर–2 : 161.68

मेन्स (मुख्य परीक्षा)

निबंध (पेपर I) : 132

जनरल स्टडीज (सामान्य अध्ययन)–I (पेपर II) : 101

जनरल स्टडीज–II (पेपर III) : 113

जनरल स्टडीज–III (पेपर IV) : 109

जनरल स्टडीज–IV (पेपर V) : 94

वैकल्पिक विषय-I (इतिहास) (पेपर I) : 139
वैकल्पिक विषय-II (इतिहास) (पेपर II) : 154
कुल प्राप्तांक : 842
इंटरव्यू : 173
कुल अंक : 1015

सिविल सेवा की यात्रा

1. संघर्ष

- मुझे सिविल सर्विसेज के बारे में सबसे पहले जानकारी तब हुई, जब मैं भारतीय अंतरिक्ष शोध संस्थान (इंडियन स्पेस रिसर्च ऑर्गेनाइजेशन) इसरो में बतौर वैज्ञानिक 'एस.सी.', काम कर रहा था। मेरे कुछ दोस्त इस परीक्षा की तैयारी कर रहे थे। उसी दौरान उन लोगों से इस बारे में बात कर मुझे यू.पी.एस.सी. से जुड़ी तैयारियों, दूसरी लोक सेवाओं में नौकरी की संभावनाओं जैसी बातों के बारे में अंदरूनी जानकारी मिली। जिज्ञासावश, मैंने 'डालिया जलाओ' जैसे कुछ अहम अभियान चलाने में आगे रहे कुछ आई.ए.एस. अधिकारियों के बारे में पढ़ा। वर्ष 2014 के आखिर में मैंने यू.पी.एस.सी. की तैयारियों के बारे में गंभीरता से सोचना शुरू किया। वजह थी, ये व्यक्तिगत और व्यावसायिक तौर पर इनसान के विकास के लिए विशिष्ट अवसर प्रदान करती हैं। इसके अलावा, ये किसी व्यक्ति को समाज के लिए ज्यादा उपयोगी भी बनाती हैं। मैंने यह भी महसूस किया कि अगर मैं नौकरी के साथ-साथ ही यू.पी.एस.सी. की तैयारी करता हूँ, तो न तो परीक्षा की तैयारी कर पाऊँगा और न ही पूरी तन्मयता से नौकरी कर पाऊँगा। लिहाजा वर्ष 2015 की शुरुआत में मैंने अपनी नौकरी छोड़ दी और यहीं से मेरा यू.पी.एस.सी. का सफर शुरू हुआ।
- मेरा सफर न तो बहुत ज्यादा दिक्कतों से भरा रहा, न ही बहुत पीड़ा से लेकिन हां निश्चित तौर पर ये खास है। मैं दिल्ली के ओल्ड राजेंद्र नगर में रहा, जो यू.पी.एस.सी. पास करने के इच्छुक उम्मीदवारों का तीर्थस्थल है। वर्ष 2015 में मैंने इस परीक्षा की बहुत ज्यादा तैयारी नहीं की और इसमें बैठ गया। लेकिन प्रीलिम्स भी पास नहीं कर पाया। अगले साल मैं पूरी तैयारी से बैठा और सी.एस.ई. 2016 का प्रीलिम्स अच्छे नंबरों से पास भी कर लिया, लेकिन मुख्य परीक्षा पास नहीं कर पाया। उत्तर लिखने के अभ्यास की कमी और करेंट अफेयर्स की अच्छी तैयारी नहीं होने की वजह से मुझे यह नतीजा देखना पड़ा।
- अतः मैंने अगले साल अपनी तैयारी में कोई भी कमी नहीं रहने दी। मैं सी.एस.ई. 2017 की मुख्य परीक्षा में पूरी तैयारी के साथ बैठा। मैंने दोबारा कोशिश की और दोबारा असफल रहा।
- यह मेरी जिंदगी की पहली असल हार थी। मुझे अपने जीवन में यह अब तक के सबसे निम्नतर स्तर का सामना करना पड़ रहा था। मैंने पूरे दिल से इस परीक्षा की तैयारी

की थी और फिर भी असफल हो गया। विशेष तौर पर मैं एक परीक्षा वाले दिन बहुत घबराया हुआ था और मैंने अपना जीएस-3 और जीएस-4 का पेपर खराब कर दिया। बाकी विषयों में अच्छे नंबर लाने के बावजूद मैं इंटरव्यू तक पहुँच पाने में असफल रहा।

❖ मैं घर आ गया, क्योंकि मैं उस निराशाजनक वातावरण में बड़ी मुश्किल से अकेला रह पाता। अगले 20 दिनों तक मैं घर पर ही रहा। मुझे नहीं पता कि मेरे माता-पिता ने मुझे कैसे संभाला। उन दिनों मैं लगभग एक मरे हुए इनसान की तरह हो गया था। मैं पूरा दिन शायद एक-आधा शब्द ही बोलता था और शायद ही किसी से नजरें मिलाता था। मेरा आत्मविश्वास पूरी तरह टूट गया था। लेकिन मुझे पता था कि मुझे इस सब से बाहर निकलना ही है।

❖ मेरे अंदर जितनी भी ऊर्जा रह गई थी, उसी के बल पर मैंने दोबारा परीक्षा की तैयारी शुरू की। मैंने खुद से वादा किया कि मैं अब दोबारा इस बुरी हालत में नहीं आऊंगा। मैं दिल्ली आया और ध्यान से सी.एस.ई. 2017 के मेन्स में पूछे हर सवाल का विश्लेषण किया, साथ ही यह भी देखा कि मैं कहाँ सुधार ला सकता हूँ। मैंने सिलेबस का एक-एक शब्द देखा, टॉपर्स की अनगिनत कॉपियों को डाउनलोड किया, अपने विजन आई.ए.एस. टेस्ट सीरीज की कॉपियों को टॉपर्स की कॉपियों के साथ रखा और अपने लिखे हर उत्तर का बारीकी से विश्लेषण किया। मैंने कभी भी खुद को इतना अनुशासित नहीं पाया था। प्रीलिम्स समस्या नहीं थी, क्योंकि इसे मैं आसानी से पास कर रहा था। मेन्स असल समस्या थी और मैंने अपना 100 फीसदी इसे दिया। नतीजा 22 दिसंबर, 2018 को निकला। मैंने मेन्स पास कर लिया था। मैंने इंटरव्यू दिया और आखिरकार इसमें सफल भी हुआ। सूची में मेरा ए.आई.आर. 115 था।

❖ अब, जब पीछे मुड़कर देखता हूँ तो मुझे अपना यह सफर सफलता-असफलता, खुशी और पीड़ा से भरा हुआ लगता है। लेकिन निश्चित तौर पर बदलाव लाने वाला था। इसने मुझे मेहनत, अनुशासन, सकारात्मकता और धैर्य सिखाया। मुझे याद है कि मैं तैयारी के दिनों में खुद की हौसला-अफजाई के लिए ये पंक्तियां हमेशा याद रखता था।

वृक्ष हों भले खड़े,
हों घने हों बड़े,
एक पत्र छांह भी,
मांग मत, मांग मत, मांग मत,
-- अग्निपथ

2. किताबों की सूची

❖ **इतिहास**

(1) प्राचीन भारत– आर.एस. शर्मा की पुरानी एन.सी.ई.आर.टी.

(2) मध्यकालीन भारत– नई एन.सी.ई.आर.टी.

(3) आधुनिक भारत– बिपिन चंद्रा + स्पेक्ट्रम की पुरानी एन.सी.ई.आर.टी.

(4) विश्व इतिहास– अर्जुन देव की पुरानी एन.सी.ई.आर.टी.।

❖ **कला और संस्कृति**

(1) एन इंट्रोडक्शन टू इंडियन आर्ट–कक्षा 11 की एन.सी.ई.आर.टी.

(2) सी.सी.आर.टी. के नोट्स।

❖ **समाज**

(1) कक्षा 12वीं की एन.सी.ई.आर.टी. (2 किताबें)

❖ **भूगोल**

(1) 11वीं, 12वीं की नई एन.सी.ई.आर.टी.

(2) मृणाल के भूगोल पर लेक्चर, राजतनिल मैम (यूट्यूब पर उपलब्ध)।

❖ **राजतंत्र और शासन**

(1) कक्षा 11वीं की एन.सी.ई.आर.टी.–इंडियन कॉन्स्टीट्यूशन एट वर्क

(2) प्रीलिम्स के लिए लक्ष्मीकांत

(3) एम. पुरी की आई.ए.एस. कक्षाएं लीं और क्लास नोट्स देखे।

❖ **अंतर्राष्ट्रीय संबंध**

(1) कक्षा 12वीं की एन.सी.ई.आर.टी.–समकालीन विश्व राजनीति

❖ **अर्थशास्त्र**

(1) इंडियन इकोनॉमिक डेवलपमेंट

(2) श्रीराम के नोट्स

❖ **पर्यावरण**

(1) शंकर आई.ए.एस. अकादमी के नोट्स

❖ **आंतरिक सुरक्षा**

(1) श्रीराम आई.ए.एस. के नोट्स

❖ **नीतिशास्त्र**

(1) पवन कुमार सर की क्लास ली और क्लास में मिले नोट्स से पढ़ा।

(2) शब्दकोश– एक-एक शब्द नहीं पढ़ना है, लेकिन विभिन्न शब्दावलियों की परिभाषाएं देखने के लिए इसे देखा जा सकता है।

करेंट अफेयर्स

1. द हिंदू, इंडियन एक्सप्रेस जैसा एक राष्ट्रीय अखबार।
2. मेन्स की परीक्षा से जुड़े विषयों के लिए विजन आई.ए.एस. की मासिक मैगजीन। प्रीलिम्स की परीक्षा के लिए विजन आई.ए.एस. पीटी 365 के समसामयिक विषयों से जुड़ी सामग्री को इकट्ठा किया।

3. राज्यसभा टी.वी. के बिग पिक्चर डिबेट्स, खास तौर पर ये ज़ी.एस. पेपर 2 में आने वाले अंतर्राष्ट्रीय संबंधों के लिए अच्छा रहता है।

सरकारी दस्तावेजों का अध्ययन

1. आर्थिक सर्वेक्षण
2. सालाना बजट
3. योजना मैगजीन
4. नीति आयोग–तीन साल का एक्शन एजेंडा।

उत्तर लेखन

1. मैंने टी.एल.पी. आई.ए.एस. बाबा में हर दिन उत्तर लिखने का अभ्यास किया। इसके अलावा मैं विजन आई.ए.एस. टेस्ट सीरीज से भी जुड़ा। अपने वैकल्पिक विषय इतिहास के लिए, मैं सेल्फ स्टडी हिस्ट्री टेस्ट सीरीज से जुड़ा।

3. वैकल्पिक विषय इतिहास के लिए बनाई योजना

❖ इतिहास को अगर एक वैकल्पिक विषय के तौर पर ले लिया जाए तो इसमें अच्छे नंबर मिलते हैं, हालाँकि बहुत ही ज्यादा यानी 320 से अधिक नंबर लाने की संभावना काफी कम होती है। मैंने इतिहास नहीं पढ़ा था, इसलिए बालियान सर की क्लासेज लीं। लेकिन कई उम्मीदवार इस तरह की क्लासेज न लेकर खुद भी पढ़कर परीक्षा देते हैं।

❖ वैकल्पिक के लिए मैं ज्यादा किताबें पढ़ने की सलाह नहीं दूंगा, क्योंकि इससे आपकी जनरल स्टडीज की तैयारी प्रभावित होगी। यहाँ मैं कुछ किताबें पढ़ने की सलाह दूंगा।

❖ **प्राचीन भारत**–आर.एस.शर्मा की पुरानी एन.सी.ई.आर.टी., क्लास नोट्स, उपेंद्र सिंह

❖ **मध्यकालीन भारत**–सतीश चंद्रा की पुरानी एन.सी.ई.आर.टी. की किताब, क्लास नोट्स, इग्नू नोट्स।

❖ **आधुनिक भारत**–बिपिन चंद्रा की पुरानी एन.सी.ई.आर.टी. की किताब, क्लास नोट्स, ग्रोवर एंड मेहता, स्पेक्ट्रम, प्लासी से विभाजन के बीच के समय के अध्ययन के लिए कुछ अध्याय।

❖ **विश्व इतिहास**–अर्जुन देव की पुरानी एन.सी.ई.आर.टी. किताब, क्लास नोट्स, नॉर्मन लोये, एल. मुखर्जी।

इनमें से ज्यादातर किताबों को पूरी तरह पढ़ना होगा; लेकिन फिर भी, अगर आप यू.पी.एस.सी. के सिलेबस को देखें तो आपको पता चलेगा कि ऐसे कुछ विषय छोड़े जा सकते हैं, जो उनके सिलेबस का हिस्सा नहीं हैं।

इन किताबों को पढ़ने के अलावा **आप परीक्षा से ठीक पहले रिवीजन के लिए बुलेट प्वॉइंट वाले नोट्स बना सकते हैं।**

इसके अलावा, **मानचित्र** को समझना बहुत जरूरी है। इसकी अनदेखी न करें।

पिछले साल के प्रश्न-पत्रों पर भी नजर डालें। इससे यह पता चलता है कि सिलेबस का कौन-सा हिस्सा ज्यादा जरूरी है। पिछले साल आए कई सवाल तो दोहराए भी जाते हैं।

उत्तर लिखना एक और जरूरी पहलू है। एक अच्छी टेस्ट सीरीज में दाखिला लीजिए। आप हर रोज उत्तर लिखने का अभ्यास भी कर सकते हैं। सेल्फ स्टडी हिस्ट्री और आई.एस.एस. बाबा जैसे कुछ पोर्टल्स में हर रोज उत्तर लिखने के अभ्यास से जुड़े कई कार्यक्रम मौजूद हैं। हर रोज लिखने के अभ्यास के लिए पिछले साल के प्रश्नों के उत्तर लिखना सबसे अच्छा होगा।

4. नए अभ्यर्थियों के लिए संदेश

- गंभीरता से तैयारी कर रहा कोई भी उम्मीदवार यू.पी.एस.सी. सी.एस.ई. परीक्षा को पास कर सकता है। हम में से जो असफल होते हैं, वे इसलिए, क्योंकि हम कुछ गलतियां करते हैं। सी.एस.ई. की तैयारियों से जुड़े मेरे अनुभवों के आधार पर मैं आप लोगों के साथ कुछ टिप्स बांटना चाहूँगा, जो शायद आपको इस परीक्षा को पास करने में मदद दें।

5. याद रखने योग्य बातें

- किताबों की इस सूची में सारी किताबों का जिक्र नहीं है। अगर आपको दूसरी किताबों या नोट्स पढ़ने की भी सलाह दी जाती है और आपको वे फायदेमंद लगे तो उन्हें जरूर पढ़ें।
- अंतरराष्ट्रीय संबंध, जैसे, पेपर 3 के विषयों के लिए, कोई एक मानक किताब नहीं है। जब आप वर्तमान मुद्दों के बारे में पढ़ें, तब ही इन्हें कवर कर लें।
- विश्व इतिहास, प्राकृतिक भूगोल, मध्यकालीन भारतीय इतिहास जैसे कुछ विषयों के लाभ की लागत कुछ ज्यादा नहीं है। इनसे पूछे गए सवालों का वजन बहुत ज्यादा नहीं होता। अतः इनकी तैयारी में बहुत ज्यादा वक्त नहीं गंवाएं।
- यह प्रीलिम्स और मेन्स दोनों की एक संकलित सूची है। वे लोग जिन्होंने तैयारी शुरू ही की है, उन्हें पहले केवल ये किताबें पढ़ लेनी चाहिए और नोट्स बनाने चाहिए। उसके बाद प्रीलिम्स की परीक्षा से तीन-चार महीने पहले तैयारी के लिए जरूरी किताबें पढ़नी चाहिए।
- तैयारी के दौरान आपका मुख्य फोकस मेन्स में होना चाहिए। प्रीलिम्स की तैयारी में तीन से चार महीने लगाएं।
- जी.एस. की तैयारी और वैकल्पिक विषय के बीच संतुलन बनाए रखें। सभी जी.एस. पेपर्स को पर्याप्त समय दें।
- निबंध और नीति-शास्त्र के पेपर की अनदेखी न करें।

- अपने वैकल्पिक विषय को सोच-समझकर चुनें। यह एक निर्णायक कारक हो सकता है।
- उत्तर लिखने का अभ्यास जमकर करें। इसके लिए हर रोज उत्तर लिखें और टेस्ट सीरीज हल करें।
- एक अच्छा अखबार खूब अच्छी तरह से पढ़ें।
- अगर संभव हो तो राज्य सभा की बिग पिक्चर डिबेट जरूर देखें। इससे आपका एक नजरिया बनता है, साथ ही ये आपके वाद-विवाद कौशल को विकसित करने में मददगार साबित होता है।
- यूट्यूब पर कुछ टॉपर्स के वीडियो देखें। उनकी योजना और किताबों की सूची के बारे में जानें।
- खासतौर पर 11वीं और 12वीं की एन.सी.ई.आर.टी. किताबों की अनदेखी न करें।
- जो भी विषय पढ़ें, उसके नोट्स बनाना न भूलें।
- नियमित रूप से सिलेबस और बीते सालों के प्रश्न-पत्र देखें।
- **प्रारंभिक परीक्षा के लिए**–विकल्पों को खत्म करने/बुद्धिमानी भरे अनुमान लगाने/किसी उत्तर तक पहुँचने के लिए सही सूझ-बूझ दिखाने की कला को विकसित करें। ये बहुत उपयोगी साबित होंगे।
- **मुख्य परीक्षा के लिए**–जितना संभव हो, उतने प्रश्नों के उत्तर दें और उचित डायग्राम, फ्लो चार्ट, जो जरूरी हों, बनाएं। जी.एस. के उत्तरों को बुलेट प्वॉइंट्स में दें।

❑

18

नाम : मनीष मीणा

रैंक : 144 (एस.टी. रैंक 1), सीएसई-2018

"इस परीक्षा का कोई शॉर्टकट नहीं है। जरूरत है तो सामंजस्य, समर्पण, स्मार्ट वर्क और समय प्रबंधन की।"

मनीष मीणा

वैकल्पिक विषय

राजनीतिक शास्त्र और अंतर्राष्ट्रीय संबंध

परीक्षा का माध्यम

अंग्रेजी

निवासी

जयपुर

शैक्षिक योग्यता

❖ बी.टेक–इलेक्ट्रिकल इंजीनियरिंग, आई.आई.टी. बॉम्बे (2017)

अभिभावकों का पेशा

❖ **पिता** : बैंकर

❖ **माता** : टीचर

कोचिंग

❖ जी.एस.–वजीराम एंड रवि से कोचिंग ली।

❖ वैकल्पिक विषयों के लिए कोचिंग नहीं ली।

प्राप्तांक

मेन्स (मुख्य परीक्षा)

निबंध (पेपर I) : 112

जनरल स्टडीज (सामान्य अध्ययन)-I (पेपर II) : 91

जनरल स्टडीज-II (पेपर III) : 104

जनरल स्टडीज-III (पेपर IV) : 107

जनरल स्टडीज-IV (पेपर V) : 98

वैकल्पिक विषय-I (राजनीतिक शास्त्र और अंतरराष्ट्रीय संबंध) (पेपर I) : 148

वैकल्पिक विषय-II (राजनीतिक शास्त्र और अंतरराष्ट्रीय संबंध) (पेपर II) : 156
कुल प्राप्तांक : 816
इंटरव्यू : 193
कुल योग : 1009

सिविल सेवा की यात्रा

- मैं कभी भी उन लोगों में शुमार नहीं रहा, जो अपने जीवन को लेकर पहले से ही योजनाएँ बना लेते हैं। कॉलेज के शुरुआती तीन सालों में सिविल सर्वेंट बनने का खयाल दूर-दूर तक मेरे मन में नहीं आया था। चौथे साल में जाकर मैंने अपने भविष्य की संभावनाओं के बारे में सोचना शुरू किया और उस दौरान प्रशासनिक सेवा मुझे एक अच्छा विकल्प लगा। इस दौरान मैंने अखबारों को ज्यादा गंभीरता से पढ़ना शुरू कर दिया और वक्त के साथ-साथ मेरे अंदर लोक-सेवा में जाने की इच्छा भी बढ़ने लगी।
- इसके परिणामस्वरूप कॉलेज के बाद किसी निजी क्षेत्र में नौकरी करने की बजाय मैंने सिविल सर्विसेज की तैयारी करनी शुरू की। अपनी तैयारी की शुरुआत करते हुए मैंने सबसे पहले वजीराम और रवि में जी.एस. की कोचिंग क्लासेज लीं। उस दौरान मेरे दिमाग में यह बात साफ नहीं थी कि मैं किस विषय को अपना वैकल्पिक विषय चुनूंगा। इसे मैंने पूरे दो महीने बाद चुना।
- मैंने कोर्स के अपरिवर्तनीय हिस्से (स्टैटिक) से शुरुआत की और सबसे पहले सभी जरूरी एन.सी.ई.आर.टी. की किताबें पढ़कर पूरी कीं। जैसे ही मैंने अपने वैकल्पिक विषय को चुना, तुरंत पी.एस.आई.आर. के लिए शुभ्रा रंजन मैडम के नोट्स खरीद लिये। मेरा मकसद था कि पहली बार पढ़ते हुए जितना जल्दी संभव हो, पूरा कोर्स देख लूं, ताकि मुझे पता चल सके कि मुझे क्या पढ़ना है, ताकि मैं उसी के हिसाब से पढ़ने की योजना बना सकूं। मैंने एक टाइमलाइन बनाई कि मुझे किसी कोर्स का कौन-सा हिस्सा कब पढ़ना है। मैं कभी-कभार इसके हिसाब से नहीं चल पाया; लेकिन इससे मुझे अपनी प्रगति के बारे में जानने में मदद मिली और सबसे महत्त्वपूर्ण बात कि मैं अपने ट्रैक से नहीं भटका। कोर्स को दो बार देखकर मैंने अक्तूबर 2017 को जी.एस. स्कोर की वैकल्पिक टेस्ट सीरीज शुरू की, जो फरवरी 2018 में पूरी हुई। इस टेस्ट सीरीज से जुड़ना मेरे लिए एक अच्छा फैसला साबित हुआ। इससे मुझे न केवल उत्तर लिखने का अभ्यास हुआ, बल्कि मेन्स की तैयारी भी हो गई। सबसे जरूरी बात यह कि इसकी वजह से जरूरी चीजें याद भी हो गईं।

- मार्च तक मैं मेन्स को ध्यान में रखकर ही तैयारी कर रहा था। अप्रैल में जाकर मैंने अपना पूरा ध्यान केवल प्रीलिम्स पर लगाया। मेरे पास प्रीलिम्स के लिए 2 महीने थे, हालाँकि मेरा सुझाव होगा कि इसकी तैयारी के लिए कम-से-कम तीन महीने होने चाहिए।
- जैसा कि हर किसी के साथ होता है, ऐसा वक्त भी आता था, जब पूरी टास्क बहुत बड़ी और करीब-करीब असंभव सी लगती थी। लेकिन ठीक ऐसे मौकों पर ही आपकी मानसिक मजबूती का पता चलता है, लिहाजा आगे बढ़ते रहना बहुत जरूरी है। इस लंबे सफर में ऊब जाना भी बहुत आम-सी बात है, इसलिए मैं कहूँगा कि बीच-बीच में सुस्ताने के लिए किसी तरह का मनोरंजन बहुत जरूरी है।
- प्रीलिम्स के बाद मैंने जी.एस. मेन्स टेस्ट सीरीज (बायजू) की; लेकिन इस दौरान मैं किसी भी वैकल्पिक टेस्ट सीरीज से नहीं जुड़ा। मेन्स की तैयारी प्रीलिम्स की तैयारी से थोड़ी अलग होती है। मेन्स के लिए चुने हुए विषयों को पढ़ना संभव है, क्योंकि यह प्रीलिम्स के मुकाबले ज्यादा पूर्वानुमेय (प्रेडिक्टेबल) होता है। बहुत जरूरी है कि जानवरों की तरह पसीना बहाने की बजाय समझदारी से काम लिया जाए। मेन्स के लिए टेस्ट सीरीज बहुत ज्यादा जरूरी है।
- इंटरव्यू के लिए मैंने अपनी डी.ए.एफ., स्टेट, ग्रेजुएशन के विषयों को तैयार किया। मैंने 'इंडियन एक्सप्रेस' और 'द हिंदू' जैसे दो अखबार रोज पढ़े। परीक्षा का ये चरण ज्यादा-से-ज्यादा ज्ञान बटोरने की बजाय दिमागी रूप से खुद को तैयार करने से जुड़ा है। कुछ मॉक इंटरव्यू देने से उत्तर देने के अभ्यास के साथ-साथ आपका पूरा व्यक्तित्व भी निखरेगा।
- नतीजा आश्चर्यजनक रहा, क्योंकि मैंने अपने पहले ही प्रयास में इस परीक्षा में सफल होने की उम्मीद नहीं की थी। इस लंबे और थका देनेवाले सफर के बाद और इसकी तैयारियों में जितना समय और कोशिशें लगी हैं, उसे देखते हुए यह वाकई एक आशीर्वाद की तरह लगता है।

किताबों की सूची

- **सामान्य विज्ञान के लिए :** दिया गया वीडियो विभिन्न स्रोतों के लिए एक अच्छी गाइड है– https://www.youtube.com/watch?v=eAujstb2zE
- मैंने जिन स्रोतों की बात की, वे हैं–

1. अखबार + वजीराम नोट्स + विजन आई.ए.एस. मासिक समसामयिकी मैगजीन।
2. **आधुनिक इतिहास**–स्पेक्ट्रम*
3. **विश्व इतिहास**–11वीं तथा 12वीं की पुरानी एन.सी.ई.आर.टी. की पुस्तकें।
4. **प्राचीन इतिहास/कला और संस्कृति**–एन.सी.ई.आर.टी. + टीएन बोर्ड 11वीं की किताब + सी.सी.आर.टी. वेबसाइट।
5. **स्वतंत्रता के पश्चात् का इतिहास**–बिपिन चंद्रा की किताब के चुनिंदा विषय।

6. **राजनीति शास्त्र**–लक्ष्मीकांत
7. **अर्थशास्त्र**–एन.सी.ई.आर.टी.+आर्थिक सर्वेक्षण+बजट
8. **भूगोल**–एन.सी.ई.आर.टी.
9. **पर्यावरण**–समसामयिकी, एन.सी.ई.आर.टी. की बायो के आखिरी चार अध्याय।
10. **शासन प्रणाली**–समसामयिकी
11. **आई.आर.**–अखबार
12. **आपदा प्रबंधन**–समसामयिकी
13. **विज्ञान और तकनीक**–समसामयिकी
14. **नीतिशास्त्र**–लेक्सीकॉन
15. और कोई विषय छूट गया तो उसे अखबार और दूसरे समसामयिकी संसाधनों से पूरा किया।
16. यूट्यूब पर राज्यसभा के कार्यक्रम द बिग पिक्चर एंड इंडियाज वर्ल्ड।

❖ **वैकल्पिक विषय के लिए :** न बदलनेवाले हिस्सों (स्टैटिक) के लिए मैंने शुभ्रा मैडम के नोट्स पढ़े और जैसा ठीक लगा, टेस्ट सीरीज, इंटरनेट की मदद ली। अंतरराष्ट्रीय संबंधों के लिए मैंने अखबार पढ़े, प्रसिद्ध आई.आर. टीकाकारों के ब्लॉग्स पढ़े, गेटवे हाउस थिंक टैंक को फॉलो किया और इन सब के हिसाब से अपने नोट्स तैयार किए।

नए अभ्यर्थियों के लिए संदेश

❖ इस परीक्षा में सफलता पाने का कोई शॉर्टकट नहीं है। जरूरत है कि आप लगातार मेहनत करते रहें, समर्पण भाव दिखाएं, बुद्धिमानी से काम करें और समय का प्रबंधन बखूबी करें। खुद पर भरोसा बनाए रखें। असफलताओं का असर अपनी तैयारी पर बिलकुल न पड़ने दें।

❖ जहाँ तक किताबों का सवाल है, तो एक अकेले टॉपिक के लिए बहुत सारी किताबें पढ़ने से तब तक एकदम बचें, जब तक कि बहुत ज्यादा जरूरी न हो। अपने सिलेबस को कवर करें, लेकिन जरूरत से ज्यादा स्टडी मैटेरियल का इस्तेमाल करें।

❖ इस परीक्षा की गंभीरतापूर्वक तैयारी कर रहे तीन-चार लोगों के संपर्क में रहें। इससे आपका ध्यान भी तैयारी पर लगा रहेगा। फालतू की चीजें न पढ़ें। सावधानी बरतें, दूसरे की रणनीति की कॉपी न करें। कुछ लोगों से बात करने के बाद अपनी रणनीति बनाएं। अपनी तैयारी को जरूरत के मुताबिक गतिशील बनाए रखें।

याद रखें–

"आप किसी चीज को कितना चाहते हैं, यह मायने नहीं रखता। मायने यह रखता है कि आपने उसके लिए कितनी मेहनत की।"

❑

19

नाम : डॉ. पूजा गुप्ता

रैंक : 147, सीएसई-2018

"यू.पी.एस.सी. सी.एस.ई. महज एक परीक्षा नहीं है, बल्कि यह एक ऐसी प्रक्रिया है, जिसमें हमारी शारीरिक व मानसिक क्षमता परखी जाती है। लक्ष्य होता है इस पूरी प्रक्रिया के दौरान अपनी मानसिक शांति को बनाए रखना।"

डॉ. पूजा गुप्ता

वैकल्पिक विषय

एंथ्रोपोलॉजी (मानव-शास्त्र)

परीक्षा का माध्यम

अंग्रेजी

निवासी

त्रिनगर, दिल्ली

शैक्षिक योग्यता

❖ डेंटल सर्जरी (बी.डी.एस.) में ग्रेजुएशन

अभिभावकों का पेशा

❖ **पिता** : एक प्राइवेट कंपनी में कार्यरत

❖ **माता** : दिल्ली पुलिस

कोचिंग

❖ जी.एस.–के.एस.जी. दिल्ली

प्राप्तांक

प्रीलिम्स (प्रारंभिक परीक्षा) : पेपर-1 : 104

पेपर-2 : 115

मेन्स (मुख्य परीक्षा)

निबंध (पेपर I) : 127

जनरल स्टडीज (सामान्य अध्ययन)-1 (पेपर II) : 95

जनरल स्टडीज-II (पेपर III) : 90

जनरल स्टडीज-III (पेपर IV) : 107

जनरल स्टडीज-IV (पेपर V) : 111

वैकल्पिक विषय-I (एंथ्रोपोलॉजी) (पेपर I) : 165
वैकल्पिक विषय-II (एंथ्रोपोलॉजी) (पेपर II) : 171
लिखित परीक्षा में प्राप्तांक : 886
इंटरव्यू : 143
कुल योग : 1009

सिविल सेवा की यात्रा

1. परीक्षा

यू.पी.एस.सी. सी.एस.ई. महज एक परीक्षा नहीं है, यह तो हमारी शारीरिक मानसिक मजबूती को जांचने की एक प्रक्रिया है। लक्ष्य है इस पूरी प्रक्रिया के दौरान मानसिक शांति बनाए रखना।

प्रारंभिक परीक्षा (प्रीलिम्स)

❖ यू.पी.एस.सी. सी.एस.ई. परीक्षा का यह मेरा पहला प्रयास था, अतः अपनी तैयारी की दिशा को लेकर मैं कई बार बहुत ज्यादा बेचैन हुई। उस साल का प्रीलिम्स का पेपर काफी मुश्किल था। कट ऑफ को लेकर बहुत ज्यादा अनिश्चितता थी। मैं इस बात को लेकर निश्चिंत नहीं थी कि मुझे मेन्स की तैयारी शुरू कर देनी चाहिए या नहीं।

❖ दिन गुजरते गए, मैंने पूरी हिम्मत जुटाई और खुद को भरोसा दिलाया कि प्रीलिम्स में मैंने अपना 100 फीसदी दिया है। अतः यह मेन्स की तैयारी शुरू करने का वक्त है। इससे यही शिक्षा मिलती है कि चाहे कुछ हो, **खुद पर और अपनी मेहनत पर पूरा भरोसा रखिए।**

मुख्य परीक्षा (मेन्स)

मेन्स का सफर ज्यादा कठिन है। मेन्स का मूल मंत्र है– अभ्यास। मैंने बार-बार लिखने का अभ्यास किया और इसी वजह से मैं मेन्स निकाल पाई। एक बात हमेशा याद रखिए कि अपनी डेडलाइन को हर कीमत पर पूरा करो, अपना टाइम टेबल बनाओ और एक टेस्ट भी मत छोड़ो।

2. किताबों की सूची

आधारभूत किताबें वही हैं, इसके अलावा तैयारी के लिए और जो कुछ मुझे अच्छा लगा, उसकी सूची इस प्रकार है–

❖ एम.के. गांधी की 'हिंद स्वराज'

❖ एम.के. गांधी की 'फ्रीडम बैटल'

❖ एम.के. गांधी की 'माई एक्सपेरीमेंट्स विद ट्रुथ'

पढ़ने के लिए अन्य स्रोत

https://mrunal.org/ ❖ *https://www.insightsactivelearn.com/*

http://pib.nic.in/ ❖ *https://www.prsindia.org/*

❑

20

नाम : राम निवास बुगालिया

रैंक : 159, सीएसई-2018

"इसमें कोई दो राय नहीं कि यू.पी.एस.सी. में सफलता पाना मुश्किल है, लेकिन यह असंभव भी नहीं है। आशावादी बनें और अपना सर्वश्रेष्ठ प्रदर्शन करें।"

राम निवास बुगालिया

वैकल्पिक विषय

एंथ्रोपोलॉजी

परीक्षा का माध्यम

अंग्रेजी

निवासी

सुद्रासन, तहसील-डिडवाणा, नागौर, राजस्थान

शैक्षिक योग्यता

❖ एम.टेक, इन्फॉर्मेशन एंड कम्युनिकेशन इंजीनियरिंग (सूचना एवं संचार इंजीनियरिंग)

कार्य करने का अनुभव

❖ यूनाइटेड इंडिया इंश्योरेंस (2014) में इन्कम टैक्स ऑफिसर की नौकरी

अभिभावकों का पेशा

❖ **पिता** : शिक्षक ❖ **माता** : गृहिणी

प्राप्तांक

प्रीलिम्स (प्रारंभिक परीक्षा) : जी.एस. : 115.34

सी.एस.ए.टी. : 115.83

मेन्स (मुख्य परीक्षा)

निबंध (पेपर I) : 116

जनरल स्टडीज (सामान्य अध्ययन)-1 (पेपर II) : 101

जनरल स्टडीज-II (पेपर III) : 101

जनरल स्टडीज-III (पेपर IV) : 104

जनरल स्टडीज-IV (पेपर V) : 104

वैकल्पिक विषय-I (एंथ्रोपोलॉजी) (पेपर VI) : 167
वैकल्पिक विषय-II (एंथ्रोपोलॉजी) (पेपर VII) : 160
लिखित परीक्षा में प्राप्तांक : 853
इंटरव्यू : 154 ❖ **कुल अंक** : 1007

सिविल सेवा की यात्रा

संघर्ष का समय

"मंजिल तो मिल ही जाएगी भटककर ही सही,
गुमराह तो वो हैं जो घर से निकले ही नहीं।"

❖ मंजिल तय करना आसान है, मगर उसके रास्ते पर चलकर उसे पाना उतना ही मुश्किल है। बहुत से लोग अपना सफर शुरू करते हैं, किसी मंजिल को पाने की चाह में, लेकिन रास्ते में जहाँ उन्हें सुकून मिल जाता है, उसे ही अपनी मंजिल मान बैठते हैं। मेरी कहानी भी कुछ ऐसी ही है, जिसमें कई पड़ाव आए, लेकिन उनको मैंने एक रैन-बसेरा ही समझा। मैंने अपनी मंजिल से नजर नहीं हटने दी और आखिर में उसे पा भी लिया।

❖ वर्ष 2013 में इन्फॉर्मेशन एंड कम्युनिकेशन टेक्नोलॉजी (सूचना एवं संचार तकनीक) में पोस्ट ग्रेजुएशन खत्म करने के बाद मैंने भी अपनी मंजिल (आई.ए.एस.) की ओर कदम बढ़ाने शुरू किए। लेकिन इतने बड़े लक्ष्य तक पहुँचने के लिए मेरा चुना हुआ रास्ता अलग था, जो काफी हद तक तत्कालीन परिस्थितियों की देन था। मैंने अपनी आखिरी मंजिल तो तय कर ली थी, लेकिन आत्मनिर्भर होना भी जरूरी था। इसलिए इस सफर को सीढ़ी की चढ़ाई की तरह शुरू किया। इसमें अनेक पड़ाव आए, लेकिन आखिरी मंजिल तो आई.ए.एस. बनना ही था। अपनी सिविल्स की पढ़ाई के साथ-साथ मैंने अन्य नौकरियों की परीक्षा देनी भी शुरू की।

❖ अप्रैल 2014 में बतौर प्रशासनिक अधिकारी यूनाइटेड इंडिया इंश्योरेंस में मेरा चयन हुआ, जिसे मैंने ज्वॉइन कर लिया। साथ-ही-साथ यू.पी.एस.सी. की पढ़ाई भी जारी रखी। मैंने 2014 के अगस्त में प्रीलिम्स की परीक्षा दी। उस प्रीलिम्स ने मुझे आभास कराया कि अपनी मंजिल को पाने के लिए मुझे कड़ी मेहनत करनी पड़ेगी।

❖ सफर चलता रहा, बस कारवां बदलता गया। यूनाइटेड इंडिया इंश्योरेंस में नौकरी के बाद मैंने इन्कम टैक्स इंस्पेक्टर का पद-भार संभाला। इन गलियारों से निकालकर किस्मत ने मुझे आर.ए.एस. बनने से लेकर आई.ए.एस. तक का सफर तय करवाया। कुछ पड़ाव ऐसे भी थे, जहाँ मैं जीवन भर के लिए ठहर सकता था; लेकिन चाह तो मंजिल पाने की ही थी। नौकरी करते समय बहुत बार मन करता है कि सबकुछ छोड़कर परीक्षा के दबाव से निकलकर भाग जाओ; जो चल रहा है, उसे वैसे ही चलने दो, लेकिन

उस समय अगर हम संभल गए तो अपनी मंजिल पा लेंगे और नहीं संभले तो किसी पड़ाव को ही अपनी मंजिल बना लेंगे।

- मेरा सफर एक सीढ़ी की तरह रहा है, जहाँ सब धीरे-धीरे एक-एक पड़ाव को पार कर मंजिल तक का सफर तय हुआ है। इसमें समय तो लगा, लेकिन एक संतुष्टि भी थी, क्योंकि फर्श से अर्श तक के सपने देखने में डर तो रहता है, लेकिन जो पड़ाव थे, हर बार तरक्की की राह पर थे, जिससे मेरा मनोबल हमेशा बना रहा। इसी ने मुझे मेहनत करने के लिए प्रेरित रखा। सफर कठिन हो, लेकिन उस सफर में यदि कोई साथ हो तो सफर आसान लगता है। मेरे इस सफर में बहुत से लोगों का सहयोग रहा है, जिनमें सबसे ज्यादा महत्त्वपूर्ण मेरे परिवार का सहयोग, उसके बाद जिस भी विभाग में रहा, वहाँ के वरिष्ठों एवं मेरे दोस्तों का सहयोग रहा।
- मेरे यू.पी.एस.सी. के अनुभव से मैं बस, एक ही सलाह देना चाहूँगा कि मंजिल चाहे जो भी हो, एक बार ठान लो तो पीछे मुड़कर न देखो। अगर मंजिल तय करने का जज्बा है तो उसे पाने का हौसला भी बनाए रखो। इसमें निराशा का सामना भी करना पड़ेगा, लेकिन इन सबसे गुजरकर जब अपनी मंजिल पा लोगे तो सुकून भी उतना ही मिलेगा।

नए अभ्यर्थियों के लिए संदेश

यू.पी.एस.सी. सी.एस.ई. एक प्रतिस्पर्धी परीक्षा है और प्रतिस्पर्धा में बने रहने के लिए उम्मीदवार को इसका अनुभव करना चाहिए और हकीकत से जुड़े रहना चाहिए। तीन मेन्स और दो बार चुने जाने के अपने अनुभव के आधार पर मैं आप सभी को कुछ सलाह देना चाहूँगा–

- लिखने का अभ्यास कीजिए, मॉक टेस्ट दीजिए और उनका मूल्यांकन भी कीजिए। आपकी प्रतिस्पर्धा लाखों प्रतिभावान् दिमागों के साथ है। एक गलती हुई नहीं कि आपको दोबारा नए सिरे से शुरुआत करनी पड़ सकती हैं। लापरवाह लोग जैसे हर काम के लिए यही कहते हैं, 'हो जाएगा', आप गलती से भी इस तरह का रवैया न अपनाएं। यू.पी.एस.सी. में सफलता के लिए कड़ी मेहनत की जरूरत होती है।
- अखबार पढ़ते रहिए। वर्ष 2017 में जब मैंने परीक्षा दी थी तो नियमित तौर पर अखबार नहीं पढ़ा और यह मेरे ए.आई.आर. रैंक 794 में झलका भी। इसलिए अखबार सबसे बेहतरीन स्त्रोत है, लेकिन किसी भी मुद्दे पर पक्षपातपूर्ण रवैया न अपनाएं। समग्र दृष्टिकोण अपनाने की कोशिश करें।
- प्रस्तुतीकरण पर फोकस करें। मूल्यांकनकर्ता एक दिन में करीब 60 से 70 कॉपी जांचता है। आपने ऐसा क्या खास लिखा है कि वह आपको अच्छे नंबर दे? यहीं प्रस्तुतीकरण महत्त्वपूर्ण हो जाता है, आप नए और मौलिक ढंग से ऐसे लिखें कि मूल्यांकनकर्ता

आपको ज्यादा नंबर देने पर मजबूर हो जाए। निर्देशों के लिए आप अनुदीप दूरिशेट्टी की योजना देख सकते हैं। पेपर में डायग्राम, फ्लो चार्ट, टेबल और मानचित्र, जो संभव हो, डालने की कोशिश करें।

पढ़ने की योजना

कैसे पढ़ा जाए, यह हर व्यक्ति की खूबी और कमजोरी पर निर्भर करता है। कुछ छात्र अच्छा लिखने की कला में माहिर होते हैं, जबकि कुछ तथ्यों को अच्छी तरह याद रखते हैं। अतः छात्रों को अपनी कमजोरी व खूबियों का पता होना चाहिए और उसी हिसाब से अपनी योजना बनानी चाहिए।

- हर विषय को बराबर समय दें, लेकिन निबंध और वैकल्पिक को किसी भी कीमत पर अनदेखा न करें।
- जो उम्मीदवार नौकरीपेशा हैं, उन्हें विषयों को प्राथमिकता के आधार पर देखना होगा और वक्त की कमी को देखते हुए उनकी उसी हिसाब से तैयारी भी करनी होगी।
- ज्यादा-से-ज्यादा नई चीजें पढ़ने की बजाय काम की चुनिंदा चीजें पढ़िए और क्या-क्या चीजें कवर कीं, उस पर भी ध्यान दें।
- आधारभूत सिद्धांतों पर फोकस करें, क्योंकि अब रुझान विश्लेषणात्मक सवालों की तरफ है, जिससे उम्मीदवार की आधारभूत समझ की जांच हो जाती है।

❑

21

नाम : दीपांकर चौधरी

रैंक : 166, सीएसई-2018

"यह परीक्षा केवल आपकी शैक्षणिक योग्यता को ही नहीं, बल्कि शारीरिक दृढ़ता और भावनात्मक स्थिरता को भी बड़े पैमाने पर परखती है। दिमाग में स्पष्टता रखें और मूलभूत बातों से जुड़े रहें, आपको निश्चित तौर पर सफलता मिलेगी।"

दीपांकर चौधरी

वैकल्पिक विषय

लोक प्रशासन

परीक्षा का माध्यम

अंग्रेजी

निवासी

हजारीबाग (झारखंड)

शैक्षिक योग्यता

❖ बी.टेक, दिल्ली टेक्नोलॉजिकल यूनिवर्सिटी (डी.टी.यू.), 2015

अभिभावकों का पेशा

❖ **पिता** : सेवानिवृत्त प्रशासनिक अधिकारी (ज्वाइंट सेक्रेटरी, झारखंड सरकार)

❖ **माता** : सेवानिवृत्त प्रशासनिक अधिकारी

मेन्स (मुख्य परीक्षा)

निबंध (पेपर I) : 126

जनरल स्टडीज (सामान्य अध्ययन)-1 (पेपर II) : 101

जनरल स्टडीज-II (पेपर III) : 110

जनरल स्टडीज-III (पेपर IV) : 108

जनरल स्टडीज-IV (पेपर V) : 97

वैकल्पिक विषय-I (लोक प्रशासन) (पेपर VI) : 146

वैकल्पिक विषय-II (लोक प्रशासन) (पेपर VII) : 156

लिखित परीक्षा में प्राप्तांक : 844

इंटरव्यू : 162

कुल अंक : 1006

सिविल सेवा की यात्रा

- मैंने वर्ष 2015 में दिल्ली टेक्नोलॉजिकल यूनिवर्सिटी से गणित और कंप्यूटिंग में ग्रेजुएशन किया। ग्रेजुएशन के बाद मैं एक आई.टी. फर्म में अच्छे-खासे वेतन पर नौकरी करने लगा। शुरुआत में मुझे अपनी वह नौकरी काफी पसंद आ रही थी; लेकिन बहुत जल्द ही मैंने महसूस किया कि मेरी वास्तविक महत्त्वाकांक्षा सिविल सर्विसेज में निहित है। वर्ष 2015 के अंत होते-होते मेरे दिमाग में यह बात स्पष्ट हो गई थी कि मुझे सिविल सर्विसेज की तैयारी करनी है।
- हालाँकि मैंने वर्ष 2015 में भी सिविल सर्विसेज की परीक्षा दी थी, लेकिन इसमें मुझे असफलता मिली थी। करीब सात-आठ महीने तैयारी के बाद वर्ष 2016 में मैंने दोबारा प्रीलिम्स की परीक्षा दी, लेकिन उसमें असफल हो गया।
- जाहिर है, यह अनुभव मेरे लिए किसी सदमे से कम नहीं था; लेकिन मैंने खुद को संभाला और दोबारा इस परीक्षा की तैयारी शुरू कर दी। वर्ष 2017 में मैं प्रीलिम्स में सफल हो गया। लेकिन इस बार केवल 6 नंबरों से मेन्स पास नहीं कर पाया। मेरे लिए यह नतीजा बहुत दु:खदायी था। बेशक, मैं वर्ष 2016 में खुद को आसानी से संभाल पाने में कामयाब हुआ था, लेकिन 2017 में मेरे लिए यह अनुभव एकदम अलग रहा। मुझे लगा, मानो दुनिया ठहर गई है। मुझे समझ नहीं आ रहा था कि मैं क्या करूं। मेरा नौकरी का अनुभव भी काफी सीमित था। मुझे इस बात का भरोसा भी नहीं रह गया था कि मैं अब कभी भी दोबारा इस परीक्षा को पास कर पाऊँगा। यह वह दौर था, जब मैं डिप्रेशन की कगार पर खड़ा था। दो साल इस प्रक्रिया से गुजरने के बाद मैं कहीं भी नहीं था। लेकिन मैंने उन लोगों से प्रेरणा ली, जिन्होंने विपरीत परिस्थितियों से लड़ाई लड़ी और इस परीक्षा को पास करके दिखाया।
- चूँकि प्रीलिम्स के लिए मेरे पास बहुत ज्यादा समय नहीं था, मैंने खुद को संभाला और परीक्षा की तैयारी शुरू कर दी। प्रीलिम्स हमेशा से ही इस पूरी प्रक्रिया में ऐसा चरण है, जिसके बारे में आप निश्चित तौर पर कुछ नहीं कह सकते। इसमें सफलता की दर बहुत कम होती है और यहाँ किस्मत एक बहुत बड़ी भूमिका निभाती है।
- प्रीलिम्स का मेरा पेपर ठीक-ठाक रहा; लेकिन मैंने खुद पर शक करना शुरू कर दिया, क्योंकि इस दौरान मैं खुद को एक किनारे पर खड़ा पा रहा था। यह चरण बहुत खराब होता है, क्योंकि आप समझ नहीं पाते कि आपको मेन्स की तैयारी शुरू कर देनी चाहिए या नहीं। भारी मन से मैंने मेन्स की तैयारी करनी शुरू कर दी। जिस दिन प्रीलिम्स का नतीजा आया, मुझे ऐसा लगा मानो मैंने दुनिया के साथ-साथ यह परीक्षा भी फतेह कर ली है।

- हालाँकि, वास्तविक लड़ाई अब भी मेरा इंतजार कर रही थी। मैंने इस बात को दिमाग में रखते हुए मेन्स की तैयारी शुरू कर दी कि मुझे उत्तर लिखने का गहन अभ्यास करना है, ताकि इंटरव्यू में किसी भी खामी के बावजूद मेरे लिए जोखिम कम रहे।
- मैंने कई टॉपर्स के उत्तर पढ़े और उनसे उत्तर लिखने की कला सीखी। मैं यहाँ उन्हें संक्षेप में आपके आगे प्रस्तुत करता हूँ।
- **उत्तर लिखना :** आपके उत्तर के तीन पहलू होते हैं– उत्तर की लंबाई, उसकी विषय वस्तु और उसका प्रस्तुतीकरण। गिरते क्रम में उनकी अहमियत निम्नलिखित है– प्रस्तुतीकरण विषय-वस्तु से ज्यादा और विषय-वस्तु लंबाई से ज्यादा महत्त्वपूर्ण है। लिहाजा, परीक्षार्थी को फ्लोचार्ट, डायग्राम, मानचित्र वगैरह से प्रस्तुतीकरण को सुधारने की कोशिश करनी चाहिए।

  विषय-वस्तु के लिए परीक्षार्थी के पास डाटा होना चाहिए और उसे उत्तर के कानूनी पक्ष को हमेशा प्रस्तुत करना चाहिए। कानूनी पक्ष से मेरा मतलब है, संविधान से जुड़े लेखों में, लागू कानून, सुप्रीम कोर्ट के फैसले या किसी कमीशन की रिपोर्ट को आपको अपने तर्क के समर्थन में पेश करना चाहिए।
- **2018 का मेन्स :** जी.एस. 1 में मैंने कुछ प्रश्नों में गड़बड़ी कर दी। इससे अगले पेपर को लेकर मेरा मन छोटा हो गया। लेकिन मैंने खुद को संभाला और पिछली गलतियों से अपना ध्यान हटाया। वैकल्पिक विषय मेरे लिए एक दूसरी चुनौती थी, क्योंकि मुझे हमेशा इसमें कम ही नंबर मिले थे। लेकिन इस बार मैं आत्मविश्वास से भरा हुआ था, जिसकी वजह थी कि इस बार मैंने काफी टेस्ट सीरीज की थीं और प्रश्नों के कई बार अभ्यास भी किए थे। मेरा मेन्स ठीक-ठाक रहा और मुझे इस बात का यकीन हो गया कि मैं परीक्षा पास कर लूंगा; लेक़िन इस बात का मुझे कभी भी यकीन नहीं था कि मैं कभी भी अंतिम सूची में अपनी जगह बना पाऊँगा।
- **इंटरव्यू :** मैं संवाद की कला में अच्छा हूँ, लिहाजा अपने इंटरव्यू को लेकर मैं थोड़ा आत्मविश्वास से भरा हुआ था। फिर भी, मैं इसे हलके में नहीं लेना चाहता था, लिहाजा मैंने बड़ी तन्मयता से अपने डी.ए.एफ. के हर पहलू की तैयारी की। मेरा इंटरव्यू करीब आधा घंटा चला। मैं इससे काफी संतुष्ट था।
- **अंतिम विचार :** मैंने यह परीक्षा चार कोशिशों में पास की। कभी-कभार लगता है कि यह एक अंधेरी सुरंग है। लेकिन यह बात हमेशा याद रखिए कि कड़ी मेहनत और समर्पण से हमेशा इस सुरंग के आखिर में प्रकाश की किरण नजर आएगी।

नए अभ्यर्थियों के लिए संदेश

यह परीक्षा केवल आपकी शैक्षणिक योग्यता की परख नहीं करती, बल्कि आपकी शारीरिक क्षमता और भावनात्मक स्थिरता को भी परखती है। लिहाजा जब आप इस परीक्षा में शैक्षणिक सफलता पाने के लिए कड़ी मेहनत करें तो यह भी सुनिश्चित करें कि खुद को किसी तरह का शारीरिक व मानसिक कष्ट न पहुँचाएं। यह प्रक्रिया आपको बेशक लंबी लगे, लेकिन मेरा विश्वास करें, जैसा कि यह कहा कि इस सुरंग के अंत में प्रकाश की किरण जरूर नजर आएगी और इसके लिए कड़ी मेहनत करना तो बनता ही है। दिमाग में स्पष्टता लाएं और मूलभूत से जुड़े रहें, निश्चित तौर पर आपको जरूर सफलता मिलेगी।

❑

22

नाम : अर्पित बोहरा

रैंक : 178, सीएसई-2018

"सिविल सर्विस की परीक्षा कठिन तो है ही, बाकी परीक्षाओं से अलग भी है। इसके लिए उम्मीदवार के अंदर काफी धैर्य होना चाहिए।"

अर्पित बोहरा

वैकल्पिक विषय

एंथ्रोपोलॉजी

परीक्षा का माध्यम

अंग्रेजी

निवासी

चित्तौड़गढ़ (राजस्थान)

शैक्षिक योग्यता

❖ सिविल इंजीनियरिंग में ग्रेजुएट अहमदाबाद की निरमा यूनिवर्सिटी से (2015 में)

अभिभावकों का पेशा

❖ **पिता** : राज्य सरकार में असिस्टेंट अकाउंट ऑफिसर

❖ **माता** : गृहिणी

❖ **कोचिंग ली** : हाँ

प्राप्तांक

प्रीलिम्स (प्रारंभिक परीक्षा) : 104.66

मेन्स (मुख्य परीक्षा)

निबंध (पेपर I) : 140

जनरल स्टडीज (सामान्य अध्ययन)-I (पेपर II) : 87

जनरल स्टडीज-II (पेपर III) : 98

जनरल स्टडीज-III (पेपर IV) : 103

जनरल स्टडीज-IV (पेपर V) : 113

वैकल्पिक विषय-I (एंथ्रोपोलॉजी) (पेपर VI) : 147

वैकल्पिक विषय-II (एंथ्रोपोलॉजी) (पेपर VII) : 151

लिखित परीक्षा में कुल प्राप्तांक : 839

इंटरव्यू : 165

कुल अंक : 1004

सिविल सेवा की यात्रा

- मैंने यू.पी.एस.सी. की लगभग-लगभग सारी तैयारी खुद की। हां, वैकल्पिक विषय के लिए मैंने दिल्ली से कोचिंग ली और दिल्ली से ही मेन्स की परीक्षा के लिए एक टेस्ट सीरीज भी की। जी.एस. वाले हिस्से के लिए मुझे लगता है कि खुद पढ़ना ही काफी है। ज्यादातर लोग, जो किसी-न-किसी वजह से दिल्ली नहीं जा पाते, मैं उनसे यही कहना चाहूँगा कि तैयारी के किसी भी चरण में (मेन्स के लिए टेस्ट सीरीज को छोड़कर) किसी भी तरह की कोचिंग की कोई जरूरत नहीं है।
- आज हमारे पास इंटरनेट के रूप में सूचना का भंडार मौजूद है और अगर इसे समझदारी से इस्तेमाल किया जाए तो आप दिल्ली में महंगी कोचिंग लेनेवाले उम्मीदवारों से ज्यादा अच्छा करके दिखा सकते हैं। (यहाँ मैं यह भी बता दूं कि मैं कोचिंग के खिलाफ नहीं हूँ, क्योंकि मैंने खुद कोचिंग मैटीरियल से मदद ली, जो दिल्ली में ऑनलाइन व ऑफलाइन दोनों रूपों में मौजूद था)
- परीक्षा के लिए मेरी योजना स्पष्ट थी। मैंने बुनियादी किताबें पढ़ीं और उसी के आधार पर अपनी योजना तैयार की। मैंने टॉपर्स द्वारा सुझाई गई कई किताबें पढ़ीं, उन किताबों में कुछ के बारे में मैं आखिर में बताऊंगा। जरूरी बात यह है कि आप एक काम की किताब या फिर दूसरे स्रोत को पढ़ें और उसी से नोट्स बनाएं। ये नोट्स आपके बहुत काम आएंगे। लिहाजा, अपने खुद के नोट्स बनाएँ और बने-बनाए नोट्स पर निर्भर न रहें।
- यह परीक्षा दूसरी परीक्षाओं से अलग और ज्यादा मुश्किल है। इसके लिए उम्मीदवार के अंदर बहुत धैर्य होना चाहिए। मैं अपने पहले दो प्रयासों में (हालाँकि दूसरा प्रयास ही गंभीर था) बहुत कम अंतर की वजह से प्रीलिम्स भी पास नहीं कर पाया था। यहाँ मैं आपको कहना चाहूँगा कि अगर प्रीलिम्स का नतीजा आपके मन-मुताबिक नहीं भी आता तो दिल छोटा करने की कोई जरूरत नहीं है, क्योंकि पिछले तीन परीक्षाओं से यह साल-दर-साल मुश्किल होता जा रहा है। इसके अलावा, दूसरों को खुद का आकलन न करने दें और न ही यह कहकर अपना हौसला तोड़ने दें कि आप तो परीक्षाएँ ही पास नहीं कर पाए। मेरा विश्वास कीजिए, सफलता उन्हीं को मिलती है, जो इसका इंतजार करते हैं। इनसान मेहनत के अलावा और कुछ नहीं कर सकता, इसलिए गंभीरतापूर्वक मेहनत करें।
- मैं प्रीलिम्स के लिए एक दिन में औसतन पाँच-छह घंटे और मेन्स के लिए करीब आठ-दस घंटे पढ़ाई करता था (ये आंकड़े आपकी तैयारी के स्तर और अगले प्रयास के लिए आपके पास मौजूद वक्त पर निर्भर कर सकते हैं)। लगातार कई घंटों तक पढ़ने से ज्यादा जरूरी है नियमित तौर पर पढ़ना। एक सेहतमंद रुटीन बनाएं। दिमाग को दूसरे चरण और एक लंबी दौड़ के लिए आराम देना भी बहुत जरूरी है।
- मैंने यू.पी.एस.सी. पर पूरी तरह ध्यान देने के लिए अपनी नौकरी छोड़ दी। अगर किसी को खुद पर यकीन है तो वह ऐसा कर सकता है; लेकिन यदि आपकी स्थिति प्रतिकूल

है तो याद रखिए कि नौकरी के साथ-साथ तैयारी के लिए बगैर बड़ी गलतियां किए एक सख्त दिनचर्या पर चलना बहुत जरूरी है; क्योंकि तैयारी में लंबा समय लग सकता है और हो सकता है कि इसके बावजूद आपको कुछ हासिल नहीं हो। जब मैं इसकी तैयारी में पूरा वक्त लगा रहा था, तो मेरे दिमाग में एक ही बात थी कि मैं पी.एस.सी. के अलावा और किसी चीज पर फोकस नहीं करूँगा (बहुत-सी चीजों पर फोकस करना बुरी बात है)। मेरे लिए नौकरी छोड़ना एक मुश्किल फैसला था, क्योंकि एक सर्विस क्लास का होने के कारण मेरे पास कोई और दूसरा विकल्प (जैसे बिजनेस या फिर कृषि) नहीं था और यह एक बड़ा जोखिम था, क्योंकि इस परीक्षा में कोई भी यकीन से नहीं कह सकता कि सफलता मिलेगी-ही-मिलेगी। ऐसे मौके भी आए, जब मुझे बहुत निराशा हुई; लेकिन फिर भी, मैंने अपना हौसला बरकरार रखा और खूब मेहनत की। मेरा सुझाव है कि इस परीक्षा की तैयारी समूह में कीजिए या फिर ऐसे लोगों के संपर्क में रहिए, जिनकी रुचियां आपके जैसी हों। इसके लिए टेलीग्राम एप्प की मदद ली जा सकती है।

❖ मैंने इन स्रोतों की मदद ली–

- **लक्ष्मीकांत**–नीतिशास्त्र
- **स्पेक्ट्रम**–आधुनिक इतिहास
- **तमिलनाडु स्टेट बोर्ड**–प्राचीन और मध्ययुगीन इतिहास
- **शंकर आई.ए.एस.**–पर्यावरण
- **एन.सी.ई.आर.टी.**–बाकी चीजों के लिए

❖ करेंट अफेयर्स के लिए 'द हिंदू' और 'इंडियन एक्सप्रेस' अखबार। विजन आई.ए.एस. मैगजीन।

❖ इनसाइट्स ऑफ इंडिया। पी.आई.बी. और कभी-कभी पी.आर.एस.।

❖ भूगोल और अर्थशास्त्र के लिए मृणाल के वीडियो।

❖ जनरल स्टडीज 2 और 3 के लिए यू.पी.एस.सी. के सिलेबस से हर विषय के नोट्स बनाएं। इसमें करेंट अफेयर्स को गुणात्मक रूप से अपने नोट्स में जोड़ें। हमेशा याद रखें कि आपकी आधारभूत जानकारी अच्छी होनी चाहिए। करेंट अफेयर्स की कोई सीमा नहीं, इधर-उधर हर मुद्दे पर मौजूद करेंट अफेयर्स को पढ़ना भी बुद्धिमानी की बात नहीं।

❖ एक खूबसूरत ढांचा बनाने के लिए एक मजबूत आधार की जरूरत है। करेंट मुद्दे केक पर क्रीम जैसे हैं, मुख्य चीज आधार ही है।

❖ अंत में, याद रखिए कि छोटी-मोटी लड़ाई तो जीती जा सकती है, लेकिन बड़ा युद्ध जीतने के लिए गति और कठोर परिश्रम की जरूरत होती है।

❑

23

नाम : सिद्धार्थ नाहर

रैंक : 182, सीएसई-2018

"बिना मेहनत के सफलता की चाह, ठीक वैसी ही है जैसे बगैर बीज लगाए फसल काटना।"

सिद्धार्थ नाहर

वैकल्पिक विषय

दर्शनशास्त्र (फिलॉसफी)

परीक्षा का माध्यम

अंग्रेजी

निवासी

जोधपुर

शैक्षिक योग्यता

❖ पेट्रोलियम इंजीनियरिंग में ग्रेजुएशन

काम का अनुभव

❖ छह साल

अभिभावकों का पेशा

❖ **पिता** : इंजीनियर, कंस्ट्रक्शन कंसल्टेंट के तौर पर कार्य करते हैं।

❖ **माता** : गृहिणी

कोचिंग

वजीराम से दो महीने की कोचिंग की, फिर छोड़ दी।

सिविल सेवा की यात्रा

- मैं जीवन में हमेशा कुछ अलग हटकर करने पर विश्वास रखता हूँ। इसी वजह से मैंने पेट्रोलियम इंजीनियरिंग में ग्रेजुएशन करने के बाद दो साल (2012-2014) तक जी.एस.पी.एल. में बतौर प्रोक्योरमेंट ऑफिसर काम किया। नौकरी के दौरान मैं श्री तपन रे सर (आई.ए.एस.) के काम करने की शैली से बहुत प्रभावित हुआ, जो उस दौरान जी.एस.पी.सी. समूह के मैनेजिंग डायरेक्टर थे। कंपनी में ऑनलाइन प्रोक्योरमेंट स्थापित करने के उनके दृष्टिकोण ने बहुत जल्दी आकार ले लिया। इससे मुझे समझ में आया कि एक आई.ए.एस. अधिकारी छोटे से वक्त में कैसे असर और बदलाव लाने में सक्षम हो सकता है। इस घटना ने मुझे इस परीक्षा की तैयारी के लिए प्रेरित किया। जब मैं इस परीक्षा की तैयारी (2014-2018) कर रहा था, तब तैयारी के चरण में खुद के लिए पैसा जुटाने के लिए मैंने एक छोटा-सा ऑनलाइन एजुकेशन बिजनेस शुरू किया। उसमें मैं यू.एस.ए. और ऑस्ट्रेलिया में अपने क्लाइंट्स को सॉफ्टवेयर ट्यूटोरियल्स बेचता था।
- मेरा परिवार जोधपुर (राजस्थान) से है। मेरे पिता इंजीनियर हैं और कंस्ट्रक्शन कंसल्टेंट के तौर पर कार्य करते हैं तथा मेरी माँ गृहिणी हैं। मेरी पत्नी दिव्या चार्टर्ड अकाउंटेंट हैं और उनकी अपनी कंसल्टेंसी फर्म है।
- मुझे दो काम एक साथ करने में ज्यादा परेशानी इसलिए नहीं आई, क्योंकि मुझे अपना काम बहुत पसंद था और पढ़ना तो मुझे वैसे ही बहुत भाता है। इसलिए मैं साथ-साथ दोनों काम कर पाया। ऐसा नहीं है कि मेरे आगे कोई समस्या आई ही नहीं, लेकिन अगर आप जो करते हैं, उसे पसंद करते हैं तो समस्याओं से पार पाया जा सकता है।
- मैंने वर्ष 2015-16 में यू.पी.एस.सी. के लिए दो प्रयास किए थे, लेकिन वे बगैर किसी गंभीर तैयारी के थे। शादी के बाद मेरी पत्नी ने मुझे दोबारा परीक्षा देने के लिए मनाया। इस दौरान पूरे दो साल वह मेरे साथ डटकर खड़ी रहीं। यू.पी.एस.सी. की तरफ दोबारा मुड़कर देखने की जरूरत नहीं थी, लेकिन उन्होंने मुझे एहसास दिलाया कि मैं यू.पी.एस.सी. का काम पीछे अधूरा छोड़ आया हूँ और मुझे वापस मुड़कर वह काम पूरा करना चाहिए। इस बात ने मुझे प्रेरणा दी। मेरे पिता, माँ और भाई की तो मेरे इस सफर में बहुत ही बड़ी भूमिका थी। मैंने अपने जीवन में इन चार लोगों के अलावा किसी को भी अपनी तैयारी के बारे में कभी नहीं बताया। लिहाजा, इन लोगों ने मेरी तैयारी को परिवारवालों और दोस्तों से छिपाकर रखने में महत्त्वपूर्ण भूमिका निभाई। ऐसा नहीं था कि मैं इस बारे में किसी को बताना नहीं चाहता था, लेकिन मैं नहीं चाहता था कि मुझ पर बेवजह का सामाजिक दबाव पड़े। मैं दो साल तक दोहरी जिंदगी जीता रहा और ये वे चार लोग थे, जिन्होंने उन मुश्किल घड़ियों में मेरी मदद की।

- ❖ बार-बार मन बदलना और इधर-उधर ध्यान बंटना मेरे लिए आम बात रही। इससे अकेले निबट्ना मुश्किल था, लिहाजा मैं अपने गुड़गाँव स्थित दफ्तर से अपने घर जोधपुर चला आया, ताकि परिवार के साथ रह सकूं। इससे मुझे काफी मदद मिली।

इसके अलावा, मैंने जो कुछ किया, वह नीचे साझा कर रहा हूँ–

1. रोज खुद को यह याद दिलाना कि मैं ऐसा कर क्यों रहा हूँ।
2. यह समझना कि मिजाज का बार-बार बदलना अस्थायी है, लेकिन मेरी उपलब्धियां दीर्घकालीन नतीजे लेकर आएँगी।
3. इस दौरान मैंने एक विचित्र काम किया, नेटफ्लिक्स पर खूब सारी डार्क और क्राइम थ्रिलर देखीं। उन्हें देखने के बाद मुझे एहसास हुआ कि मेरी जिंदगी तो बहुत आसान है। मुझे केवल बैठकर पढ़ना ही तो है। इसके बाद मुझे अपना काम आसान लगने लगा। मुझे उम्मीद है कि आपको मेरी यह बात समझ आ गई होगी।
4. मैं हर तीन महीने में दो-तीन दिन के लिए अपनी पत्नी के साथ शॉर्ट वैकेशन पर गया। निश्चित रूप से बीच-बीच में दो-तीन दिन की छुट्टियां बहुत फायदेमंद साबित होती हैं।
5. मेरी पसंदीदा फिल्म है 'परसुएट ऑफ हैप्पीनेस'। मुझे हमेशा लगता है कि अगर विपरीत हालात में क्रिस गार्डनर कुछ कर सकता है तो मैं भी कर सकता हूँ।

प्रीलिम्स और फाइनल की मार्क शीट

मुख्य विषय	प्राप्तांक	कटऑफ रेंज (पी.एच. से जनरल तक)
प्रीलिम्स पी 1-जी.एस. (200 नंबर)	102	कटऑफ : 40-98
प्रीलिम्स पी 2-एप्टीट्यूड (200 नंबर)	120.83	पास होने के लिए नंबर : 67
मुख्य विषय	**प्राप्तांक**	
निबंध (250 नंबर)	129	पास होने के लिए नंबर : 25
जीएसएम 1 (250 नंबर)	98	पास होने के लिए नंबर : 25
जीएसएम 2 (250 नंबर)	113	पास होने के लिए नंबर : 25
जीएसएम 3 (250 नंबर)	104	पास होने के लिए नंबर : 25
जीएसएम 4 (250 नंबर)	93	पास होने के लिए नंबर : 25
वैकल्पिक पेपर-1 (250 नंबर)	136	पास होने के लिए नंबर : 25

लिखित का कुल जोड़ (1750 नंबर)	813	कटऑफ : 520-774
इंटरव्यू (275 नंबर)	190	लागू नहीं होता
कुल (2025 नंबर)	1003	कटऑफ : 754-982

मैं कुछ टिप्स आपसे साझा करना चाहूँगा–

1. अपने काम के घंटे निर्धारित करें और उसका सख्ती से पालन करें।
2. जब पढ़ रहे हों तो काम न करें और काम कर रहे हों तो पढ़ें नहीं।
3. मन में यह खयाल न लाएं कि सी.एस.ई. पास करना सबसे महत्त्वपूर्ण है। आपका काम भी उतना ही महत्त्वपूर्ण है। मैंने लोगों का नजरिया देखा है, 'एक बार यू.पी.एस.सी. क्लियर होने दो, अपना इस्तीफा कंपनी के मुंह पर मारकर आऊंगा'। कृपा करके ऐसे विचार न रखें। आप जो कुछ कर रहे हैं, फिर चाहे वह बिजनेस हो या फिर नौकरी, इससे आपकी रोजी-रोटी चल रही है। इससे आप अपने बड़े सपने के लिए भी तैयार हो रहे हैं। इसलिए नौकरी की इज्जत करें और सी.एस.ई. में सफलता पाने के बाद शिष्टता के साथ अपने पुराने दफ्तर को छोड़ें।

❑

24

नाम : हानुल चौधरी

रैंक : 191, सीएसई-2018

"यू.पी.एस.सी. की प्रक्रिया बहुत लंबी है। जाहिर सी बात है कि इस प्रक्रिया में उतार-चढ़ाव तो आएंगे ही। हम इनसे उबरने के लिए इस बात को स्वीकार लें कि ऐसा होना स्वाभाविक है और खुद को नकारात्मक माहौल में नहीं धकेलें।"

हानुल चौधरी

वैकल्पिक विषय

रसायन-शास्त्र

परीक्षा का माध्यम

अंग्रेजी

निवासी

शाहपुरा, जयपुर (राजस्थान)

शैक्षिक योग्यता

❖ बी.टेक–आई.आई.टी. दिल्ली (2016)

अभिभावकों का पेशा

❖ **पिता** : सरकारी स्कूल में शिक्षक

❖ **माता** : गृहिणी

कोचिंग

❖ जीएस–वजीराम

❖ रसायन शास्त्र–डी.आई.ए.एस.

प्राप्तांक

प्रीलिम्स (प्रारंभिक परीक्षा) : पेपर-1 : 114

पेपर-2 : 122

मेन्स (मुख्य परीक्षा)

निबंध (पेपर I) : 122

जनरल स्टडीज (सामान्य अध्ययन)-I (पेपर II) : 100

जनरल स्टडीज-II (पेपर III) : 93

जनरल स्टडीज-III (पेपर IV) : 107

जनरल स्टडीज-IV (पेपर V) : 105

वैकल्पिक विषय-I (रसायन-शास्त्र) (पेपर VI) : 163
वैकल्पिक विषय-II (रसायन-शास्त्र) (पेपर VII) : 159
लिखित परीक्षा में प्राप्तांक : 849
इंटरव्यू : 154
कुल अंक : 1003

सिविल सेवा की यात्रा

- यू.पी.एस.सी. की प्रक्रिया बहुत लंबी है और इस प्रक्रिया में उतार-चढ़ाव आना भी स्वभाविक है। इससे उबरने के लिए हमें इस बात को समझना चाहिए कि ये उतार-चढ़ाव स्वाभाविक हैं और खुद को नकारात्मक माहौल में नहीं धकेलना चाहिए। मेरे यू.पी.एस.सी. के सफर में मुझे कुछ अलग तरह के उतार-चढ़ाव देखने को मिले और मैंने उनसे अलग ढंग से निबटने की कोशिश भी की।
- **प्रीलिम्स में असफलता**–अपने पहले प्रयास में मैं प्रीलिम्स में सफल नहीं हो पाया। यह बहुत निराशाजनक था, क्योंकि ऐसे में आपको इस परीक्षा में सफलता प्राप्त करने के लिए एक साल और इंतजार करना पड़ता है। ऐसे दौर में परिवार और दोस्तों के साथ रहिए। वे आपके लिए बहुत बड़ा सहारा साबित होंगे। मेरे दोस्त मुझे ऐसे कई उम्मीदवारों का उदाहरण दिया करते थे, जो अपने पहले प्रयास में प्रीलिम्स में असफल हो गए थे, लेकिन अगले कदम पर सारे चरण पास कर लिये। इसी के बूते मैंने दोबारा तैयारी करनी शुरू कर दी। मुझे लगता है कि दोबारा तैयारी करने से पहले हमें एक छोटा ब्रेक ले लेना चाहिए।
- **वैकल्पिक विषय चुनने की दुविधा**–यू.पी.एस.सी. की तैयारी करनेवाले कई लोग इस सफर में अपनी अच्छी-खासी लगी-लगाई नौकरी छोड़ देते हैं। कई बार यू.पी.एस.सी. में असफल होने पर आपके पास कोई बैकअप ऑप्शन होता है। लेकिन ज्यादातर मामलों में इस बैकअप ऑप्शन का होना ही इन उतार-चढ़ावों के लिए उत्तरदायी होता है। इस बैकअप ऑप्शन की मौजूदगी का विचार ही कई बार इन उतार-चढ़ावों को और बढ़ा देता है। जब कभी ऐसे मौके आएं तो हम इस बात पर दोबारा विचार करें कि आखिर यू.पी.एस.सी. की तैयारी के रास्ते पर चलने का फैसला हमने लिया क्यों था। तैयारी के दौरान आपने जो संघर्ष झेला है, उसपर फोकस करें। अपनी बात करूं तो मैंने हमेशा अपने स्कूल के दिनों से प्रेरणा ली। 9वीं कक्षा में मैंने अपनी पढ़ाई का माध्यम हिंदी से अंग्रेजी कर लिया था। मैंने अपना स्कूल भी बदल लिया और अपने घर के नजदीक वाले सरकारी स्कूल से जयपुर के एक अंग्रेजी माध्यम स्कूल में एडमिशन ले लिया। मुझे अब भी याद है कि माध्यम बदलने के कारण मुझे कितनी ज्यादा मेहनत करनी पड़ी थी। मैंने यू.पी.एस.सी. की तैयारी के दौरान उस 9वीं कक्षा के बच्चे की मानसिक

शक्ति से प्रेरणा ली। कैसे उस 9वीं कक्षा के छात्र को समझ में आ गया था कि उसे बाकी लोगों से ज्यादा मेहनत करनी होगी। कैसे उसे समझ में आ गया था कि जो उसकी कक्षा के बच्चे करते हैं, उसे उनमें से कई चीजों का त्याग करना होगा। कैसे उस बच्चे की मानसिक क्षमता इतनी मजबूत थी कि वह अपने घर से दूर रह पाया और दोपहर की चिलचिलाती गरमी में ट्यूशन लिया करता था। मैं उस बच्चे के देखे सपनों को चकनाचूर कर उसके प्रयासों को बेकार नहीं जाने देना चाहता था। यही बात मुझे यू.पी.एस.सी. के सफर में प्रेरणा देती रही।

किताबों की सूची

हर उम्मीदवार के लिए मूलभूत किताबों की सूची एक-सी ही है। इस तरह की सूची दूसरी कई जगहों पर मिल जाएगी। मैं यहाँ कुछ विषय-वस्तु और किताबों के बारे में बताने की कोशिश करूँगा, जो मेरे हिसाब से कम लोगों को पता है, लेकिन ये काफी फायदेमंद हैं।

- **कला और संस्कृति :** नितिन सांगवान सर की आर्ट एंड कल्चर पी.डी.एफ. (सर द्वारा अपने ब्लॉग में शेयर की गई)।
- **जी.एस.-2 ए.आर.सी. समरी :** डी. अमरकेश सर की ए.आर.सी. समरी बहुत संक्षिप्त और सूचनात्मक है (वेब पर उपलब्ध)।
- **जी.एस.-2 राजतंत्र सेक्शन :** एम. पुरी सर के नोट्स।
- **जी.एस.-3 कृषि वाला हिस्सा :** मृणाल सर की वेबसाइट के लेख (दूसरे विषयों के लिए भी ये बहुत अच्छे हैं)।

नए अभ्यर्थियों के लिए संदेश

- मेरा मानना है कि तैयारी से पहले हमें इस बात को अच्छी तरह समझ लेना चाहिए कि यू.पी.एस.सी. परीक्षा का सिलेबस और वे क्षेत्र, जो इस परीक्षा के अंतर्गत आते हैं, बहुत व्यापक हैं। ऐसे कुछ क्षेत्र होंगे, जिनमें हमारी पकड़ ज्यादा मजबूत नहीं होगी और कुछ ऐसे भी होंगे, जहाँ हम ज्यादा सहज होंगे। जिन क्षेत्रों में हम ज्यादा सहज हैं, उनमें अपनी पकड़ और मजबूत बनानी चाहिए और उन क्षेत्रों में सबसे ज्यादा नंबर लानेवाले अभ्यर्थियों में शुमार होना चाहिए। दूसरी तरफ कमजोर क्षेत्रों में बेहतर नंबर लाने के लिए तमाम प्रयासों पर जोर देना चाहिए। मेरे मामले में मेरा वैकल्पिक विषय मेरी ताकत रहा और निबंध व नीतिशास्त्र का पेपर मेरी कमजोर कड़ी। मैंने अपने वैकल्पिक विषय पर बहुत ज्यादा फोकस किया। मैंने रसायन-शास्त्र के लिए कई किताबें पढ़ीं, अपने नोट्स बनाए और मुश्किल विषयों को कवर करने की कोशिश की। जिस तरह की मैंने तैयारी की थी, उससे मुझे इस बात का पक्का यकीन था कि मुझे इस पेपर में 90 फीसदी से ज्यादा नंबर आएंगे। नीतिशास्त्र और निबंध के लिए मैंने अपनी कमजोरियों पर फोकस किया। मैंने कई टॉपर्स के वीडियो देखे, तैयारी के लिए जरूरी कई रणनीतियों

के बारे में पढ़ा और यह जानने की कोशिश की कि मैं अपनी कमजोरियों से पार पाकर कैसे औसत नंबर प्राप्त कर सकता हूँ। इसलिए कमजोर क्षेत्रों के मामले में हमेशा उन रास्तों को ढूंढ़ने की कोशिश करें, जिनकी बदौलत आप कम-से-कम औसत नंबर पा सकते हैं। निबंध के लिए मैंने अलग-अलग विषयों के लिए अलग-अलग भूमिकाएं ही रट डालीं, ताकि पहली नजर में मेरा मूल्यांकनकर्ता पर अच्छा असर पड़े। नीतिशास्त्र के लिए एक टॉपर की कॉपी देखते हुए मैंने पाया कि मैं नीतिशास्त्र के पेपर में भी प्वॉइंट वाले फॉर्मेट का इस्तेमाल कर सकता हूँ। चूँकि मैं एक अच्छा लेखक नहीं हूँ, इन नए तौर-तरीकों ने मुझे मेरी कमजोरियों से उबरने में मदद की। इसलिए उम्मीदवार को अपनी कमजोरियों से पार पाने के लिए ऐसे ही नए तौर-तरीके खोजने चाहिए।

❖ दूसरे उम्मीदवार परीक्षा के लिए जो नीति बनाएं, उनमें से उसी को फॉलो करें, जो आपके हिसाब से आपके लिए कारगर साबित होगी। हर एक व्यक्ति इस परीक्षा के लिए अलग-अलग नजरिया रखता है। किसी की नीति पर आँख बंद करके न चलें यह जानने की कोशिश करें कि उस खास योजना का कौन-सा पहलू आपके लिए अच्छी तरह काम करेगा।

❖ मेन्स के लिए मुझे जो सबसे बेहतरीन सलाह मिली, वो यह थी कि 3 जी.एस. पेपर्स में हर विषय पर 3/4 पेज तैयार करो। इससे मुझे काफी मदद मिली, क्योंकि प्रीलिम्स पास करने के बाद मेरे पास मेन्स के लिए विषय-वस्तु तैयार थी। विभिन्न स्रोतों के समेकन में समय लगेगा, लेकिन प्रीलिम्स और मेन्स के समय इससे आपको अपना कीमती समय बचाने में बहुत मदद मिलेगी। इसलिए प्रीलिम्स से पहले ही इसके साथ तैयार रहें। ❑

25

नाम : मनिंदर सिंह

रैंक : 195, सीएसई-2018

"खुद पर, अपनी काबिलियत पर और अपनी मेहनत पर पूरा भरोसा बनाए रखें, आपके प्रयास व्यर्थ नहीं जाएंगे।"

मनिंदर सिंह

वैकल्पिक विषय

भूगोल

परीक्षा का माध्यम

अंग्रेजी

जन्म-स्थान

अंबाला सिटी

निवासी

मोहाली (पंजाब)

शैक्षिक योग्यता

- 10वीं सेंट जेवियर्स स्कूल, मोहाली–92%
- 12वीं शिशु निकेतन, चंडीगढ़–86%
- मेकैनिकल इंजीनियरिंग में .आई.आई.टी. जोधपुर से बी.टेक–6.75 सी.जी.पी.ए.

अभिभावकों का पेशा

- **पिता** : पंजाब के वॉटर रिसोर्स डिपार्टमेंट (जल संसाधन विभाग) में सब डिवीजनल ऑफिसर
- **माता** : गृहिणी

कोचिंग से जुड़े विवरण

- वजीराम एंड रवि से जी.एस., शब्बीर सर (वजीराम एंड रवि) से भूगोल की कोचिंग। चंडीगढ़ और दिल्ली में विभिन्न संस्थानों में टेस्ट सीरीज और अभ्यास के लिए (मॉक) इंटरव्यू दिए। मैं यहाँ जोर देकर यह कहना चाहूँगा कि कोचिंग मेहनत का विकल्प नहीं है। आप बगैर कोचिंग के भी यह परीक्षा बहुत अच्छे नंबरों के साथ पास कर सकते हैं।

सिविल सेवा की यात्रा

- जून 2018 की बात है। इस लेख के पीछे मेरा सीधा सा इरादा है–यू.पी.एस.सी. की तैयारी कर रहे छात्रों को उम्मीद की एक किरण दिखाना। मुझे हौसला-अफजाई की सख्त जरूरत थी, इसलिए मैंने सफल उम्मीदवारों की बहुत-सी कहानियां पढ़ीं, जिन्होंने मेरे अंदर उम्मीद की किरण जगाई।
- मैंने मई 2015 में दिल्ली आकर यू.पी.एस.सी. की तैयारी शुरू की। इस परीक्षा का जायजा लेने के लिए बगैर तैयारी के मैंने प्रीलिम्स दिया और उसमें असफल रहा। मैंने पंजाब पी.सी.एस. का प्रीलिम्स और मेन्स भी दिया था, लेकिन मैं उसमें भी असफल रहा। इससे हताश होने की बजाय मैंने नतीजा आने के बाद कुछ देर तक अपना मोबाइल फोन स्विच ऑफ कर दिया और एक बहुत महत्त्वपूर्ण सबक सीखा।
- मैं अब भी सी.एस.ई. 2016 के लिए दिल्ली में ही था और यहाँ रहन-सहन के बढ़ते खर्चों से निराश था। मुझे नींद आनी बंद हो गई थी। यहाँ हॉर्न और कुत्तों के भौंकने की आवाज से मेरी नींद ही पूरी नहीं हो पाती थी। इन तमाम वजहों से मेरा पढ़ाई से ध्यान हटना शुरू हो गया और पूरा दिन मेरा मन चिड़चिड़ा रहता था। मैंने उस साल यू.पी.एस.सी. का इंटरव्यू दिया था और 31/5/2017 को नतीजे का इंतजार कर रहा था। लेकिन 7 बजे मुझे गहरा सदमा लगा, जब मैंने सफल उम्मीदवारों की सूची में अपना नाम नहीं देखा। लेकिन यह वही वक्त था, जब मुझे एक जरूरी सबक सीखना था– चेहरे पर बगैर किसी शिकन के पूरा साहस बटोरकर अपने माता-पिता से रू-बरू होना। क्योंकि उनके लिए नतीजे उतने अहम नहीं थे, जितना मेरी खुशी और मानसिक हालात थे। अगर माता-पिता को अपने बच्चे ठीक-ठाक हालत में नहीं लगते तो वे जल्द ही घबरा जाते हैं, खास तौर पर तब, जब बच्चा घर से दूर हो। मुझे इस बात का एहसास हुआ कि मैंने पहली बार इस परीक्षा के लिए गंभीरतापूर्वक कोशिश की है। (मैं काफी खुशकिस्मत था कि उस साल मेन्स में कटऑफ के लिए निर्धारित 787 नंबर ला पाया।)
- लेकिन दिल्ली में रहने का खर्चा बहुत ज्यादा था और अचानक मेरी शैक्षणिक पृष्ठभूमि ने मुझे डराना शुरू कर दिया। वजह थी आई.आई.टी. करनेवाले एक व्यक्ति से समाज की बहुत ज्यादा पैसा कमाने की उम्मीदें। इन उम्मीदों का अच्छा-खासा बोझ मुझ पर पड़ रहा था। लिहाजा मैंने सी.एस.ई. 2017 के लिए वापस घर लौटने का फैसला किया। मैंने प्रीलिम्स पास कर लिया। मैं अपनी कोशिशों से काफी खुश था और 27 अप्रैल को नतीजे का इंतजार कर रहा था। नतीजे आने से कुछ दिनों पहले से मेरी घबराहट बढ़नी शुरू हो गई। ठीक उसी वक्त, यानी रात 7 बजे नतीजे घोषित हुए। मैंने ढूंढ़ा, लेकिन सूची में मुझे मेरा नाम कहीं नहीं दिखाई दिया। यहाँ मुझे एक और जरूरी सबक सीखने को मिला। मैं अंदर से तहस-नहस और स्तब्ध महसूस कर रहा था, लेकिन मुझे दिखाना था कि सबकुछ ठीक है। घर वापस आने पर, मैं पूरे साहस

के साथ अपने माता-पिता से मिला, बल्कि उनसे यह भी कहा कि इससे ज्यादा फर्क नहीं पड़ता। मैंने अपने बुरे नतीजे के लिए आसानी से एक बलि का बकरा ढूंढ़ लिया, जो था मेरा वैकल्पिक विषय–भूगोल।

❖ लेकिन इससे भी बड़ा सदमा मेरा इंतजार कर रहा था, जो मुझे लगा 11/5/2018 को, जब मेरे नंबर सामने आए। मैंने मेन्स में 851 नंबर प्राप्त किए थे (कटऑफ था 806); लेकिन पी.टी. में मुझे केवल 132 नंबर मिले थे, जिसकी वजह से महज 23 नंबरों से मैं सूची में जगह नहीं बना पाया।

सी.एस. मुख्य परीक्षा मार्कशीट, 2017

निबंध (पेपर I) : 132

जनरल स्टडीज- I (पेपर II) : 107

जनरल स्टडीज- II (पेपर III) : 114

जनरल स्टडीज- III (पेपर IV) : 125

जनरल स्टडीज- IV (पेपर V) : 95

वैकल्पिक विषय- I (भूगोल) (पेपर IV) : 125

वैकल्पिक विषय- II (भूगोल) (पेपर VII) : 153

लिखित परीक्षा में प्राप्तांक : 851

इंटरव्यू : 132

कुल अंक : 983

❖ मुझे लगने लगा कि भूगोल ही मेरी असफलता की वजह है। लेकिन प्रीलिम्स के नंबर समझ से परे थे। अब मैं किस पर आरोप लगाऊं? वह मैं ही था, जिसने पी.टी. में बहुत भयंकर गलती की थी और इतने कम नंबर लाया था। हाँ, मुझे पता है कि पी.टी. के बारे में कुछ कहा नहीं जा सकता; लेकिन इतने कम नंबर आने से आपको खुद पर ही शक होने लगता है। मैं न केवल खुद पर आरोप लगा रहा था, बल्कि अपने मूलभूत चरित्र, हर खासियत, हर फैसले और अतीत में किए हर एक काम पर भी उँगली उठा रहा था। यह कुछ-कुछ अपनी पहचान खोने जैसा था, एक व्यक्ति के तौर पर खुद से नफरत करने जैसा था–और वह भी केवल 30 मिनट के पी.टी. की वजह से।

❖ 3/6/2018 को चीजें और ज्यादा खराब ही हुईं–जब मैंने सी.एस.ई. 2018 का प्रीलिम्स दिया। मैंने उत्तर देखे, जिसके बाद मुझे लगा कि मुझे 94 नंबर ही आएंगे। मैं सारी उम्मीद हार चुका था और पूरी रात नहीं सोया। सुबह करीब 6 बजे मैंने रजिस्ट्रेशन के आखिरी दिन 4/6 को एस.एस.सी. का फॉर्म भरा। मैंने किसी और टेस्ट सीरीज के लिए साइन-अप भी नहीं किया। मैं कुछ नहीं कर रहा था, बस, किताबों के आगे बैठा रहता और विनाशकारी विचारों में व्यस्त रहता। इस दौरान मेरे अंदर कुछ इस तरह के खयाल आ रहे थे–मेरी जिंदगी के दो साल बरबाद हो गए–एक साल अगले प्रीलिम्स का इंतजार करने में और एक साल उसे पूरा करने के पूरे चक्र में। इसके अलावा, मुझे

यह खयाल भी आया कि 30 मिनट की कीमत मेरे लिए पूरा एक साल रही। इस दौरान सबकुछ हुआ–पछतावा, आगे क्या होगा, क्या नहीं होगा, आंसू, दु:ख, किस्मत को कोसना। सबसे दु:ख की बात–अपने माता-पिता के बारे में सोचना, जिन्हें मेरे भविष्य से जुड़े कठिन सवालों से जूझना पड़ रहा था, फिर भी उन्हें मुझ पर पूरा भरोसा था। यह खयाल मुझे दुनिया का सबसे कमजोर जीवित इनसान बना देते। मुझे पूरा यकीन है कि मैं अवसाद के कगार पर खड़ा था। वाकई, इन लक्षणों को कोई भी मानसिक अवसाद यानी डिप्रेशन के शुरुआती चिह्न ही मानेगा।

- हालाँकि, एक खयाल फिर भी मुझे अच्छा एहसास दिलाता था–यह वक्त भी चला जाएगा। और 14/7/2018 को ऐसा हुआ भी। प्रीलिम्स का नतीजा मेरे मन-मुताबिक आया था और यह मेरे लिए काफी राहत की बात थी। जब मैंने अपने नतीजे के बारे में अपनी माँ को बताया तो करीब-करीब उनकी बाँहों में ढेर हो गया था। मैं जानता था कि यह असाधारण है; स्वर्ग से मिला एक तोहफा और जीवन भर में मिला एक सुनहरा अवसर। मैंने इस दौरान एक नया 'क्यों' भी ढूंढ़ा– इस बार मैं इसे अपने माता-पिता के लिए करना चाहता था। मैं उन्हें खुश और गौरवान्वित महसूस करवाना चाहता था। मैंने अपना एक शेड्यूल तैयार किया, पढ़ने के लिए बैठा और अपने मन व शरीर की देखभाल के लिए कुछ कदम उठाए, जैसे रोज कसरत व मेडिटेशन करना। मैं प्रतिबद्ध था कि मुझे इस अवसर पर अपना सर्वश्रेष्ठ करके दिखाना है। मैं इस प्रयास में अपनी कोशिशों पर गर्व महसूस करना चाहता था। मैंने खुद से कहा कि अब जो कुछ भी हो, वह कम कोशिशों के चलते नहीं, किस्मत के कारण होगा। मैं यह जानने के लिए एक मनोवैज्ञानिक के पास गया कि इंटरव्यू के दौरान मुझे क्या हो जाता है, ताकि मैं इस बाधा से भी पार पा सकूं। इसके अलावा, मैं लगातार खुद से कहता रहा कि चाहे मैं सी.एस.ई. में पास होऊं या न होऊं, मैंने मेहनत करना सीख लिया है और मैं जहाँ कहीं जाऊँगा, काफी अच्छा करूँगा।
- इसे किस्मत का खेल ही कहेंगे कि 5/4/2019 को मेरी किस्मत पलट गई। एहसास बेहद सुकून देनेवाला था। आखिरकार, मैं अपने माता-पिता के गौरवान्वित चेहरे देख सकता था। उन्होंने मुझसे भी ज्यादा पीड़ा भोगी थी और वे इस खुशी के सच्चे हकदार थे।
- जब कभी पीछे मुड़कर देखता हूँ तो मुझे अपने इस सफर से जुड़ी हर बात का अब मतलब समझ आता है। मुझे बहुत से सबक सीखने थे, कई गलतियां करनी थीं, बहुत ज्यादा ताकत और लचीलापन विकसित करना था, खुद पर और भगवान् पर बहुत सा विश्वास जगाना था। ऐसे भी कई उम्मीदवार होंगे, जिन्होंने इस परीक्षा में सफलता प्राप्त नहीं की होगी। मुझे इस बात का पक्का विश्वास है कि उनमें से कई मुझसे ज्यादा सक्षम और सफलता पाने के हकदार होंगे। यहीं किस्मत अपना खेल खेलती है। अपने प्रीलिम्स के नंबर देखने पर मैं भगवान् के प्रति ज्यादा विनम्र और कृतज्ञ बना।

प्राप्तांक :

प्रीलिम्स (प्रारंभिक परीक्षा), 2018 : पेपर-1 : 98.00

पेपर-2 : 132.50

मेन्स (मुख्य परीक्षा), 2018 :

निबंध (पेपर I) : 129

जनरल स्टडीज (सामान्य अध्ययन)-I (पेपर II) : 110

जनरल स्टडीज-II (पेपर III) : 109

जनरल स्टडीज-III (पेपर IV) : 103

जनरल स्टडीज-IV (पेपर V) : 113

वैकल्पिक विषय-I (भूगोल) (पेपर VI) : 144

वैकल्पिक विषय-II (भूगोल) (पेपर VII) : 129

लिखित परीक्षा में प्राप्तांक : 837

इंटरव्यू : 165

कुल अंक : 1002

- यह सफर एक सिविल सर्वेंट बनने से कहीं ज्यादा महत्त्वपूर्ण है। मैं बहुत खुशकिस्मत हूँ कि इस पूरे सफर में मेरे आसपास बेहतरीन लोग थे, खास तौर पर मेरे माता-पिता। मैं यू.पी.एस.सी. के अपने सफर को सकारात्मक रूप से लेता हूँ—एक आदर्श अधिकारी के लिए जरूरी गुणों का विकसित होना, अपने व्यक्तित्व का गहनता से विश्लेषण करना और एक अच्छे नागरिक तथा अच्छे इनसान के तौर पर खुद को प्रखर बनाना। इससे भी बढ़कर, पूर्णता भरे जीवन के लिए एक जिज्ञासु रवैया विकसित करना। यह एक परिवर्तनकारी सफर है और मेरी गंभीर सलाह है कि इस सफर को इसी तरह देखें। अपनी मानसिक व शारीरिक सेहत का ध्यान रखें और जीवन के प्रति एक सकारात्मक नजरिया अपनाएं। यह परीक्षा न तो सफलता का एक मेडल है, न ही असफलता का कोई प्रमाणपत्र। बस, एक अच्छे कैरियर के लिए एक साधन है, जिसे कई दूसरे रास्तों से भी पाया जा सकता है। अंत में, यही मायने रखेगा कि आप एक इनसान के तौर पर कैसे हैं और आपने कितनी खूबसूरती से जीवन जिया है।
- मैं प्रत्येक अभ्यर्थी के लिए एक सुखद जीवन एवं सफलता की कामना करता हूँ।

नए अभ्यर्थियों को सलाह

1. यदि आपने अभी-अभी तैयारी शुरू की है तो इस परीक्षा को लेकर एक सकारात्मक और प्रतिबद्धतापूर्ण रवैया अपनाएं, इधर-उधर ध्यान न भटकाएं, किसी बैकअप या किसी और चीज का खयाल भी मन में न लाएं। जो कुछ हाथ में है, बस, एकाग्रता से उसी पर फोकस करें। खूब मेहनत करें।

2. खुद पर, अपनी काबिलियत पर और अपनी मेहनत पर पूरा भरोसा बनाए रखें। आपके प्रयास व्यर्थ नहीं जाएंगे। जैसा कि मैंने पहले बताया था, भगवान् न करे, यदि आप इस परीक्षा में सफल नहीं होते, तब भी आप आखिर में एक अलग इनसान बनकर उभरेंगे और जीवन में बहुत अच्छा करेंगे।
3. बाजार में तमाम तरह की विषय-वस्तु भरी पड़ी है। मेरी सलाह है कि सीमित अध्ययन सामग्री पर ही फोकस करें और बार-बार उसे दोहराएँ, खास तौर पर जो विषय स्थिर हैं, उन पर।
4. यह परीक्षा आपके ज्ञान की गहराई को जांचने की नहीं है, बल्कि आपके ज्ञान के विस्तार को परखने की है। लिहाजा आपको बहुत होशियारी से काम करना होगा। आपको किसी विषय का बहुत ऊपरी ज्ञान भी नहीं दिखाना चाहिए, न ही बहुत गहराई में जाना चाहिए; क्योंकि आपको खुद को प्रस्तुत करने के लिए महज 200 शब्दों का सहारा लेना होगा।
5. पिछले बिंदु से ही जुड़ी हुई बात-- इस परीक्षा में जरूरत बुद्धिमानी से उत्तर लिखने की है, जो बाकी से अलग दिखाई दें और इसके लिए काफी अभ्यास की जरूरत होती है। टॉपर्स ने अपने उत्तर कैसे लिखे, कैसे उनका ढांचा तैयार किया, ये सब जानने के लिए आप उनकी उत्तर पुस्तिकाओं को देख सकते हैं। फिर रोज अपने उत्तर लिखने के अभ्यास में इस सब को शामिल करें। यह हिस्सा बेहद महत्त्वपूर्ण है, फिर भी ज्यादातर उम्मीदवार इसकी अनदेखी करते हैं।
6. मेन्स के सिलेबस को याद करें। अगर ऐसा नहीं कर सकते तो कम-से-कम अपने स्टडी टेबल के आगे उसे चिपका दें। पिछले साल के प्रश्न-पत्रों को जरूर देखें। इस तरह से आपको किसी भी किताब या अखबार से अपने पढ़े जानेवाले विषयों का पता चलेगा और उसकी अहमियत ज्यादा अच्छी तरह पता चलेगी।

मेरी किताबों की सूची

❖ इतिहास

प्राचीन भारत–आर.एस. शर्मा, पुरानी एन.सी.ई.आर.टी. की किताब

मध्ययुगीन भारत–कक्षा 7 की एन.सी.ई.आर.टी.

आधुनिक भारत–प्रीलिम्स के लिए स्पेक्ट्रम, मेन्स के लिए बिपिन चंद्रा

विश्व इतिहास–पुरानी एन.सी.ई.आर.टी. की 9वीं और 10वीं की अर्जुन देव की किताबें (केवल वही विषय, जो सिलेबस में मौजूद हैं)

स्वतंत्रता पश्चात् का इतिहास–विजन आई.ए.एस. समरी, जो ओल्ड राजेंद्र नगर में मौजूद है + यूट्यूब पर प्रधानमंत्री की श्रृंखला

संस्कृति–नितिन सिंघानिया + कक्षा 11वीं की एन.सी.ई.आर.टी. की फाइन आर्ट्स

❖ **भूगोल**

वैकल्पिक विषय में ज्यादातर यह विषय कवर किए + जी.सी. लियॉन्ग, शंकर आई.ए.एस. का पर्यावरण

❖ **समाज-शास्त्र**

11वीं और 12वीं की एन.सी.ई.आर.टी.

❖ **राजतंत्र**

एम. लक्ष्मीकांत–जी.एस. 2

एम. पुरी सर के नोट्स–ओल्ड राजेंद्र नगर की दुकानों पर उपलब्ध हैं।

अंतरराष्ट्रीय संबंधों पर चोखालिंगम सर के नोट्स–ओल्ड राजेंद्र नगर की दुकानों पर उपलब्ध हैं।

राम बाबू सर के गवर्नेंस पर नोट्स–ओल्ड राजेंद्र नगर की दुकानों पर उपलब्ध हैं।

जी.एस. 3 सुरक्षा वाला हिस्सा–भारत की आंतरिक सुरक्षा से जुड़ी चुनौतियां (टी.एम.एच. पब्लिकेशन)

अर्थशास्त्र से जुड़ा हिस्सा + जी.एस. 3 के लिए कृषि से जुड़ा हिस्सा–रमेश सिंह या श्रीराम आई.ए.एस. इकोनॉमी हैंडआउट, ओल्ड राजेंद्र नगर की दुकानों पर उपलब्ध है।

❖ **जी.एस. 4–लेक्सीकॉन**

किसी भी तरह की पूछताछ, सुझाव या मदद के लिए आप मुझसे यहाँ संपर्क कर सकते हैं–

मुझसे संपर्क करें

इंस्टाग्राम : maninder-011

❑

26

नाम : अक्षय काबरा

रैंक : 207, सीएसई-2018

"दिमाग में एक ही विचार रखें, उसी को अपना जीवन बना लें, उसके सपने देखें, उसके बारे में सोचें और उसी विचार को जिएं।"

—स्वामी विवेकानंद

अक्षय काबरा

वैकल्पिक विषय

कॉमर्स एंड अकाउंटेंसी

परीक्षा का माध्यम

अंग्रेजी

मूल निवासी

जयपुर, राजस्थान

निवास स्थान

मोहाली (पंजाब)

शैक्षिक योग्यता

- सीए, सी.एस., सी.एम.ए., एल.एल.बी., एम.कॉम, यू.जी.सी. (नेट जे.आर.एफ.)

अभिभावकों का पेशा

- **पिता** : बिजनेस

कोचिंग

- जी.एस. के लिए वजीराम से कोचिंग ली और वैकल्पिक पेपर के लिए खुद पढ़ाई की।

मेन्स (मुख्य परीक्षा) 2017

निबंध (पेपर I) : 121

जनरल स्टडीज (सामान्य अध्ययन)-I (पेपर II) : 104

जनरल स्टडीज-II (पेपर III) : 101

जनरल स्टडीज-III (पेपर IV) : 126

जनरल स्टडीज-IV (पेपर V) : 80

वैकल्पिक विषय-I (कॉमर्स एंड अकाउटेंसी)
(पेपर I) : 119
वैकल्पिक विषय-II (कॉमर्स एंड अकाउटेंसी)
(पेपर II) : 148
लिखित में कुल नंबर : 799

सी.एस. (मेन्स) की लिखित परीक्षा में पास

अपनी गलतियों का विश्लेषण करने के बाद अब वक्त उन पर काम करने का था। देखिए, मैं अच्छी तरह जानता हूँ कि खुद को प्रोत्साहन देना इतना आसान नहीं है, लेकिन खुद को प्रेरित करते रहिए।

मेरे माता-पिता और स्वामी विवेकानंद के उद्धरण (कोट्स) मेरे प्रेरणा-स्रोत रहे हैं। मैंने अपने वैकल्पिक विषय के लिए जी.एस. के लिए टेस्ट सीरीज रैंकर क्लासेज में दाखिला लिया और खुद ही ठाना कि मैं एक निश्चित समय-सीमा में अपने पेपर पूरे कर सकता हूँ।

मेन्स (मुख्य परीक्षा) 2018 की मेरी मार्कशीट

निबंध (पेपर I) : 119
जनरल स्टडीज (सामान्य अध्ययन)-I (पेपर II) : 99
जनरल स्टडीज-II (पेपर III) : 101
जनरल स्टडीज-III (पेपर IV) : 120
जनरल स्टडीज-IV (पेपर V) : 98
वैकल्पिक विषय-I (कॉमर्स एंड अकाउटेंसी) (पेपर VI) : 143
वैकल्पिक विषय-II (कॉमर्स एंड अकाउटेंसी)
(पेपर-VII) : 144
लिखित परीक्षा में कुल नंबर : 824
इंटरव्यू : 176
कुल अंक : 1000

मुझसे संपर्क करें

फेसबुक : *https//www.facebook.com/akshay.kabra3*

सिविल सेवा की यात्रा

व्यावसायिक योग्यता से यू.पी.एस.सी. की दुनिया तक

❖ यू.पी.एस.सी. की तैयारी के दौरान मैंने तीन बातों का हमेशा ध्यान रखा—

सकारात्मकता (जो सबसे जरूरी है)

- ❖ सकारात्मकता एक ऐसी चीज है, जो आपका आत्मविश्वास बढ़ाती है। जो कुछ आप पढ़ रहे हैं उस पर विश्वास, आपका मार्गदर्शन करनेवाले सलाहकार पर आपका विश्वास, आपके करीबी और नजदीकी लोग, जो जीवन के हर कदम पर आपका सहयोग/समर्थन करते हैं, उन पर आपका विश्वास। अगर ऐसा हो तो आप निश्चित तौर पर यू.पी.एस.सी. के इस सफर के दौरान ज्यादा सकारात्मक रुख अपनाते हैं। जी हाँ, यह एक यात्रा है, कोई एक या दो दिन का काम नहीं और इसके लिए आपको हौसला-अफजाई की जरूरत पड़ती है। मेरा हौसला मेरे माता-पिता और परिवार वालों ने बढ़ाया। आपको प्रेरित करनेवाले कोई भी हो सकते हैं।

सतत प्रयास

- ❖ लोग अकसर मुझसे कहते हैं कि मैंने यू.पी.एस.सी. की तैयारी के दौरान जरूर लगातार पढ़ा होगा और अथक प्रयास किए होंगे। लेकिन मैं यह बात अच्छी तरह से जानता हूँ कि कभी-कभी ऐसा भी होता है, जब आप बहुत निराश व हताश महसूस करते हैं। आपको लगता है कि आप कहाँ हैं और क्या यह सफर आपको आपके लक्ष्य की तरफ ले जाएगा?
- ❖ इस तरह के खयालों से बचने के लिए आपको अपनी पढ़ाई के साथ-साथ कुछ मनोरंजक भी करना होगा, जो आपको खुशी देगा और नकारात्मक खयालों को राह से परे मोड़ देगा। अपनी बात करूं तो मुझे खाना बनाने का बहुत शौक है। इसलिए जब कभी मुझे खाना बनाने का मन होता है तो मैं कुछ वक्त अपने इस शौक के लिए जरूर निकालता हूँ। जब भी मैं थोड़ा-सा भी अवसादग्रस्त होता हूँ तो अपने परिवार के लिए खाना बनाता हूँ। इससे मुझे खुशी मिलती है और मन शांत व स्थिर हो जाता है तथा मेरी सारी चिंताओं को भुला देता है।

  एक शांत व स्थिर मन निश्चित तौर पर निरंतर प्रयासों की तरफ ले जाता है और यही मेरा तरीका है और यह मुझ पर काम भी करता है।

अभ्यास

- ❖ इस परीक्षा को पास करने के लिए अभ्यास बहुत जरूरी है, फिर चाहे वह प्रीलिम्स हो, जिसमें आपको बहुत सारे एम.सी.क्यू.एस की तैयारी करनी पड़ती है, मेन्स में आपको उत्तर लिखने का अभ्यास करना पड़ता है और इंटरव्यू में आपको (मॉक) इंटरव्यू देकर उसका अभ्यास करना पड़ता है। यह आपके भीतर आत्मविश्वास भरता है और आपकी स्थिति को सहजता से संभालने में मददगार है।
- ❖ जैसा कि मैंने पहले बताया था कि यह मेरा दूसरा प्रयास था और मैं मामूली नंबरों से इंटरव्यू में सफल नहीं हो पाया था।
- ❖ असफलता के कारण निश्चित तौर पर मेरे मन-मस्तिष्क पर निराशा व हताशा हावी होने लगी, क्योंकि अपने पेशेवर कैरियर में अब तक मैंने ऐसी स्थिति का सामना नहीं किया था; लेकिन ठीक इसी दौरान आपको आगे बढ़कर यह भी समझना होता है कि

गलती कहाँ हुई। अपनी असफलता का विश्लेषण करें, जिससे आपको निश्चित तौर पर मदद मिलेगी।

- मेरे मामले में, मैंने अपने पहले प्रयास में बहुत ज्यादा अभ्यास नहीं किया था, जिसके कारण मैं वक्त पर अपने पेपर ही पूरे नहीं कर पाया और हर पेपर में एक या दो प्रश्न छोड़कर आ गया।
- तब व्यक्तिगत तौर पर मुझे नीतिशास्त्र, वैकल्पिक विषय और निबंध में अपने प्रदर्शन को सुधारना था।
- इधर-उधर से सुनी घिसी-पिटी बातों पर यकीन न करें–
  - कॉमर्स के छात्रों के लिए यू.पी.एस.सी. सिविल सेवा में पास होना बहुत मुश्किल है।
  - अगर आप एक सी.ए. हो तो आपको कोई नौकरी करनी चाहिए, क्योंकि यू.पी. एस.सी. सिविल सर्विसेज करीब-करीब इंजीनियरों के लिए संरक्षित होती है।
  - सिविल सर्विसेज निकालने के लिए आपको दिन में 14 से 15 घंटे तो पढ़ना ही होगा।
  - आपको सोशल मीडिया या फिर समाज से एकदम कटकर रहना होगा।
  - सामान्य श्रेणी का होने के कारण आरक्षण को लेकर शिकायत भरा रवैया न अपनाएं। उन सीटों को लक्ष्य बनाएं, जो हमारे लिए निर्धारित हैं और उन तक पहुँचने के लिए कड़ी मेहनत करें।
- क्योंकि टॉपर्स के सारे स्रोत मौजूद हैं और लगभग एक ही जैसे होते हैं, लिहाजा मैं उन्हें दोहराऊंगा नहीं; लेकिन ऐसी कुछ बातें जरूर हैं, जिनसे मुझे उत्तर लिखने में मदद मिली।

सुझाव

- यू.पी.एस.सी. पूरी तरह सामान्य ज्ञान की परीक्षा है। यदि आपका सामान्य ज्ञान अच्छा नहीं है तो आप इसमें सफल नहीं हो पाएंगे। मैं यह कहना चाहता हूँ कि अपने स्कूल के दिनों में सामान्य ज्ञान में मुझे अकसर 'डी' ग्रेड ही मिलता था, क्योंकि मेरा सामान्य ज्ञान बहुत ही खराब था। लेकिन अभ्यास व्यक्ति को पूर्णता प्रदान करता है।
  - अपने लक्ष्य के प्रति समर्पित रहिए।
  - अलग-अलग लोगों से उनकी कूटनीति के बारे में जानें, वीडियो देखें, लेकिन अपनी कूटनीति को विशिष्ट कूटनीति बनाएं, जो आपको सफलता दिलाएगी और इस परीक्षा में सफल बनाएगी।
  - यह सच है कि इस परीक्षा की तैयारी से आपका ज्ञान बढ़ता है और आपको कई विषयों के बारे में पता चलता है; लेकिन आखिरकार, हमें परीक्षा में अच्छे नंबर लाने ही होते हैं, लिहाजा अपनी पढ़ाई को सीमित रखें और पी.एच.डी. के थीसिस न बनाने लग जाएं।

- मैंने नीति आयोग का तीन सालों का एजेंडा पढ़ा और साथ ही आर्थिक सर्वेक्षण भी, क्योंकि दोनों के अध्याय लगभग एक जैसे हैं। लिहाजा इस बात का अंदाजा हो जाता है कि हम कहाँ हैं और हमें कहाँ होना चाहिए। इससे मुझे निबंध और जी.एस. का पेपर लिखने में काफी मदद मिली।
- मैंने इनसाइट्स ऑनलाइन मेन टेस्ट सीरीज को सब्सक्राइब किया, जिसके कारण मुझे विभिन्न प्रश्नों का अभ्यास हुआ और मैंने उन पर विचार-मंथन भी किया। इसके साथ-साथ वहाँ लिखे उत्तरों के कारण मुझे अपने उत्तर सुधारने में भी मदद मिली। मैंने इनसाइट्स के हर रोज के प्रश्नों का भी अभ्यास किया, जो अखबारों की व्यापक कवरेज प्रदान करता है। मैंने कई दूसरे स्रोत भी देखे। मैंने रामबाबू सर के यूट्यूब चैनल 'लॉ एक्सीलेंस' की सीरीज को भी देखा, जिसमें 10 से 15 मिनट में न केवल अखबारों के संपादकीय तथ्यों को दोहराया जाता है, बल्कि उनका विश्लेषण भी किया जाता है। नीतिशास्त्र के लिए मैंने इनसाइट्स की आई.ए.एस. वेबसाइट पर हर दिन अपलोड होनेवाले प्रश्नों का अभ्यास किया, जिसके कारण मेरे नीतिशास्त्र के नंबरों में सुधार आया। अपने दो पिछले प्रयासों से मिले अनुभव को देखते हुए मैं निश्चित तौर पर यह कह सकता हूँ कि नीतिशास्त्र के लिए अभ्यास की बहुत जरूरत है। मैंने अपने दूसरे प्रयास में पहले प्रयास के उलट अपने स्रोतों को सीमित कर दिया और उन्हें दोबारा पढ़ा। एक बार पढ़ने के बाद मैं उसे दोबारा पढ़ने के लिए और मजबूत करता गया। मैंने 'लॉ एक्सीलेंस' की साप्ताहिक मैगजीन भी पढ़ीं, जिसमें पिछले हफ्ते के संपादकीय और दूसरी खबरों के विश्लेषणों का पेपर-दर-पेपर निचोड़ होता है। इसके अलावा, अभ्यास के लिए प्रश्न भी होते हैं, मैंने अखबारों से नोट्स बनाने पर ज्यादा फोकस नहीं किया और केवल इसी चैनल को फॉलो किया। मैं कहना चाहूँगा कि जो दूसरे करते हैं, उन्हें फॉलो करके आपका उत्तर अलग और खास नहीं होगा। आपको दूसरों से अलग दिखने के लिए और ज्यादा मेहनत करनी होगी और होशियारी दिखानी होगी।
- मैं अपनी सफलता का श्रेय अपनी शैक्षणिक पृष्ठभूमि को भी देना चाहूँगा।
- एक चार्टर्ड अकाउंटेंट होने से मुझे अपनी पढ़ाई की लागत के फायदे का विश्लेषण करने में मदद मिली। सी.ए. का छात्र होने के कारण हम एक ही समय में विभिन्न विषयों को देखना-समझना सीखते हैं। ट्रेनिंग के कड़े अभ्यास और व्यावहारिक ज्ञान (एक्सपोजर) के कारण मैं अपना इंटरव्यू ज्यादा असरदार ढंग से दे पाया। इसकी वजह से निश्चित तौर पर मैं अपना वैकल्पिक विषय कवर कर पाया और ऐसा ही मैं अपनी दूसरी शैक्षणिक योग्यताओं के बारे में भी कह सकता हूँ।

इंटरव्यू के लिए

यह मेरा पहला इंटरव्यू था और इंटरव्यू बोर्ड में चेयरमैन थीं स्मिता नागराज मैडम।

- दोपहर के सत्र में मेरा नंबर आखिरी इंटरव्यू से पहले था। मैं अपनी बारी की प्रतीक्षा कर रहा था और दो से तीन कप कॉफी पी चुका था, जो काफी थकाऊ था; लेकिन कुछ समय बाद मेरी सारी चिंताएं काफूर हो गईं और अपने इंटरव्यू के दौरान मैं सहज रहा, जो मेरे लिए मददगार साबित हुआ। तैयारी के चरण में मुझे भी इंटरव्यू की चिंता और डर था, जिसे मुझे दूर करना था।
- इसलिए मैंने मॉक इंटरव्यू दिए और अपना कौशल सुधारने के लिए उनके फीडबैक का इस्तेमाल किया। मैंने संकल्प, दृष्टि, राव, चाणक्य ए.एल.एस., श्रीचैतन्य से इंटरव्यू के लिए सेशन लिये। श्रीचैतन्य अच्छा था। लेकिन सावधान रहें और खुद को पूरी तरह न बदलें। केवल उन्हीं चीजों को बदलें, जिनकी जरूरत है। उदाहरण के लिए, मैं वाद-विवाद में अच्छा नहीं हूँ और काफी मृदुभाषी व्यक्तित्व का हूँ। लिहाजा मैंने अपनी आवाज का स्तर बढ़ाया और भावनात्मक व व्यावहारिक हल बताते हुए संतुलित उत्तर दिए। मैं जैसा हूँ, बोर्ड के आगे खुद को वैसे ही पेश किया, न कि बनावटी बनकर।

मेरा इंटरव्यू

- हालाँकि मैंने अपने पेपर अंग्रेजी में लिखे, लेकिन इंटरव्यू के लिए हिंदी भाषा को चुना।
- चूँकि मैं पेशे से कॉमर्स बैकग्राउंड का हूँ और मेरा वैकल्पिक विषय भी वही था, लिहाजा ताजातरीन विषयों पर फोकस करना बहुत जरूरी था। जैसे—नोटबंदी, जी.एस.टी., धोखाधड़ी में ऑडिटर्स की भूमिका, भारत क्या चाहता है, एक अच्छी जी.डी.पी., एच.डी.आई. या फिर खुशी?
- नागा मुद्दों के समाधान से जुड़े प्रश्न का मैं बहुत अच्छा उत्तर नहीं दे पाया। लेकिन ऐसा होता है। उम्मीद न खोएँ और हर सवाल को एक अकेले सवाल के रूप में ही देखें और हर सवाल पर जितना हो सके, नंबर बटोरने की कोशिश करें।
- कुल मिलाकर, यह एक ऐसा सफर है, जिसमें आप जीवन के बहुत से पहलुओं के बारे में सीखते हैं। मैंने निश्चित तौर पर इसका एक-एक पल जिया। सीखने का यह स्तर मानसिक खुलापन लाता है, समग्रता और हर जीव के प्रति सम्मान का भाव भर देता है।
- मैं कहना चाहूँगा कि बेशक यू.पी.एस.सी. का सफर मुश्किल है, लेकिन एक बार जब आप इस सफर को शुरू करते हैं तो आप अपने दायरे में रहकर जो कुछ करेंगे, वह कई लोगों की जिंदगी में बदलाव ला सकता है। आप अंत्योदय की मशाल थामनेवाले बनेंगे। मैं आखिर में अपने माता-पिता, दोस्तों, मार्गदर्शकों और शुभचिंतकों का शुक्रिया अदा करना चाहूँगा, जिन्होंने मुझे यह सफलता हासिल करने की ताकत दी।

❑

27

नाम : कुणाल अग्रवाल
रैंक : 211, सीएसई-2018

"यह परीक्षा केवल किताबों और उपलब्ध सूचना को दोहराने पर आधारित नहीं है। इसके जरिए आपके व्यक्तित्व की परख होती है। आप कैसे कम-से-कम स्रोतों के इस्तेमाल से किसी काम को पूरा करके दिखाते हैं, जैसा कि एक दफ्तर में किया जाएगा।"

कुणाल अग्रवाल

वैकल्पिक विषय

राजनीतिक विज्ञान और अंतरराष्ट्रीय संबंध

परीक्षा का माध्यम

अंग्रेजी

निवासी

सोनीपत, हरियाणा

शैक्षिक योग्यता

❖ बी.टेक-आई.आई.टी. हैदराबाद (2013)

अभिभावकों का पेशा

❖ **पिता** : एक निजी फर्म में अकाउंटेंट

❖ **माता** : गृहिणी

कोचिंग

❖ **जी.एस.**–कम वक्त के लिए ली, जी.एस. स्कोर से नीतिशास्त्र का क्रैश कोर्स और जी.एस. स्कोर से विषय सामग्री।

❖ **वैकल्पिक विषय**–शुभ्रा रंजन मैडम और पीयूष चौबे सर

प्राप्तांक

प्रीलिम्स (प्रारंभिक परीक्षा) : पेपर-1 : 105

पेपर-2 : 170

मेन्स (मुख्य परीक्षा)

निबंध (पेपर I) : 128

जनरल स्टडीज (सामान्य अध्ययन)-I (पेपर II) : 101

जनरल स्टडीज-II (पेपर III) : 101

जनरल स्टडीज-III (पेपर IV) : 110

जनरल स्टडीज-IV (पेपर V) : 103

वैकल्पिक विषय-I (राजनीतिक विज्ञान और अंतरराष्ट्रीय संबंध) (पेपर VI) : 153
वैकल्पिक विषय-II (राजनीतिक विज्ञान और अंतरराष्ट्रीय संबंध) (पेपर VII) : 150
लिखित परीक्षा में प्राप्तांक : 846
इंटरव्यू : 154
कुल अंक : 1000

सिविल सेवा की यात्रा

- मैंने गोल्डमैन सैश में बतौर टेक्निकल एनालिस्ट (तकनीकी विश्लेषक) के तौर पर काम करते हुए वर्ष 2016 में यू.पी.एस.सी. की तैयारी शुरू की। वैसे यह सफर तो 2015 में ही शुरू हो गया था, जब मैंने बेंगलुरु के एक थिंक टैंक में पब्लिक पॉलिसी (जन नीति) का एक छोटी अवधि का कोर्स किया और विजन इंडिया फाउंडेशन से पॉलिसी बूटकैंप किया। मैंने फैसला किया कि अपनी लगी-लगाई नौकरी छोड़कर मैं सिविल सर्विसेज में जाने की कोशिश करूँगा। मैं अपने जीवन में किसी तरह का कोई पछतावा नहीं चाहता था; लेकिन मेरे मन में यह बात साफ थी कि मैं यू.पी.एस.सी. की परीक्षा को तीन बार से ज्यादा का मौका नहीं दूंगा। अगर तीन बार की इन कोशिशों में असफल रहा तो दोबारा निजी क्षेत्र की कोई नौकरी कर लूंगा। वर्ष 2016 की प्रीलिम्स की परीक्षा कुछ ही महीनों में होनी थी और मैंने अप्रैल के दूसरे हफ्ते से पूरी तरह से इसकी तैयारी शुरू की। इस परीक्षा को लेकर मेरे कुछ पूर्वग्रह थे। मुझे लगा कि इसके न बदलनेवाले हिस्से और समसामयिकी से जुड़े हिस्से को करना ही काफी रहेगा। पिछले सालों की परीक्षाओं के आधार पर मुझे तो कम-से-कम यही बताया गया था। लेकिन यह नाकाफी रहा। यू.पी.एस.सी. के लिए इस नीति ने काम नहीं किया और प्रीलिम्स के ठीक बाद ही मुझे इसका एहसास भी हो गया।
- अब मेरे पास विस्तार से तैयारी करने के लिए एक साल का समय था। मैंने उन्हीं आधारभूत किताबों (ज्यादातर एन.सी.ई.आर.टी.) से अपनी तैयारी शुरू की और हर हफ्ते एक टेस्ट करने की कोशिश की। मैंने यह पक्का किया कि हर विषय को जितनी अच्छी तरह से हो सकता है, तैयार करूं। रोजमर्रा के करेंट अफेयर्स को लगातार करते रहने की जरूरत थी। मैं करेंट अफेयर्स के लिए 'सिविल्स डेली' को फॉलो करता था। बाद में उत्तर लिखने के अभ्यास वाले चरण में भी मैं उसपर निर्भर रहा। मैंने दिसंबर 2016 में मेन्स टेस्ट सीरीज (जी.एस. स्कोर) में भी दाखिला लिया, ताकि मैं 2017 में होनेवाले मेन्स के लिए अच्छी तरह तैयार रहूँ। उत्तर लिखने का अभ्यास तो मुझे आज तक फायदा दिलाता है। अब जनरल स्टडीज में मेरा नियंत्रण था, फिर चाहे वह न बदलने वाला हिस्सा (स्टैटिक पार्ट) हो या फिर करेंट अफेयर्स। लेकिन मैं जानता था कि मुझे अपना वैकल्पिक विषय भी पूरा करना है। इसी दौरान मुझे पीयूष चौबे

सर के लेक्चर वाले वीडियो देखने का मौका मिला और इससे मुझे वैचारिक तौर पर विषय का आधार खड़ा करने में मदद मिली। लेकिन मैंने इतना ही किया। शायद यही 2017 की तैयारी में की गई मेरी सबसे बड़ी गलती साबित हुई।

- ❖ मैंने 2017 का प्रीलिम्स पास कर लिया और मेन्स की तैयारी शुरू कर दी। मैंने पी.एस.आई.आर. के लिए चौबे सर के क्रैश कोर्स में दाखिला ले लिया। इससे मुझे मदद तो मिली लेकिन एक हद तक ही, क्योंकि मैंने प्रीलिम्स से पहले वाकई इस विषय की तैयारी नहीं की थी। सौभाग्य से, मैंने अपना जी.एस. अच्छी तरह तैयार किया था। लिहाजा मैं वैकल्पिक विषय को ज्यादा वक्त दे सकता था। किस्मत से, मैंने मेन्स भी पास कर लिया। लेकिन अगला चरण पास करना एक बड़ी टास्क थी। जब किसी सीनियर से बात करने की बात आती है तो मैं ज्यादा आत्मविश्वासी इनसान नहीं हूँ (अब भी कभी-कभी मुझे थोड़ी-बहुत हिचकिचाहट होती है)। इसी ने मुझे नुकसान पहुँचाया। मैं अंतिम सूची में जगह बनाने में 26 नंबरों से पीछे रह गया।
- ❖ अब शुरू हुआ मेरे सबसे बड़े, यानी तीसरे प्रयास का सफर। इस प्रयास के दौरान मैंने अपने पिताजी से कहा कि अगर मैं प्रीलिम्स में पास नहीं हो पाता तो कोई नौकरी ढूंढ़ लूंगा। वे थोड़े चिंतित थे। लिहाजा, मैंने उन्हें दिलासा दिया और प्रीलिम्स की तैयारी करनी शुरू कर दी। यह चरण इंटरव्यू राउंड तक चला। इस बार मैंने शुभ्रा मैडम की क्लास में दाखिला ले लिया, क्योंकि मैं जानता था कि पी.एस.आई.आर. में उनके पास अच्छी विषय वस्तु मौजूद है और वह परीक्षा के लिए जरूरी सारी थ्योरी कराती हैं। मुझे उन्हें समझना था और अपने उत्तर लिखते समय उनका इस्तेमाल करना था। लिहाजा, मैंने वह सब कुछ फॉलो किया, जो कुछ उन्होंने कहा। यह मेरे लिए फायदेमंद साबित हुआ। 2017 में भी निबंध में मुझे अच्छे नंबर नहीं मिले थे। इसलिए मुझे यह बात अच्छी तरह पता थी कि मुझे यहाँ भी अपने नंबर बढ़ाने होंगे। मैंने एक टेस्ट सीरीज में भी दाखिला लिया; लेकिन मैंने विशेष तौर पर निबंध के लिए ज्यादा विषय सामग्री इकट्ठा की। मुझे एक बात समझ आई कि मुझे कुछ दिलचस्प वाक्यों का इस्तेमाल करना चाहिए था, निबंध को ज्यादा अच्छे ढंग से डिजाइन करना चाहिए था और वास्तविक दुनिया के उदाहरणों से ज्यादा जोड़ना चाहिए था। लिहाजा मैंने ऐसा किया और उसमें सुधार भी आया। मेरे प्रयास सफल रहे और वैकल्पिक विषय एवं निबंध में मुझे पहले के मुकाबले अच्छे नंबर मिले। आखिरकार, मुझे 211वाँ रैंक मिला। मैं शुरुआत में बहुत ज्यादा खुश नहीं था, क्योंकि मैं 150 से नीचे का रैंक चाहता था (आई.एफ.एस. मेरी दूसरी पसंद है)। लेकिन, यह मेरे लिए राहत की बात थी। माता-पिता खुश थे, लिहाजा मैं भी खुश था।
- ❖ मेरा सफर जारी है। मैंने दोबारा तैयारी करनी शुरू की और मैं मेन्स लिखने की उम्मीद कर रहा हूँ। जीवन एक सफर है और हम हमेशा खुद के लिए नई-नई चुनौतियां पाते हैं। 211वां रैंक पाने का सफर अपने आप में एक अनुभव रहा– अनुभव सीखने का, मिजाज के बार-बार बदलने का, मेरे धैर्य की परीक्षा का और इस सब से पार पाने के उत्साह का।

नए अभ्यर्थियों के लिए संदेश

- सबसे पहली बात, मुझे लगता है कि हम परीक्षा में पास होने के दबाव से खुद पर कुछ ज्यादा ही अत्याचार करते हैं। यह परीक्षा किताबों या फिर मौजूद सूचना को दोहराने से जुड़ी नहीं है। यह आपके व्यक्तित्व से जुड़ी है। आप अपने मौजूदा स्रोतों के इस्तेमाल से कैसे किसी काम को पूरा कर पाते हैं, ठीक वैसा, जैसा कि एक ऑफिस में किया जाता है। हमें इसे एक सफर के तौर पर देखना चाहिए, केवल अंत के एक साधन के तौर पर। इस नजरिए से आप ज्यादा शांत रहेंगे और ज्यादा ध्यान लगाकर तैयारी कर पाएंगे। इसे आप जीवन-मरण का ऐसा प्रश्न न बनाएँ कि आप तनाव के कारण पढ़ तक नहीं पाएं।
- दूसरी बात, यह दुनिया यू.पी.एस.सी. के लिए जरूरी विषय-वस्तु, किताबों, टेस्ट सीरीज और फीडबैक से भरी पड़ी है। यह खतरनाक है। मैं अपने एक शिक्षक द्वारा कही गई यह बात हमेशा याद रखूंगा कि मेरा मौलिक होना महत्त्वपूर्ण है। मैं किसी विषय को लेकर कैसे सोचता हूँ, उसका विश्लेषण कैसे करता हूँ और उसे लिखता कैसे हूँ, यह बहुत महत्त्वपूर्ण है। नई-नई चीजों पर हाथ आजमाने का मन तो हर किसी का करता है, लेकिन इसकी जरूरत ही नहीं है। हमें यह सुनिश्चित करना चाहिए कि हमारी विषय वस्तु सीमित हो और हम उसे लगातार दोहराते रहें।
- तीसरा, सिलेबस कभी भी पूरा नहीं होता, न ही आप कभी 100 फीसदी तैयार होते हैं। लिहाजा, उस स्तर को पाने की कोशिश न करें। हमारे पास जो थोड़ा ज्ञान है, उसी के बूते हमें अभ्यास करना चाहिए। इस प्रक्रिया का अहम हिस्सा है, वस्तुनिष्ठ प्रश्न (ऑब्जेक्टिव प्रश्न) और उत्तर लिखना। ज्ञान के परे, प्रीलिम्स के प्रश्नों के लिए तकनीक और एक नीति की जरूरत होती है। मेन्स के उत्तर लिखना एक कला है, जिसके लिए आपको एक ढांचा तैयार करने और अपने ज्ञान को खूबसूरती से दरशाने की जरूरत पड़ती है।
- चौथा, नोट्स बनाना बेहद अहम है। लेकिन इसकी भी एक सीमा होनी चाहिए। आपको उन्हें दोहराने की जरूरत है। प्रीलिम्स के नोट्स तीन-चार दिनों में पढ़ लेने चाहिए और मेन्स के नोट्स ज्यादा-से-ज्यादा दस-बारह दिनों में। लिहाजा, आप अपने नोट्स में क्या कुछ लिखते हैं, इसपर सावधानीपूर्वक काम करें। किसी विषय को दोहराने के वक्त मैं बार-बार खुद से प्रश्न करता था– क्या यह देश के लिए जरूरी है? क्या मैं इसे भूल सकता हूँ, इसलिए इसे दोहराना जरूरी है।

❑

28

नाम : पंकज लांबा

रैंक : 236, सीएसई-2018

"सकारात्मक रहने के साथ-साथ अपने दिमाग को नकारात्मकता की ओर न जाने के लिए प्रशिक्षित करना भी बहुत जरूरी है। यदि इस पूरी प्रक्रिया में कोई उम्मीदवार अपनी भावनाओं पर नियंत्रण रखता है और धैर्य बनाए रखता है तो वह निश्चित तौर पर सफल होगा।"

पंकज लांबा

वैकल्पिक विषय

कानून

परीक्षा का माध्यम

अंग्रेजी

निवासी

वीपीओ दलानवास, जिला महेंद्रगढ़, हरियाणा

शैक्षिक योग्यता

- ❖ एम.एस.सी. (ऑनर्स) अर्थशास्त्र–बिट्स पिलानी 2017
- ❖ बी.ई. (ऑनर्स) सिविल–बिट्स पिलानी 2017

अभिभावकों का पेशा

- ❖ **पिता** : इंस्पेक्टर आर.पी.एफ., फरीदाबाद
- ❖ **माता** : गृहिणी

कोचिंग

❖ जीएस–खुद पढ़ा ❖ कानून–निर्वाण

प्राप्तांक

प्रीलिम्स (प्रारंभिक परीक्षा) : पेपर-1 : 116.66

पेपर-2 : 130.83

मेन्स (मुख्य परीक्षा)

निबंध (पेपर I) : 113

जनरल स्टडीज (सामान्य अध्ययन)-I (पेपर II) : 85

जनरल स्टडीज-II (पेपर III) : 117

जनरल स्टडीज-III (पेपर IV) : 100

जनरल स्टडीज-IV (पेपर V) : 109

वैकल्पिक विषय-I (कानून) (पेपर VI) : 142
वैकल्पिक विषय-II (कानून) (पेपर VII) : 155
लिखित परीक्षा में प्राप्तांक : 821
इंटरव्यू : 176
कुल अंक : 997

सिविल सेवा की यात्रा

- यू.पी.एस.सी. के सफर में बहुत उतार-चढ़ाव आते हैं। यह परीक्षा बहुत सारे लोग देते हैं और सभी काफी प्रतिस्पर्धी हैं, इसलिए हमेशा इस बात की बेचैनी रहती है कि हम इसे पास कर भी पाएंगे या नहीं। मैं इस बात पर 100 फीसदी यकीन रखता हूँ कि अगर दोस्तों, परिवारवालों और शिक्षकों का अच्छा सहयोग मिले तो आप यू.पी.एस.सी. के इस सफर को सफलतापूर्वक पूरा कर सकते हैं।
- मेरे कानून (लॉ) के शिक्षक ने एक बार मुझसे कहा था, "यू.पी.एस.सी. की तैयारी 90 फीसंदी मानसिक प्रशिक्षण और बाकी पाठ्यक्रम संबंधी ट्रेनिंग का नाम है।" अलग-अलग लोगों की क्षमताएं भी अलग-अलग होती हैं। लोगों की अपनी-अपनी ताकत और कमजोरियां होती हैं। इसलिए सकारात्मक बने रहना और अपने दिमाग को नकारात्मकता की तरफ नहीं जाने देना बहुत जरूरी है। जो व्यक्ति अपनी भावनाओं को नियंत्रित कर ले और पूरी प्रक्रिया के दौरान धैर्य बनाए रखे, उसे इस परीक्षा में सफल होने से कोई नहीं रोक सकता।
- पिछले साल मैं मेन्स में पास नहीं हो पाया। लेकिन मैं यह बात अच्छी तरह जानता था कि यह मेरा सर्वोत्तम प्रदर्शन नहीं था और मेरे लिए कई क्षेत्रों में सुधार की गुंजाइश है। लिहाजा मैंने असफलता को खुद में सुधार लाने के एक अवसर के तौर पर लिया और दोबारा मजबूती के साथ वापसी की।
- परीक्षा की बेहद लंबी प्रक्रिया के दौरान मेरे हौसला-अफजाई करनेवाले दोस्तों की मौजूदगी और अपने माता-पिता से बातचीत करके मुझे काफी फायदा मिला। उन्होंने मुझे मजबूत बने रहने में मदद की और मेरे आत्मविश्वास को बनाए रखा।
- जब मैं एक स्कूली छात्र था तो आई.आई.टी. में दाखिला लेना मेरा एक सपना था। मैं कोचिंग के लिए कोटा भी गया, लेकिन मेरा काम नहीं बना। आई.आई.टी. में दाखिला न मिल पाने से मैं बहुत दुःखी हो गया। उन दिनों मेरे पिता ने एक बार मुझसे कहा था कि "क्या तुम्हें यह लगता है कि भारत का हर सफल व्यक्ति आई.आई.टी. पासआउट है? जीवन में सफलता प्राप्त करना कॉलेज टैग पर नहीं, बल्कि बुरे वक्त में भी कुछ कर गुजरने की इच्छा और आगे बढ़ते रहने पर निर्भर करता है।" वह सही थे। हमें आगे बढ़ते रहना चाहिए और रास्ते में आनेवाले बेहतर अवसरों पर नजर रखनी चाहिए।

नए अभ्यर्थियों के लिए संदेश

स्वामी विवेकानंद ने कहा था, "कोई लक्ष्य मनुष्य के साहस से बड़ा नहीं, हारा वही है, जो लड़ा नहीं।" उनकी यह बात मुझे हमेशा प्रेरित करती है और मुझे उम्मीद है कि यह आपको भी प्रेरित करेगी।

- मैं इस बात पर ज्यादा विस्तार से नहीं जाना चाहता कि पढ़ाई कैसे की जाए या फिर क्या पढ़ें, क्योंकि आज बाजार या फिर इंटरनेट पर पढ़ने के लिए कई स्रोत, किताबें या फिर दूसरी चीजें मौजूद हैं। यह उन्हीं बार-बार दोहराई गई चीजों को एक बार फिर दोहराने जैसा होगा। हालाँकि, मैं यह जरूर कहना चाहूँगा कि हमेशा सकारात्मक दृष्टिकोण बनाए रखें और कभी भी उम्मीद का दामन न छोड़ें। मैं काफी औसत दर्जे का छात्र रहा हूँ। मैं किसी तरह अपनी इंजीनियरिंग पास कर पाया, वह भी बहुत औसत नंबरों के साथ। मैं यह बात दृढ़ विश्वास के साथ कह सकता हूँ कि अगर मैं यह परीक्षा पास कर सकता हूँ तो आप भी पास कर सकते हैं। बस, खुद पर भरोसा बनाए रखें और समझदारी के साथ पढ़ाई करें। बाजार के जाल में न फंसें, जो मोटी-मोटी किताबों और फोटोकॉपी की हुई नोट्स से भरा पड़ा है। इसकी जगह संक्षिप्त तौर पर बनाए नोट्स पर फोकस करें और मूल मुद्दों व प्रश्न की मांग को समझने की कोशिश करें।
- मैं तो यही कहूँगा कि यह परीक्षा किसी व्यक्ति के चरित्र और असफलता के बावजूद मार्ग पर डटे रहने और दोबारा पूरी ताकत के साथ वापसी करने पर ज्यादा बल देती है। लिहाजा मजबूत इच्छा-शक्ति या साहस इसकी मूलभूत जरूरत है।
- इसके साथ-साथ मैं यह भी कहना चाहूँगा कि हर व्यक्ति को यू.पी.एस.सी. के इस सफर का भरपूर आनंद भी उठाना चाहिए। मेरे लॉ पढ़ानेवाले शिक्षक कहते हैं, ''आप तभी आई.ए.एस. बनेंगे, जब आप आई.ए.एस. बनने के रास्ते का भरपूर आनंद लेंगे। दु:खी लोग यह परीक्षा पास नहीं करते।'' यह सच्चाई है। हम तभी सफल हो सकते हैं, जब हम यू.पी.एस.सी. के इस सफर को एक सबक सिखानेवाला अनुभव मानें। मुझे लगता है कि वो शख्स, जो तैयारी को एक बोझ समझता हो, वह सही रास्ते पर नहीं है। मैं हालिया पढ़ी गई कुछ पंक्तियां भी आपके साथ जरूर साझा करना चाहूँगा–

तू दौड़ में प्रथम आए ये जरूरी नहीं,
तू सबको पीछे छोड़ दे ये भी जरूरी नहीं!
जरूरी है तेरा दौड़ में शामिल होना,
जरूरी है तेरा गिरकर फिर से खड़े होना!
जिंदगी में इम्तहान बहुत होंगे,
आज जो आगे हैं कल वे तेरे पीछे होंगे!
बस, तू चलना मत छोड़ना,
बस, तू लड़ना मत छोड़ना!

- आखिर में, मैं आपके साथ दो ऐसे उद्धरण साझा करना चाहूँगा, जो मेरे दिल के बहुत करीब हैं–

''उम्मीद एक अच्छी चीज है, शायद सबसे अच्छी। और कोई अच्छी चीज कभी नहीं मरती।''–शाव्सहैंक रेडीम्पटन

''सफलता अंतिम पड़ाव नहीं है। असफलता घातक नहीं है। लगातार आगे बढ़ने का साहस सबसे ज्यादा अहमियत रखता है।''–विंस्टन चर्चिल

मेरी शुभकामनाएं। सभी अभ्यर्थियों को अपने-अपने लक्ष्य की प्राप्ति में सफलता मिले। ❑

29

नाम : मंजीत सिंह

रैंक : 256, सीएसई-2018

"महानता कभी न गिरने में नहीं, बल्कि हर बार गिरकर उठने में है।"

मंजीत सिंह

वैकल्पिक विषय

पी.एस. और आई.आर.

परीक्षा का माध्यम

अंग्रेजी

निवासी

लाडवा गाँव, जिला हिसार, हरियाणा

शैक्षिक योग्यता

❖ अंग्रेजी साहित्य में दिल्ली विश्वविद्यालय से पत्राचार द्वारा ग्रेजुएशन

अभिभावकों का पेशा

❖ **माता** : गृहिणी

कोचिंग

❖ वैकल्पिक विषय के लिए कोचिंग ली।

सिविल सेवा की यात्रा

1. संघर्ष का समय :

❖ मैं अपने आखिरी (छठे) प्रयास में यू.पी.एस.सी. में सफल हो पाया। मैंने वर्ष 2013 में पहली बार यह परीक्षा दी थी। तब मेरा प्रीलिम्स निकल गया था। लेकिन मैंने मेन्स नहीं दिया, क्योंकि उसके लिए मैंने तैयारी ही नहीं की थी। वर्ष 2014 में मैंने दोबारा प्रीलिम्स की परीक्षा पास की और मेन्स की परीक्षा भी दी, लेकिन उसमें सफल नहीं हो पाया। फिर लगातार दो साल (2015-2016) मैं प्रीलिम्स की परीक्षा भी पास नहीं

कर पाया। एक बार 1 नंबर से रह गया और दूसरी बार 10 नंबरों से। वर्ष 2017 में, मैं इंटरव्यू राउंड तक पहुँचा, लेकिन असफल हो गया। मैं आखिरकार वर्ष 2018 में इसमें जगह बनाने में कामयाब हुआ।

2. **अध्ययन योजना/किताबों की सूची :** मेरा मुख्य फोकस एन.सी.ई.आर.टी. और इस परीक्षा के लिए जरूरी बेसिक किताबों पर रहा; जैसे राजतंत्र के लिए लक्ष्मीकांत, अर्थशास्त्र के लिए रमेश सिंह, संस्कृति के लिए नितिन सिंघानिया के नोट्स, पर्यावरण के लिए शंकर आई.ए.एस., भारतीय स्वतंत्रता संघर्ष के लिए स्पेक्ट्रम। इन छह सालों की तैयारी में मैंने कुछ और किताबें भी पढ़ीं, जैसे–'हॉट फ्लैट और क्राउडेड', 'स्मॉल इज ब्यूटीफुल', 'लिमिट्स टू ग्रोथ' और 'दि अर्गूमेंटेटिव इंडियन' वगैरह। मैंने इन किताबों से छोटे-छोटे नोट्स बनाएँ। इनसे मुझे विभिन्न विषयों के परिचय और निष्कर्ष वाले हिस्से लिखने के साथ-साथ इंटरव्यू के दौरान पंचलाइन मारने में भी मदद मिली।

सी.एस.ई. 2018 में प्राप्तांक

प्रीलिम्स (प्रारंभिक परीक्षा) : पेपर-1 : 102

पेपर-2 : 135

मेन्स (मुख्य परीक्षा)

निबंध (पेपर I) : 137

जनरल स्टडीज (सामान्य अध्ययन)-I (पेपर II) : 101

जनरल स्टडीज-II (पेपर III) : 116

जनरल स्टडीज-III (पेपर IV) : 92

जनरल स्टडीज-IV (पेपर V) : 79

वैकल्पिक विषय-I (राजनीतिक विज्ञान और अंतरराष्ट्रीय संबंध) (पेपर VI) : 141

वैकल्पिक विषय-II (राजनीतिक विज्ञान और अंतरराष्ट्रीय संबंध) (पेपर VII) : 142

लिखित परीक्षा में प्राप्तांक : 808

इंटरव्यू : 187

कुल अंक : 995

नए अभ्यर्थियों के लिए संदेश

❖ लंबे संघर्ष के लिए तैयार रहें। ऐसे भी उम्मीदवार हैं, जो इस परीक्षा को पहले ही प्रयास में पास कर लेते हैं। आप उनमें से एक हो सकते हैं या फिर नहीं भी हो सकते। अगर आप उन बुद्धिमान स्टार्स में एक हैं तो बहुत-बहुत बधाइयां, लेकिन अगर आप उनमें से नहीं, जो एक ही प्रयास में यह परीक्षा पास कर लेते हैं, तो लंबे संघर्ष के लिए तैयार रहें।

- एन.सी.ई.आर.टी. और इस परीक्षा के लिए मानक मानी जानेवाली किताबों को जरूर पढ़ें। हमेशा ऐसी कोई-न-कोई किताब जरूर होगी, जो दूसरे उम्मीदवार ने तो पढ़ी होगी, लेकिन आपने नहीं। लेकिन इसका कोई मतलब नहीं। यू.पी.एस.सी. सबकुछ जानने वाले ज्ञानी लोगों को नहीं खोजता, वह तो अच्छे मैनेजरों को ढूंढ़ता है, जो सीमित स्रोतों में काम निबटा सकें। और जैसा कि हमेशा ही कहा जाता रहा है, "100 किताबें एक बार पढ़ने से तो अच्छा है कि 10 किताबें दस बार पढ़ ली जाएं।"
- जितना हो सके, इधर-उधर ध्यान भटकानेवाली चीजों से दूर रहें। फिजूल के विषयों पर वाद-विवाद से बचें। ये केवल आपके वक्त और कोशिशों को बरबाद करते हैं।
- खुद पर भरोसा रखें, क्योंकि आपके अलावा दुनिया में कोई भी नहीं जानता कि आप वाकई क्या कुछ कर सकते हैं। दूसरे लोग आपकी सफलता और असफलता के आधार पर आपके बारे में कोई राय बनाते हैं; लेकिन आप अकेले अपनी असल क्षमता को जानते हैं।
- यह जानने की कोशिश कीजिए कि आप सिविल सर्विसेज का हिस्सा क्यों बनना चाहते हैं। क्योंकि जब हालात मुश्किल हों तो आपके उद्देश्य की ताकत आपको आगे बढ़ने का हौसला देगी।

❑

30

नाम : इंद्रवीर सिंह

रैंक : 259, सीएसई-2018

"आपके दिमाग में एक बात साफ होनी चाहिए (आखिर सिविल सर्विसेज ही क्यों); ऐसा इसलिए, क्योंकि यह परीक्षा दिन-पर-दिन ज्यादा प्रतिस्पर्धी बनती जा रही है। रास्ते में आनेवाली असफलता के बावजूद हर उम्मीदवार को एक मजबूत व प्रेरणादायक स्रोत की जरूरत पड़ती-ही-पड़ती है।"

इंद्रवीर सिंह

वैकल्पिक विषय

सी.एस.ई.-भूगोल; आई.एफ.एस.-भू-विज्ञान और वानिकी

परीक्षा का माध्यम

अंग्रेजी

निवासी

मेड़ता रोड, नागौर, राजस्थान

शैक्षिक योग्यता

- बी.टेक, मेकैनिकल इंजीनियरिंग, आई.आई.टी. कानपुर, 2015

अभिभावकों का पेशा

- **पिता** : माइनिंग इंजीनियर
- **माता** : गृहिणी

कोचिंग

- जी.एस.-खुद पढ़ा
- भूगोल-नीतू सिंह मैडम

प्राप्तांक

प्रीलिम्स 2018 (प्रारंभिक परीक्षा) : पेपर-1 : 116

पेपर-2 : 128.33

मेन्स (मुख्य परीक्षा)

निबंध (पेपर I) : 131

जनरल स्टडीज (सामान्य अध्ययन)-I (पेपर II) : 90

जनरल स्टडीज-II (पेपर III) : 109

जनरल स्टडीज-III (पेपर IV) : 105

जनरल स्टडीज-IV (पेपर V) : 93

वैकल्पिक विषय-I (भूगोल) (पेपर VI): 141

वैकल्पिक विषय-II (भूगोल) (पेपर VII) : 161
लिखित परीक्षा में प्राप्तांक: 830
इंटरव्यू : 165
कुल अंक : 995

सिविल सेवा की यात्रा

1. संघर्ष

1. **सिविल सर्विसेज की तैयारी के 'बीज' :** कॉलेज के दूसरे साल में की इंटर्नशिप के दौरान मुझे कई आई.ए.एस. और आई.पी.एस. अधिकारियों के साथ काम करने का अवसर मिला। मैंने बहुत खुलकर उनसे बात की और उन्होंने मुझे सिविल सर्विसेज के बारे में काफी गहरी जानकारी दी। जिस तरह से सिविल सर्विसेज जनसेवा के अवसर प्रदान करती हैं और इन सेवाओं के तहत अलग-अलग तरह के काम का मौका हासिल होता है, उसे जानकर मैं काफी प्रभावित हुआ।
2. **तैयारी की 'शुरुआत' :** अपनी ग्रेजुएशन के तीसरे साल में मैंने सिविल सर्विसेज में जाने का मन बना लिया था। तब से मैं अपने लक्ष्य के प्रति पूरी तरह समर्पित हूँ। मेरा यह सफर करीब-करीब चार सालों तक चला। मुझे जन-सेवा में कैरियर बनाने में दिलचस्पी थी, जो मुझे हौसला देती थी। मैं जब ग्रेजुएशन कर ही रहा था, तभी से मैंने तरह-तरह से जन-सेवा का काम शुरू कर दिया था, जैसे विकलांगों के लिए कृत्रिम अंग बनाना और नेत्रहीनों के लिए सब्जी काटने की मशीन वगैरह तैयार करना। इस तरह से यह मेरे लिए एक जुनून था।
3. **'दृढ़ता' से तैयारी करना :** सिविल सर्विसेज में बहुत ज्यादा दिलचस्पी होने के बावजूद जब आपका सामना असफलता से होता है तो किसी के भी मन में इसे छोड़ने का खयाल आ ही जाता है। यह परीक्षा आपको न केवल मानसिक, भावनात्मक या फिर शारीरिक रूप से थका देती है, बल्कि यह आपका आत्मविश्वास भी हिलाकर रख देती है। मैं बार-बार खुद से यह कहते हुए आगे बढ़ता रहा कि कोई भी चीज आपको नहीं मारती, बल्कि आपको मजबूत बनाती है। मैंने अपनी मरजी की जिंदगी जीने के लिए मोटी तनख्वाह में अमेरिका जाकर नौकरी करने का एक प्रस्ताव ठुकराया था। मैं अब इससे पीछे हटने वाला नहीं था। मैं कभी भी हार नहीं मानूंगा। अपनी पसंद के लिए संघर्ष करने का जो मेरे अंदर जुनून है, उसकी जड़ मेरी पारिवारिक पृष्ठभूमि में है। हमारा परिवार पश्चिमी राजस्थान में खेती-बाड़ी का काम करता है, जहाँ सूखा पड़ना एक साधारण सी बात है और इस स्थिति से हार मानकर बैठ जाने जैसा कोई विकल्प वहाँ लोगों के पास नहीं होता।
4. **तैयारी के दौरान 'संबल' :** मेरे परिवार के मुझ पर भरोसे के कारण ही मैं इतनी दूर तक निकल पाया। उन्होंने हमेशा मुझे प्रेरणा दी और सकारात्मक बातें कीं। असफलता

के दौर में सकारात्मक बने रहना और गलतियों को खुले मन से स्वीकारते हुए सीखते चले जाना मेरे माता-पिता से मिली ऐसी सीख है, जो मेरी सफलता की कुंजी है।

2. **किताबों की सूची :** कुछ आधारभूत किताबों के अलावा मुझे इन किताबों से भी काफी लाभ मिला–

    1. **कला और संस्कृति :** सी.सी.आर.टी. वेबसाइट
    2. **नीतिशास्त्र :** बाजार में उपलब्ध ए.आर.सी. के नोट्स
    3. **करेंट अफेयर्स :** फोरम आई.ए.एस. क्लासेज
    4. **निबंध :** लुकमान आई.ए.एस. टेस्ट सीरीज

नए अभ्यर्थियों के लिए संदेश

1. "आप सिविल सर्विसेज में क्यों जाना चाहते हैं, इसे लेकर आपकी सोच एकदम स्पष्ट होनी चाहिए। ऐसा इसलिए, क्योंकि यह परीक्षा दिन-ब-दिन ज्यादा प्रतिस्पर्धी बनती जा रही है। उसे देखते हुए किसी भी उम्मीदवार के भीतर असफलता के दौर में भी हार नहीं मानने की प्रबल इच्छा-शक्ति होनी चाहिए।"
2. **जल्दबाजी से बचें :** इस परीक्षा को लेकर तैयारी के दौरान जरूरी विषय सामग्री, बैकअप के विकल्प वगैरह के बारे में पूरा शोध करें और फिर इस तरफ रुख करें। नहीं तो आधी-अधूरी तैयारी के कारण कुछ प्रयास यूं ही बेकार हो जाएंगे।
3. **साथ डटे रहनेवाले लोगों की जरूरत :** ये लोग आपके माता-पिता, भाई-बहन या फिर दोस्त हो सकते हैं। जब कभी आप दिक्कतों में फंसे हों या फिर आत्मविश्वास की कमी महसूस कर रहे हों, ये लोग हर तरह से आपका सहारा बनेंगे।

❑

31

नाम : अंजू

रैंक : 272, सीएसई-2018

रैंक : 398, सीएसई-2016

"सफलता का कोई शॉर्ट-कट नहीं है। अगर आप किसी चीज की इच्छा रखते हैं तो लगातार मेहनत कर और वक्त के पाबंद बन उसे निश्चित तौर पर हासिल कर सकते हैं।"

अंजू

वैकल्पिक विषय

लोक प्रशासन

परीक्षा का माध्यम

अंग्रेजी

निवासी

जींद (हरियाणा)

शैक्षिक योग्यता

❖ बी.ए. (गणित, अर्थशास्त्र), एम.बी.ए. फाइनेंस

अभिभावकों का पेशा

❖ **पिता** : किसान

❖ **माता** : शिक्षिका

प्राप्तांक

मेन्स (मुख्य परीक्षा) : सी.एस.ई. 2016

निबंध (पेपर I) : 126

जनरल स्टडीज (सामान्य अध्ययन)-I (पेपर II) : 116

जनरल स्टडीज-II (पेपर III) : 108

जनरल स्टडीज-III (पेपर IV) : 116

जनरल स्टडीज-IV (पेपर V) : 132

वैकल्पिक विषय-I : 136

वैकल्पिक विषय-II : 139

इंटरव्यू : 129

कुल अंक : 1002

मेन्स (मुख्य परीक्षा) सी.एस.ई. 2018
निबंध (पेपर I) : 127
जनरल स्टडीज (सामान्य अध्ययन)-I (पेपर II) : 92
जनरल स्टडीज-II (पेपर III) : 120
जनरल स्टडीज-III (पेपर IV) : 105
जनरल स्टडीज-IV (पेपर V) : 85
वैकल्पिक विषय-I : 168
वैकल्पिक विषय-II : 165
कुल प्राप्तांक : 862 ❖ **इंटरव्यू** : 132 ❖ **कुल अंक** : 994

1. सिविल सेवा की यात्रा

❖ **उतार-चढ़ाव से कैसे निबटा मैंने** : सभी को हेलो! मेरा नाम अंजू है। मेरी कहानी बाकी उम्मीदवारों से कुछ हटकर है। मैं एक विवाहित महिला और एक माँ भी हूँ। मैंने बहुत देर से अपनी तैयारी शुरू की। शादी के बाद एक महिला की जिम्मेदारियां बहुत ज्यादा बढ़ जाती हैं, खास तौर पर तब, जब आप एक कामकाजी महिला हों। मैं हमेशा से ही सिविल सर्विसेज की परीक्षा देने का सपना देखती थी, लेकिन कहीं-न-कहीं मुझे यह लगता था कि यह करीब-करीब असंभव है। मुझे रास्ता दिखानेवाला कोई नहीं था। मेरे सामने कोई प्रेरणादायक इनसान भी नहीं था, जिसे देखकर प्रेरणा पाती। लेकिन मैं खुशकिस्मत थी कि मुझे इतने सहयोग देनेवाले पति मिले और मुझे अपनी क्लास में पढ़नेवाले सुरेंद्र पूनिया (ए.पी.एफ.सी.) से भी मार्गदर्शन मिला। जब सुरेंद्र ने तैयारी करनी शुरू की और पहले ही प्रयास में प्रीलिम्स पास कर लिया तो यह देख मेरे अंदर थोड़ा आत्मविश्वास जागा और मैंने उनका मार्गदर्शन लिया।

❖ मैं पहली बार वर्ष 2014 में सी.एस.ई. परीक्षा देने बैठी। मैंने मेन्स लिखा, लेकिन मुझे इस बात का यकीन नहीं था कि मैं इसमें पास हो जाऊंगी। लेकिन मैं पास हो गई और इंटरव्यू दिया। लेकिन उस साल इस परीक्षा में असफल रही। अगली बार साल 2015 की सी.एस.ई. परीक्षा में मैं प्रीलिम्स भी पास नहीं कर पाई। सी.एस.ई. 2016 में मैंने खुद अपने आप को टटोला। मैं जानती थी कि मुझे कहाँ सुधार करना है और उस पर मैंने जमकर काम भी किया। मुझे वर्ष 2016 में 398 रैंक मिला और आई.आर.एस.-सी.एंड सी.ई. में जगह मिली।

❖ सर्विस में जाने के बाद मुझे पता चला कि आई.आर.एस.-सी.एंड सी.ई. काम और जीवन में सही संतुलन देने के अलावा बहुत सारे और अवसर भी देता है। यह कस्टम, जी.एस.टी., टैक्स के अलावा प्रमुख संस्थानों, जैसे–डी.आर.आई., डी.जी.जी.आई., ई.डी., सी.बी.आई., विदेश में पोस्टिंग जैसे–कॉयन, डब्ल्यू.सी.ओ., डब्ल्यू.टी.ओ. वगैरह में

काम के अवसर देता है। मैंने दोबारा बेमन से परीक्षा दी, क्योंकि मैं आई.आर.एस. में जाने की बहुत इच्छुक नहीं थी। वर्ष 2018 में मुझे 272वां रैंक मिला और मैंने 333 नंबरों के साथ अपने वैकल्पिक विषय में भी टॉप किया था। आश्चर्य की बात यह है कि मेरा वैकल्पिक विषय पहले प्रयास से ही मेरा सबसे कमजोर पहलू था। उस दौरान मुझे इसमें 173 नंबर ही मिले थे।

2. किताबों की सूची

❖ मैंने बहुत ही आधारभूत किताबें पढ़ीं और बहुत ज्यादा स्टडी मैटीरियल का इस्तेमाल नहीं किया।

- **इतिहास**–स्पेक्ट्रम, मध्ययुगीन और प्राचीन भारत के लिए एन.सी.ई.आर.टी.
- **कला और संस्कृति**–नितिन सिंघानिया
- **राजतंत्र**–लक्ष्मीकांत
- **पर्यावरण**–शंकर आई.ए.एस. की किताब
- **भूगोल**–एन.सी.ई.आर.टी. की 11वीं और 12वीं की किताब + जी.सी. लियॉन्ग
- **विज्ञान**–केवल विजन करेंट अफेयर्स
- **करेंट अफेयर्स**–हर रोज अखबार पढ़ा ('द हिंदू', 'इंडियन एक्सप्रेस' के संपादकीय और समझाए गए हिस्से)।
- **कुछ वेबसाइट्स**–पी.आर.एस., पी.आई.बी., इनसाइट्स, आई.डी.एस.ए. वगैरह।

नए अभ्यर्थियों के लिए संदेश

❖ नए प्रतिभागियों और फिलहाल परीक्षा दे रहे अभ्यर्थियों के लिए मेरा सीधा-सा संदेश है कि खुद पर और अपनी क्षमताओं पर भरोसा बनाए रखें। सफलता का कोई शॉर्टकट नहीं है। अगर आप बगैर वक्त गँवाए कड़ी मेहनत से किसी चीज को पाने की कोशिश करते हैं तो वह निश्चित तौर पर आपको मिलेगी। आपका खुद को अच्छे ढंग से समझना जरूरी है, क्योंकि जो रणनीति किसी एक व्यक्ति के लिए काम कर सकती है, हो सकता है कि वह आपके लिए काम नहीं करे। लिहाजा, दूसरों की सलाह को सुनिए, लेकिन उनमें से क्या कुछ चुनना है, वह अपने हिसाब से तय कीजिए। मैंने ऐसे कई क्षमतावान् लोगों को देखा है, जो गलत सलाह और दबाव के कारण इस परीक्षा में सफल नहीं हो पाते। सीमित स्रोतों से पढ़ाई करें और जो कुछ पढ़ा है, उसे बार-बार दोहराएँ। ❑

32

नाम : अंशुल जैन

रैंक : 285, सीएसई-2018

"आत्म-अनुशासन, आत्मविश्वास और खुद के प्रति ईमानदारी वाला रवैया अख्तियार करना सिविल सर्विसेज की परीक्षा पास करने की आधारभूत जरूरत है।"

अंशुल जैन

वैकल्पिक विषय

एंथ्रोपोलॉजी

परीक्षा का माध्यम

अंग्रेजी

निवासी

गनौर, सोनीपत, हरियाणा

शैक्षिक योग्यता

❖ बी.टेक (सिविल इंजीनियरिंग)–आई.आई.टी. (बी.एच.यू.) वाराणसी, 2016

अभिभावकों का पेशा

❖ **पिता** : बिजनेसमैन

❖ **माता** : गृहिणी

कोचिंग

❖ जीएस–वजीराम एंड रवि, दिल्ली

❖ एंथ्रोपोलॉजी–वैद'स आई.सी.एस., दिल्ली

प्राप्तांक

प्रीलिम्स (प्रारंभिक परीक्षा) : पेपर-1 : 126.66

पेपर-2 : 167.50

मेन्स (मुख्य परीक्षा)

निबंध (पेपर I) : 142

जनरल स्टडीज (सामान्य अध्ययन)-I (पेपर II) : 85

जनरल स्टडीज-II (पेपर III) : 112

जनरल स्टडीज-III (पेपर IV) : 99

जनरल स्टडीज-IV (पेपर V) : 108

वैकल्पिक विषय-I (एंथ्रोपोलॉजी) (पेपर I) : 150
वैकल्पिक विषय-II (एंथ्रोपोलॉजी) (पेपर II) : 157
लिखित परीक्षा में प्राप्तांक : 853
इंटरव्यू : 140
कुल अंक : 993
मुझसे संपर्क करें
ब्लॉग : *https://medium.com/@anshjain1223*

सिविल सेवा की यात्रा

- मुझे इस बात में बेहद रुचि थी कि मैं बड़ा होकर क्या बनूंगा और मेरे खयालों में सिविल सर्विसेज दूर-दूर तक नहीं था। आई.आई.टी. (बी.एच.यू.) से 2016 में ग्रेजुएशन करने के बाद भी अपने कैरियर को लेकर मुझे कोई स्पष्टता नहीं थी। मेरे पिताजी ने मुझे समझाते हुए कहा कि मुझे यह परीक्षा देनी ही चाहिए। इसके बाद मैंने आत्म-विश्लेषण करके आखिरकार यू.पी.एस.सी. की परीक्षा देने का फैसला किया।
- जब मैंने अपनी तैयारी शुरू की तो मुझे अपनी क्षमताओं को लेकर बहुत सारे डर और शंकाएं थीं। लेकिन मैंने अपनी इन शंकाओं को अपनी मेहनत व गंभीरता के कारण बहुत हद तक कम कर दिया। मैंने सितंबर 2016 में इस परीक्षा की तैयारी शुरू कर दी थी, जो मार्च 2017 तक चली। मुझे इस बात को लेकर शंका थी कि मुझे 2017 के प्रीलिम्स में बैठना चाहिए या नहीं, क्योंकि मैं अपनी मेन्स की तैयारी को लेकर बहुत निश्िंचत नहीं था। आखिरकार, मैंने प्रीलिम्स देने का फैसला कर ही लिया और 2017 में उसमें पास भी हो गया। लेकिन मेरा डर हकीकत में बदल गया, क्योंकि उस साल मैं मेन्स में असफल रहा।
- इस असफलता के बाद मैंने ठान लिया था कि मैं अपनी अगली यू.पी.एस.सी. की परीक्षा में कोई कोर-कसर बाकी नहीं छोड़ूँगा। इस बार मैंने जितना संभव हो सकता था, उतने विस्तार से अपना सिलेबस पूरा करने पर फोकस किया और हर रोज मेन्स के लिए तैयारी करने लगा। मेरी मेहनत रंग लाई और मुझे इंटरव्यू के लिए बुलावा आ गया।
- मेरा इंटरव्यू पहले ही दिन था, जिसकी वजह से मैं ज्यादा घबरा गया और चिंतित हो गया। मेरे दिमाग में लगातार यही बात चल रही थी कि बोर्ड मुझसे क्या कुछ पूछेगा। लेकिन इसका तो कोई इंटरव्यू से पहले उत्तर दे नहीं सकता था। हालाँकि, मैं लगातार खुद से कहता रहा कि इस परीक्षा की तैयारी करनेवाले हर एक व्यक्ति को इंटरव्यू बोर्ड से रू-बरू होने का मौका नहीं मिल पाता। और चूँकि मुझे यह सौभाग्य मिला है, इसलिए मुझे इस सुनहरे अवसर का आनंद उठाते हुए इसका ज्यादा-से-ज्यादा लाभ उठाना चाहिए। मुझे उस पल अपना सबसे बेहतरीन उत्तर देना था और उसी के बूते

मुझे जीत मिल जाती। कुल मिलाकर, मुझे लगा कि मेरा इंटरव्यू अच्छा हुआ है; लेकिन इंटरव्यू बोर्ड के विचार मेरे विचारों से अलग थे। यू.पी.एस.सी. की तैयारी में यह एक आम बात है कि आप शायद वह न पाएं, जिसकी उम्मीद लगाए बैठे हों; लेकिन आपको जो कुछ हासिल हो, उसे स्वीकारिए और आगे बढ़िए।

- यू.पी.एस.सी. के बारे में एक खास बात यह है कि जब रिजल्ट आना होता है तो परीक्षार्थी बहुत हल्ला-गुल्ला करते हैं। रिजल्ट आने वाला था और चिंता व घबराहट अपने चरम पर थी। जब आप सूची में अपना नाम ढूंढ़ते हैं और उसे वहाँ पाते हैं तो वह एक अलग ही एहसास होता है, जिसे शब्दों में व्यक्त नहीं किया जा सकता। लेकिन सबसे ज्यादा खुशी और संतुष्टि उस वक्त होती है, जब आप उन पलों में अपने माता-पिता के चेहरे को देखते हैं।
- मेरे लिए यू.पी.एस.सी. का सफर काफी कुछ सीखनेवाला रहा। मैंने इस दौरान दुनिया के बारे में जाना, देश के बारे में जाना और सबसे बड़ी बात खुद के बारे में जाना। यह उतार-चढ़ाव से भरा एक घुमावदार सफर था। लेकिन मैं चलता रहा, क्योंकि मुझे अपनी मेहनत पर यकीन था। जैसा कि कहा जाता है कि किसी भी सफर का अंत, एक नए सफर की शुरुआत से होता है।

नए अभ्यर्थियों के लिए संदेश

- मेरा मानना है कि आत्मानुशासन, आत्मविश्वास और अपने प्रति पूरी तरह ईमानदार बनना सिविल सर्विसेज परीक्षा को पास करने की आधारभूत जरूरतें हैं। सकारात्मक लोगों के संपर्क में रहिए और अपने लक्ष्य पर फोकस कीजिए।
- इस सफर के दौरान मैंने असफलता का सामना करना सीखा। हर एक उम्मीदवार इस यात्रा में एक ऐसे दौर से जरूर गुजरता है, जब उसे खुद पर ही शंका होने लगती है। लेकिन यहाँ महत्त्वपूर्ण बात यह है कि आप इस स्थिति से कितनी जल्दी बाहर निकल पाते हैं और दोबारा अपनी तैयारी में जुट जाते हैं। मुझे लगता है कि मेहनत और सही रास्ता दिखाए जाने के बाद हर कोई इस परीक्षा को पास कर सकता है। बस, आगे बढ़ते रहिए, एक दिन आप अपनी मंजिल तक पहुँच जाएंगे। आप तभी हारते हैं, जब कोशिश करना बंद कर देते हैं।
- और एक बात, सफलता का कोई शॉर्टकट नहीं है। आपको हर दिन कड़ी मेहनत करनी होगी, बाकी सब अपनी किस्मत पर छोड़ दें। यू.पी.एस.सी. की तैयारी का सफर तय करते हुए आप काफी कुछ सीखते हैं। आपको एक अच्छा नागरिक और इनसान बनने की कोशिश करनी चाहिए।

❑

33

नाम : वसुधा सहरावत

रैंक : 310, सीएसई-2018

"यह परीक्षा समर्पण, कड़ी मेहनत और बुद्धिमानी की है। अपनी गलतियों से सबक लें और कमियों को दूर करें।"

वसुधा सहरावत

वैकल्पिक विषय

भूगोल

परीक्षा का माध्यम

अंग्रेजी

निवासी

रंगपुरी गाँव, नई दिल्ली

शैक्षिक योग्यता

❖ 12वीं रेयान इंटरनेशनल स्कूल, वसंत कुंज, दिल्ली (विषय–पी.सी.एम. और अर्थशास्त्र)

❖ बी.ई.–दिल्ली कॉलेज ऑफ इंजीनियरिंग (विषय–सिविल इंजीनियरिंग)

अभिभावकों का पेशा

❖ **पिता :** सरकारी सेवा (जी.एन.सी.टी. दिल्ली में डिप्टी सेक्रेटरी)

❖ **माता :** गृहिणी

कोचिंग

❖ कोचिंग ली

प्राप्तांक

प्रीलिम्स (प्रारंभिक परीक्षा) : पेपर–1 : 112.66

पेपर–2 : 117.50

मेन्स (मुख्य परीक्षा)

निबंध (पेपर I) : 132

जनरल स्टडीज (सामान्य अध्ययन)–I (पेपर II) : 79

जनरल स्टडीज–II (पेपर III) : 106

जनरल स्टडीज-III (पेपर IV) : 102
जनरल स्टडीज-IV (पेपर V) : 104
वैकल्पिक विषय-I (भूगोल) (पेपर I) : 170
वैकल्पिक विषय-II (भूगोल) (पेपर II) : 191
लिखित परीक्षा में प्राप्तांक : 797
इंटरव्यू : 193
कुल अंक : 990

सिविल सेवा की यात्रा

❖ **संघर्ष और रणनीति** : यह मेरा पाँचवां प्रयास और चौथा इंटरव्यू था। अपने चौथे प्रयास में मैंने सी.एस.ई.-2016 की आरक्षित सूची में (आर.एल. में रैंक 35) में जगह बना ली थी और मुझे ए.एफ.एच.क्यू. सी.एस. मिला था। अब तक का सफर बहुत चुनौतीपूर्ण था। अपने पहले तीन प्रयासों में मुझे बार-बार असफलता का सामना करना पड़ा, वह भी इंटरव्यू वाले चरण में पहुँचने के बाद। हालाँकि, मेरे परिवार के सहयोग, मेरे मजबूत इरादों और मेहनत के कारण मुझे आखिरकार सफलता मिल ही गई। परीक्षा की तैयारी के दौरान मैंने प्रीलिम्स और मेन्स दोनों के लिए साथ-साथ तैयारी करने की कोशिश की। जनरल स्टडीज के लिए, मेरा फोकस था, विषय के नहीं बदलने वाले हिस्सों (स्टैटिक हिस्से) को बार-बार दोहराना और अखबारों, मैगजीन में छपी ताजातरीन घटनाओं से खुद को अपडेट रखना। जनरल स्टडीज के लिए मैंने अपने बनाए नोट्स से ही पढ़ा। इसके अलावा राजतंत्र के लिए लक्ष्मीकांत, साइंस रिपोर्टर (एस. एंड टी.), इतिहास के लिए एन.सी.ई.आर.टी., आर्थिक सर्वेक्षण, आई.वाय.बी., एन.सी.ई.आर.टी. (अर्थशास्त्र) से पढ़ा। जी.एस. से जुड़ा करेंट अफेयर्स वाला हिस्सा 'द हिंदू', 'योजना' और 'कुरुक्षेत्र' से अपडेट किया। भूगोल के लिए, जी.एस. और वैकल्पिक दोनों मैंने अपने नोट्स से पढ़ने के अलावा कुछ किताबों, जैसे—सविन्द्र सिंह की फिजिकल ज्योग्राफी (पेपर-2), ज्योर्मोफोलॉजी और क्लाइमैटोलॉजी, माजिद हुसैन की ज्योग्राफिकल थॉट (पेपर-1) की मदद ली। किसी भी उम्मीदवार के चुने जाने में बहुत महत्त्वपूर्ण भूमिका निभानेवाले निबंध के लिए मैंने नियमित तौर पर निबंध लेखन का अभ्यास किया।

नए अभ्यर्थियों के लिए संदेश

❖ असफलताओं को अपने लक्ष्य के आड़े न आने दें। यह परीक्षा आपके समर्पण, कड़ी मेहनत और होशियारी का इम्तिहान है। अपनी गलतियों से सबक सीखने की कोशिश करें और कमियों को दूर करें। इस तरह से कोई भी आपको आपके सपनों को पाने से नहीं रोक सकता।

❑

34

नाम : आदित्य कुमार झा

रैंक : 339, सीएसई-2018

"सिविल सेवा परीक्षा एक परीक्षा से अधिक एक यात्रा है। इसमें सामान्य मेधा, कठोर परिश्रम तथा लंबी प्रतिबद्धता अनिवार्य है। उपलब्ध अध्ययन सामग्री, संसाधन, समय का धैर्यपूर्वक प्रबंधन निश्चित रूप से सफलता के मार्ग को आसान बना सकता है।"

आदित्य कुमार झा

वैकल्पिक विषय

संस्कृत साहित्य

परीक्षा का माध्यम

हिंदी

निवासी

लखनौर, मधुबनी (बिहार)

शैक्षिक योग्यता

- एम.ए. इलाहाबाद विश्वविद्यालय

अभिभावकों का पेशा

- **पिता** : प्रोफेसर
- **माता** : गृहिणी

प्राप्तांक

प्रीलिम्स (प्रारंभिक परीक्षा) : 102

मेन्स (मुख्य परीक्षा) और इंटरव्यू

सी.एस.ई., 2016

841+154

सी.एस.ई., 2017

830+184

सी.एस.ई., 2018

820+168

सिविल सेवा की यात्रा

- ‘सिविल सेवा कैरियर’ यह शब्द सामने आते ही भारत के ग्रामीण मध्य-वर्गीय परिवार के बच्चों की आँखें अद्भुत रोमांच के साथ चमक-सी उठती हैं। बिहार के सुदूर मधुबनी जिले के एक गाँव लखनौर में अपना बचपन बितानेवाला मैं भी उसी अद्भुत सिविल सेवा के स्वप्न, किंवदंती, प्रतिष्ठा के रोमांच से अभिभूत हुआ। मेरे पिताजी संस्कृत के प्रोफेसर हैं। घर में अब तक सभी संस्कृत के विद्वान् शिक्षक ही हुए हैं। जाहिर-सी बात है, मेरे पिताजी के मन में हम तीन भाइयों के लिए कुछ अलग बनने की आकांक्षा थी। फलतः कक्षा 6 में रहने के दौरान मुझे मेरे बड़े भाई के साथ इलाहाबाद भेज दिया गया। जब इलाहाबाद पहुँचा तो मानो सिविल सेवा के प्रति आकर्षण रूपी बाल्यकालीन बीज ने इलाहाबाद की उर्वर मिट्टी के संपर्क में आकर पौधे का रूप धारण कर लिया। मेरे अनुशासनप्रिय अग्रज खुद यू.पी.एस.सी. की तैयारी में जुटे थे, अतः यह संक्रामक रोग बहुत शुरुआत में ही मुझे लग चुका था।
- खैर, कुछ वर्षों के बाद मैं इंटरमीडिएट में पहुँचा। सब बच्चों के समान मेरे समक्ष भी सवाल था—आगे क्या? अंतर्मन ने मानो एकतरफा निर्णय दे दिया कि बस, सिविल सेवा। फिर क्या, मैंने भी आई.ए.एस. की फैक्ट्री कहे जानेवाले इलाहाबाद विश्वविद्यालय में प्रवेश ले लिया। अब प्रश्न था कि मेरा वैकल्पिक विषय क्या हो? बाल-सुलभ जिज्ञासावश दर्जनों स्थानीय चयनित उम्मीदवारों के पास दौड़-भाग करते हुए विषय के रूप में भूगोल, संस्कृत एवं राजनीतिक विज्ञान को (बी.ए. में मेरा विषय) चयनित किया। तर्क वही बाल-सुलभ बुद्धिजनित कि ‘प्रीलिम्स भूगोल के दम पर चुटकी बजाते हुए पास कर जाएंगे और मेन्स में संस्कृत, भूगोल में जबरदस्त नंबर की प्राप्ति की सुलभंता सुनिश्चित रहेगी’। खैर, बी.ए. के दौरान इसी उत्साह के कारण वैकल्पिक विषय पर ठोस कमांड हो सकी।
- 2012 में एम.ए. करने के पश्चात् मैं अब दिल्ली आ चुका था। उस समय सीसैट का अद्भुत आतंक था। कर्मकांड के मुताबिक, दिल्ली के कोचिंग में भी गया। घटिया, गुणवत्ताहीन एवं स्तरहीन कोचिंग के कारण मेरी यू.पी.एस.सी. की तैयारी मन-मुताबिक नहीं हो पाई। इसी बीच वर्ष 2013 में पाठ्यक्रम में बदलाव ने मेरी रणनीति एवं आत्मविश्वास को तोड़कर रख दिया। इन कारणों से मैंने वर्ष 2013 में परीक्षा नहीं दी और वैकल्पिक कैरियर के लिए राज्य सिविल सेवा की ओर रुख किया। इसी बीच आई.बी. में सहायक सेंट्रल इंटेलिजेंस अधिकारी के रूप में मुझे पहली सफलता प्राप्त हुई।
- वरिष्ठ अधिकारियों से बात करने पर मैंने यह निर्णय किया कि आई.बी. ज्वॉइन नहीं करनी है। इस बात पर मेरे पिताजी बहुत नाराज हुए। खैर, उनके असुरक्षा-बोध व नाराजगी के बीच मैंने यह जुआ भी खेला।

- सीसैट के प्रति मानसिक भय और हिंदी माध्यम में नगण्य रिजल्ट ने मिलकर मेरा समस्त आत्मविश्वास तोड़ डाला था। किंतु वर्ष 2015 अद्भुत ऊर्जा के साथ सामने आया। इस वर्ष निशान्त जैन ने हिंदी माध्यम में 13वां रैंक प्राप्त किया। सीसैट आंदोलन की सफलता ने मेरे जैसे लाखों उम्मीदवारों को नवीन ऊर्जा प्रदान की।
- तीन वर्षों की निराशा पूर्णतया समाप्त हो गई थी। सिविल सेवा परीक्षा में प्रथम प्रयास में सफलता के बाद वर्ष 2015 की मुख्य परीक्षा पूरे उत्साह से दी। अजितेश, दीपक, धीरेंद्र के रूप में अनेक परिश्रमी मित्रों का सर्किल भी तब तक बन चुका था। साथ ही यू.पी.पी.सी.एस. में जिला बचत अधिकारी के रूप में दूसरी सफलता प्राप्त हुई।
- मुख्य परीक्षा में हिंदी माध्यम के जन्मजात अभिशाप जैसे घटिया कोचिंग, अध्ययन सामग्री की कमी, खुद की लापरवाही, अति आत्मविश्वास, खुद नोट्स न बनाने की आदत के कारण मुख्य परीक्षा का परिणाम नकारात्मक रहा।
- वर्ष 2015 के मुख्य परीक्षा में चूकने के पश्चात् मैंने दुगुने उत्साह से 2016 की परीक्षा दी। अब तक वैकल्पिक विषय संस्कृत पर मेरी काफी ठोस पकड़ बन चुकी थी। टेस्ट सीरीज एवं सामान्य अध्ययन भी औसत से बेहतर हो गया था। मुख्य परीक्षा में संतोषजनक प्रदर्शन के उपरांत मैंने एटा जिले में जिला बचत अधिकारी के रूप में ज्वॉइन करके नए उत्साह से अपनी तैयारी को आगे बढ़ाया। 21 फरवरी, 2017 को मुख्य परीक्षा में सफल होकर परिवार सहित सभी से इस खुशखबरी को साझा किया। तभी उसी रात लगभग 9 बजे एक दुर्घटना में मेरा पैर फ्रैक्चर हो गया। इंटरव्यू हॉल के रोमांच के बीच मैं शीघ्र ही अस्पताल तक पहुँच गया। फिर अगले दो माह तक बिस्तर पर पड़े-पड़े मैंने इंटरव्यू की तैयारी की। मॉक इंटरव्यू के लिए व्हीलचेयर पर मुखर्जी नगर से राजेंद्र नगर तक घूमा। 21 अप्रैल को सक्सेना सर के बोर्ड में व्हीलचेयर पर ही इंटरव्यू में सम्मिलित हुआ। इंटरव्यू बहुत ही औसत हुआ और सफलता की कोई आशा नहीं रही।
- 31 मई, 2017 को शाम 7 बजे मैंने जैसे ही अपना नाम 503वें स्थान पर देखा तो मानो सहसा विश्वास नहीं हुआ। जीवन में जो आँसू दर्जनों परीक्षा में फेल होकर नहीं निकले, वे सहसा ही द्वितीय प्रयास में सफलता के पश्चात् निकल गए। खैर, अब मेरा जीवन पूर्णतः बदल चुका था। मेरे पिताजी के जीवन की सबसे बड़ी साधना एक हद तक पूर्ण होती दिख रही थी।
- इसी उत्साह को निरंतर रखते हुए सिविल सेवा परीक्षा 2017 की मुख्य परीक्षा दी और IRAS के प्रशिक्षण को ज्वॉइन किया। 2017 की सिविल सेवा परीक्षा में 431वीं रैंक पर मेरा डी.ए.एन.आई.सी.एस. (DANICS) सेवा हेतु चयन हुआ। इस प्रकार, लगातार दूसरी बार चयन आत्मविश्वास बढ़ानेवाला सिद्ध हुआ।

❖ फिर वर्ष 2018 की सिविल सेवा परीक्षा का परिणाम अप्रैल 2019 में आया, जो संपूर्ण हिंदी माध्यम के लिए स्तब्धकारी रहा। हिंदी माध्यम से सामान्य श्रेणी में मात्र दो रिजल्ट सामने आए–एक मेरा तथा एक और उम्मीदवार का। मुझे 339वीं रैंक के रूप में आंशिक सफलता से संतोष करना पड़ा। फिर भी, संतोष रहा कि इस भयानक तूफान में भी सफलता प्राप्त हुई। ईश्वर, गुरुजनों, परिजनों एवं मित्रों के आशीष से सफलता के सोपान चढ़ने के अनेक अवसर प्राप्त हुए हैं। वर्तमान में डी.ए.एन.आई.सी.एस. (DANICS) सेवा के प्रशिक्षु के तौर पर सेवारत हूँ। 'चरैवेति चरैवेति' के सिद्धांत पर प्रत्येक दिन, प्रत्येक प्रयास से कुछ नया सीखकर निरंतर आगे बढ़ने को प्रयासरत हूँ। ❑

35

नाम : प्रतीक बयाल

रैंक : 340, सीएसई-2018

"सही लक्ष्य चुनिए। सिविल सर्विसेज को चुनने के आपके फैसले का आधार मजबूत और प्रेरणा सही होनी चाहिए।"

प्रतीक बयाल

वैकल्पिक विषय

भौतिकी

परीक्षा का माध्यम

अंग्रेजी

निवासी

दिल्ली

शैक्षिक योग्यता

❖ बी.टेक–आई.आई.टी. दिल्ली (2014)

अभिभावकों का पेशा

❖ **पिता** : केन्द्रीय सरकार से सेवानिवृत्त कर्मचारी

❖ **माता** : आँगनबाड़ी कार्यकर्ता

कोचिंग

❖ जी.एस.–वजीराम

❖ भौतिकी–डी.आई.ए.एस.

प्राप्तांक

प्रीलिम्स (प्रारंभिक परीक्षा) : पेपर–1 : 122

पेपर–2 : 105

मेन्स (मुख्य परीक्षा)

निबंध (पेपर I) : 139

जनरल स्टडीज (सामान्य अध्ययन)-I (पेपर II) : 80

जनरल स्टडीज-II (पेपर III) : 98

जनरल स्टडीज-III (पेपर IV) : 87

जनरल स्टडीज-IV (पेपर V) : 86

वैकल्पिक विषय-I (भौतिकी) (पेपर VI) : 166
वैकल्पिक विषय-II (भौतिकी) (पेपर VII) : 156
लिखित परीक्षा में प्राप्तांक : 812
इंटरव्यू : 176
कुल अंक : 988

सिविल सेवा की यात्रा

1. सफलता और असफलता से कैसे निबटें—

- याद करिए कि आपने इस सफर में आगे बढ़ने का फैसला क्यों किया था।
- यदि संभव हो तो अपने जैसे लोगों या फिर अच्छे उम्मीदवारों की संगति में रहें। नकारात्मक लोगों से बचें।
- हमेशा इस बात को याद रखें कि थोड़ी-बहुत घबराहट होना स्वाभाविक है, 'एक रॉकेट तभी उड़ता है, जब उसकी पूँछ में आग लगाई जाती है।' इस स्थिति के साथ सरलता से रहने की कोशिश करें।
- अपनी सेहत का खयाल रखें। रोज कसरत, योग या फिर ध्यान, जो आपको ठीक लगें, जरूर करें।
- किसी से वाद-विवाद में न उलझें। विनम्र बने रहें और हमेशा बोलने से ज्यादा दूसरों की सुनें। दूसरों के विचारों की इज्जत करें, साथ ही अपने विचारों पर विनम्रता के साथ अडिग रहें। परीक्षा के प्रारूप को समझें। इस परीक्षा के विभिन्न भागों की मांग और लागत-लाभ विश्लेषण को समझें। हालाँकि यही सुझाव दिया जाता है कि सिलेबस के किसी भी हिस्से को पढ़ना न छोड़ें; फिर भी, हर व्यक्ति को हर पेपर या हिस्से के हिसाब से अपनी विशेषज्ञता के स्तर के अनुसार अपनी प्राथमिकताएं तय करनी ही होती हैं।
- बेकार के कामों में अपना समय न गंवाएं, न ही काम को टालें।
- टॉपर्स की सफलता की कहानियां, कूटनीति और उनकी बातों के बारे में पढ़ें, फिर अपनी योजना तैयार करें। इससे आपकी हौसला-अफजाई तो होती ही है, सफल लोगों की तैयारी से जुड़े संघर्ष से आप खुद के संघर्ष को जोड़कर भी देखते हैं।
- पढ़ने, लिखने और दोहराने को एक जैसी अहमियत दें। दोहराएँ, दोहराएँ, दोहराएँ।

2. किताबों की सूची

- विजन आई.ए.एस. टेस्ट सीरीज के मॉड्यूल को फॉलो करें। उन्होंने प्राथमिक और कम महत्त्व वाले स्रोतों को सूचीबद्ध किया हुआ है। उन्हें अपनी समझदारी के साथ ऊपर दिए गए बिंदुओं को मन में रखते हुए सिलेबस के आधार पर फॉलो करें।

नए अभ्यर्थियों के लिए संदेश

- सही लक्ष्य चुनें। सिविल सर्विसेज को चुनने के आपके फैसले के पीछे मजबूत आधार और सही प्रेरणा होनी चाहिए। खुद से पूछिए कि आखिर आप सिविल सर्विसेज में क्यों आना चाहते हैं? जो कुछ दिमाग में आता है, उसे लिखें और जब कभी भी निराश या हताश महसूस करें, उन बिंदुओं को दोबारा पढ़ें।
- परीक्षा के प्रारूप, पाठ्यक्रम, विभिन्न चरणों और पूरी प्रक्रिया के बारे में जानें। कृपया एक बात स्पष्ट रूप से जान लें कि सिविल सर्विसेज परीक्षा के सभी चरणों, जैसे–प्रीलिम्स, मेन्स और इंटरव्यू को एक ही चरण में पास करना जरूरी है। लिहाजा, यह बहुत जरूरी है कि जब तक आप अपनी पसंदीदा सेवा में चुन नहीं लिये जाते, इस पूरी प्रक्रिया के दौरान धैर्य, प्रेरणा और दक्षता को बनाए रखें।
- सूचना के इस दौर में चारों ओर सूचना-ही-सूचना बिखरी पड़ी है। सूचना के इस महासागर में यह जानना कि आपको क्या पढ़ना है, से ज्यादा महत्त्वपूर्ण यह जानना है कि आपको क्या नहीं पढ़ना। उसी के हिसाब से आपको चीजों को प्राथमिकता देनी है।
- याद रखिए कि जनरल स्टडीज केवल सामान्य ज्ञान की एक परीक्षा है और इसके लिए बहुत ज्यादा गहरे ज्ञान की जरूरत नहीं है; जबकि वैकल्पिक विषय के लिए निजी रुचि, कौशल और पर्याप्त विशेषज्ञता की जरूरत होती है। इसलिए जनरल स्टडीज की ज्यादा चिंता न करें और वैकल्पिक विषय चुनते समय समझदारी से विचार करें।

❑

36

नाम : नतीषा माथुर

रैंक : 351, सीएसई-2018

"सिविल सर्विस की परीक्षा पास करने के लिए जरूरी है—एक सकारात्मक नजरिया, आत्मविश्वास, परिवार का सहयोग, मेहनत और पढ़े गए पाठ को बार-बार दोहराना।"

नतीषा माथुर

वैकल्पिक विषय

राजनीतिक विज्ञान और अंतरराष्ट्रीय संबंध

परीक्षा का माध्यम

अंग्रेजी

निवासी

गाँव मोहम्मदपुर माजरी, दिल्ली

शैक्षिक योग्यता

❖ राजनीतिक विज्ञान में ग्रेजुएशन और पोस्ट ग्रेजुएशन, दिल्ली विश्वविद्यालय

अभिभावकों का पेशा

❖ **पिता** : बिजनेसमैन

❖ **माता** : गृहिणी

कोचिंग

❖ वर्ष 2015-16 में श्रीराम आई.ए.एस. से कोचिंग ली, उसके बाद खुद ही पढ़ा।

प्रीलिम्स (प्रारंभिक परीक्षा) : पेपर-1 : 108

पेपर-2 : 134.18

मेन्स (मुख्य परीक्षा)

निबंध (पेपर I) : 134

जनरल स्टडीज (सामान्य अध्ययन)-I (पेपर II) : 102

जनरल स्टडीज-II (पेपर III) : 101

जनरल स्टडीज-III (पेपर IV) : 88

जनरल स्टडीज-IV (पेपर V) : 101

वैकल्पिक विषय-I (राजनीतिक विज्ञान और अंतरराष्ट्रीय संबंध) (पेपर VI) : 146
वैकल्पिक विषय-II (राजनीतिक विज्ञान और अंतरराष्ट्रीय संबंध) (पेपर VII) : 149
लिखित परीक्षा में प्राप्तांक : 821
इंटरव्यू : 165
कुल अंक : 986

सिविल सेवा की यात्रा

- सिविल सर्विसेज के लिए यह मेरा तीसरा प्रयास था। मैं पहले दो प्रयासों में प्रीलिम्स तक पास नहीं कर पाई थी। हर बार तैयारी शून्य से शुरू होती। इसके लिए बहुत ताकत की जरूरत थी। कभी-कभी तो मैं अपनी क्षमताओं पर भी शक करने लगती थी। लेकिन मेरे पास मेरे माता-पिता का सहारा था, जिन्होंने मुझे कभी भी निराश नहीं होने दिया। इसी के बूते मैं यू.पी.एस.सी. में सफलता पाने के अपने सपने की तरफ बढ़ती चली गई। आज मुझे इस बात की बहुत खुशी है कि मैं अपने परिवार और गाँव की ऐसी पहली लड़की हूँ, जिसने यह परीक्षा पास की।

किताबों की सूची

- एन.सी.ई.आर.टी. से शुरुआत करें, क्योंकि इसकी पुस्तकें इस परीक्षा की आधार हैं। इसके अलावा कुछ मानक किताबें हैं, जैसे–राजतंत्र के लिए लक्ष्मीकांत, पर्यावरण के लिए शंकर आई.ए.एस., अर्थशास्त्र के लिए श्रीराम के आई.ए.एस. नोट्स, कला व संस्कृति और एटलस के लिए नितिन सिंघानिया की किताब और नीतिशास्त्र के पेपर के लिए ए.आर.सी. की रिपोर्ट महत्त्वपूर्ण है। उम्मीदवारों को उत्तर लिखने का भी अभ्यास करना चाहिए। हर रोज अखबार पढ़ना बेहद जरूरी है, क्योंकि इस परीक्षा के हर चरण में करेंट अफेयर्स के बारे में पूछा जाता है।
- मैंने वैकल्पिक पेपर के लिए शुभ्रा रंजन मैडम के नोट्स पढ़े। इसके अलावा, राजनीतिक विचारधारा और राजनीति के लिए आंद्रे वेवुड की किताबें भी पढ़ीं। राजनीतिक सिद्धांत के लिए मैंने राजीव भार्गव और अशोक आचार्य की किताब पढ़ी।

नए अभ्यर्थियों के लिए संदेश

- एक सकारात्मक सोच, आत्मविश्वास, परिवार का सहयोग, मेहनत, पाठ को बार-बार दोहराना–यही सब इस परीक्षा में सफल होने के लिए जरूरी हैं। इस परीक्षा में निबंध और नीतिशास्त्र के पेपर वाकई बहुत महत्त्वपूर्ण हैं। अपने निबंध के पेपर के लिए मैंने पिछले साल के आम मुद्दों, जैसे–शिक्षा, तकनीक वगैरह पर 10 से 15

निबंध लिखे और उन्हें अपने भाई एवं दोस्तों को दिखाया, जिन्होंने उन निबंधों को आलोचनात्मक दृष्टि से देखा, जिससे मुझे अपनी गलतियां पहचानने में बहुत मदद मिली। इसके अलावा, निबंध लिखते समय मैंने समाज, राजनीति, अर्थशास्त्र जैसे तमाम विषयों को कवर करने की कोशिश की। गांधीजी, डॉ. अब्दुल कलाम जैसी हस्तियों के कुछ महत्त्वपूर्ण कोट्स इकट्ठा करने की कोशिश की और फिर उन्हें अपने निबंध में इस्तेमाल किया।

- नीतिशास्त्र के पेपर के लिए सिलेबस को पूरी तरह पढ़ें और सिलेबस में लिखे हर शब्द की परिभाषा लिखें। कुछ उत्तरों में अपने जीवन के उदाहरणों को शामिल करने की भी कोशिश करें।
- वे उम्मीदवार, जिन्हें प्रीलिम्स में कट-ऑफ के आसपास नंबर ही मिले हैं, वे अनुमानों में वक्त बरबाद नहीं करें। कृपया इस डेढ़ महीने में अपने वैकल्पिक पेपर को पढ़ें और निबंध लिखने का अभ्यास करें।
- इसके अलावा, मैं नए उम्मीदवारों को यह भी बताना चाहती हूँ कि इस परीक्षा में आप किसी तरह का अनुमान नहीं लगा सकते। इसमें थोड़ा-बहुत किस्मत का खेल तो चलता ही है। इसलिए इस परीक्षा के साथ-साथ हमें दूसरी परीक्षाएं भी देते रहना चाहिए। मैंने वर्ष 2017 में सी.जी.एल. की परीक्षा पास की और इसलिए मुझे यह डर नहीं था कि अगर मैं यू.पी.एस.सी. में असफल हो जाऊँगी, तो क्या करूंगी। शायद इसी वजह से इस बार मैं ज्यादा फोकस के साथ एकदम खुले दिमाग से पढ़ पाई।

❑

37

नाम : तरुण तोमर

रैंक : 374, सीएसई-2018

"यदि आपके दिमाग में कोई लक्ष्य है तो उसे पाने के लिए खूब मेहनत करें। आपके इस सफर में कभी-कभी हालात आपके प्रतिकूल भी होंगे; लेकिन ऐसा क्या है कि जिसे मजबूत इरादों, दृढ़ता, मेहनत और गंभीरता से प्राप्त नहीं किया जा सकता।"

तरुण तोमर

वैकल्पिक विषय

समाजशास्त्र

परीक्षा का माध्यम

अंग्रेजी

निवासी

रोहतक, हरियाणा

शैक्षिक योग्यता

❖ बी.ई. (बैचलर इन)-इंजीनियरिंग इलेक्ट्रिकल एंड इलेक्ट्रॉनिक्स इंजीनियरिंग, बिट्स, पिलानी

अभिभावकों का पेशा

❖ **पिता** : स्व. श्री किशन, हरियाणा सरकार में स्कूल प्रिंसिपल थे।

❖ **माता** : परमेश्वरी देवी, गृहिणी

कोचिंग

❖ नहीं ली।

प्राप्तांक

प्रीलिम्स (प्रारंभिक परीक्षा) : पेपर-1 : 104

पेपर-2 : 161.68

मेन्स (मुख्य परीक्षा)

निबंध (पेपर I) : 141

जनरल स्टडीज (सामान्य अध्ययन)-I (पेपर II) : 92

जनरल स्टडीज-II (पेपर III) : 111

जनरल स्टडीज-III (पेपर IV) : 97

जनरल स्टडीज-IV (पेपर V) : 108

वैकल्पिक विषय-I (समाजशास्त्र) (पेपर VI) : 143
वैकल्पिक विषय-II (समाजशास्त्र) (पेपर VII) : 130
लिखित परीक्षा में प्राप्तांक : 822
इंटरव्यू : 162
कुल अंक : 984
मुझसे संपर्क करें
फेसबुक : *https://m.facebook.com/ TarunTomer777*

सिविल सेवा की यात्रा

- मेरा नाम तरुण तोमर है। मैं हरियाणा के रोहतक में पला-बढ़ा हूँ। मेरे पिताजी ने हरियाणा सरकार की स्कूल व्यवस्था में पहले एक लेक्चरर और बाद में बतौर प्रिंसिपल काम किया। मेरी मां एक गृहिणी हैं। मेरे परिवार में ज्यादातर लोग या तो किसान हैं या फौजी।
- जैसा कि हर किसी के साथ होता है, मेरी परवरिश का भी मेरे कैरियर के चुनाव और मेरे व्यक्तित्व पर बहुत ज्यादा असर पड़ा। मेरे परिवार के देशभक्ति वाले माहौल ने मुझे देश के विकास में सकारात्मक योगदान देने के लिए प्रेरित किया। मेरे माता-पिता दोनों ही मुझे बताया करते थे कि जब वे युवा थे तो कैसे दोनों को खेती करते हुए बहुत सारी दिक्कतों का सामना करना पड़ा था।
- जब मैं बड़ा हुआ, तब मैंने जाना कि एकमात्र सिविल सर्विस ही वह प्रभावशाली और कारगर माध्यम है, जिससे न केवल देश के विकास में सहयोग दिया जा सकता है, बल्कि समाज के सबसे कमजोर और वंचित वर्ग की दशा भी सुधारी जा सकती है। मुझे लगभग 12 साल की उम्र में ही अपना लक्ष्य पता चल गया था।
- एक शिक्षक होने के नाते मेरे पिता ने स्कूल के दिनों में मुझे खुद पढ़ाया, जिसके कारण मेरे भीतर छिपा एक अच्छा छात्र बाहर निकलकर सामने आ पाया। दुर्भाग्य से वर्ष 2011 में उनका देहांत हो गया। उस समय मैं 11वीं कक्षा में पढ़ता था। वे दिन बेहद मुश्किल भरे थे; लेकिन मैंने उन परिस्थितियों से संघर्ष किया और ज्यादा मजबूत व स्वतंत्र व्यक्तित्व पाया।
- मैं इंजीनियरिंग को कैरियर बनाने का बहुत ज्यादा इच्छुक नहीं था, लेकिन अपने परिवार की स्थितियों को देखते हुए मुझे ऐसा करना पड़ा। मेरी माँ और बहनों ने मुझे इस बात के लिए यह समझाते हुए राजी कर लिया कि अगर मैं यू.पी.एस.सी. जैसी कठिन परीक्षा में असफल हो जाता हूँ तो कम-से-कम मेरे पास एक दूसरा विकल्प मौजूद रहेगा।
- बिट्स पिलानी और गोवा कैंपस में मेरा कॉलेज छात्र का जीवन खुशियों से भरा था। मुझे देश भर के बुद्धिमान छात्रों और शिक्षकों से मिलने व सीखने का मौका मिला, जिनका नजरिया और उद्देश्य दोनों ही गजब के थे। बुद्धिमान व मेहनती छात्रों का समूह और जीवन के प्रति उनके लक्ष्य मुझे प्रेरणा देनेवाले रहे। हम दोस्त देर रात तक

अलग-अलग विषयों पर वाद-विवाद और चर्चा किया करते थे, जिसके कारण तमाम मुद्दों को देखने का मुझे एक नया नजरिया मिला और मुझे विविधता में सुंदरता की तारीफ करना आया। इंजीनियरिंग करने को लेकर मेरी शुरुआती अनिच्छा के बावजूद कॉलेज में मेरा अनुभव मेरे जीवन में एक बहुत सकारात्मक प्रभाव लेकर आया।

❖ जैसे ही कॉलेज का आखिरी साल शुरू हुआ, मैंने फैसला किया कि मैं प्लेसमेंट इंटरव्यू में नहीं बैठूंगा। हालाँकि मेरा यह फैसला मेरी माँ और दूसरे शुभचिंतकों को ज्यादा रास नहीं आया। लेकिन मैं लंबा अरसा पहले यह बात गांठ बांध चुका था कि मुझे सिविल सर्विसेज परीक्षा में बैठना ही है, लिहाजा मैंने 'सबकुछ या कुछ नहीं' वाले रवैए के साथ इसकी तैयारी करनी शुरू कर दी।

❖ वर्ष 2017 में कॉलेज की पढ़ाई पूरी करने के बाद मैंने परीक्षा की तैयारी करना शुरू कर दिया और 2018 में सिविल सर्विसेज की परीक्षा में बैठा। मैं खुशकिस्मत रहा कि 22 साल की कम उम्र में ही मैं अपने पहले प्रयास में इस परीक्षा में ऑल इंडिया रैंक 374 ला पाने में सफल रहा, वह भी खुद पढ़कर। लेकिन अगर मुझे अपना लक्ष्य इतना स्पष्ट पता नहीं होता, मेरे अंदर जुनून नहीं होता, आत्मविश्वास और साहस की कमी होती तो मैं ऐसा नहीं कर पाता। इसके अलावा, मेरे परिवार और प्रशंसा योग्य दोस्तों का सहयोग मेरे लिए बहुत महत्त्वपूर्ण रहा।

नए अभ्यर्थियों के लिए संदेश

❖ हर परीक्षार्थी के लिए मेरा संदेश बहुत छोटा, लेकिन स्पष्ट है– अगर आपके दिमाग में कोई लक्ष्य है तो उसे पाने के लिए खूब मेहनत करें। इस सफर में कभी-कभी हालात प्रतिकूल भी होंगे; लेकिन ऐसा कुछ नहीं, जिसे दृढ़ संकल्प, धैर्य और कड़ी मेहनत से नहीं पाया जा सकता।

❑

38

नाम : यशराज नैन

रैंक : 382, सीएसई-2018

"यू.पी.एस.सी. की परीक्षा में आप किसी तरह का अनुमान नहीं लगा सकते। फिर भी, इस स्थिति को बुद्धिमानी से की गई तैयारी से कम किया जा सकता है, जैसे गिनी-चुनी किताबों और नोट्स से पढ़ना, पढ़े को ज्यादा-से-ज्यादा दोहराना, टेस्ट पेपर हल करना और परीक्षा हॉल में साहस का परिचय देना।"

यशराज नैन

वैकल्पिक विषय

राजनीतिक विज्ञान और अंतरराष्ट्रीय संबंध

परीक्षा का माध्यम

अंग्रेजी

निवासी

झुंझुनूं, राजस्थान

शैक्षिक योग्यता

- हिंदू कॉलेज से अर्थशास्त्र और राजनीतिक विज्ञान में बी.ए. जे.एन.यू. से अंतरराष्ट्रीय संबंधों पर एम.ए.

कोचिंग ली

- नहीं

प्राप्तांक

मेन्स (मुख्य परीक्षा)

निबंध (पेपर I) : 122

जनरल स्टडीज (सामान्य अध्ययन)-I (पेपर II) : 85

जनरल स्टडीज-II (पेपर III) : 93

जनरल स्टडीज-III (पेपर IV) : 87

जनरल स्टडीज-IV (पेपर V) : 108

वैकल्पिक विषय-I (राजनीतिक विज्ञान और अंतरराष्ट्रीय संबंध) (पेपर VI) : 153

वैकल्पिक विषय-II (राजनीतिक विज्ञान और अंतरराष्ट्रीय संबंध) (पेपर VII) : 171

लिखित परीक्षा में प्राप्तांक : 819

इंटरव्यू : 165

कुल अंक : 984

सिविल सेवा की यात्रा

- मैं बहुत अनियमित ढंग से पढ़ता था। मेरा कोई तयशुदा शेड्यूल नहीं था और निरंतरता का अभाव था। कभी-कभी तो मेरा कई दिनों तक पढ़ने का मन ही नहीं करता था।
- जाहिर तौर पर, मैं आपको ऐसा करने की सलाह तो एकदम नहीं दूंगा।
- आप में से वे, जो हर रोज जादुई छह घंटों या उससे ज्यादा देर तक पढ़ने में दिक्कत महसूस करते हैं, उन्हें उम्मीद का दामन नहीं छोड़ना चाहिए। कई लोगों ने बगैर इसके भी यह परीक्षा पास की है।

नए अभ्यर्थियों के लिए संदेश

- मुझे डर है कि अब मैं वही घिसी-पिटी बात बोलूंगा, लेकिन फिर भी यह जरूर दोहराऊँगा कि लगातार लगे रहने और मेहनत का कोई विकल्प नहीं है।
- किसी भी परीक्षार्थी को अपनी तैयारी के स्तर को लेकर न तो बहुत ज्यादा अभिभूत रहना चाहिए, न ही बहुत घबराया हुआ। यह परीक्षा किसी व्यक्ति के बहुआयामी व्यक्तित्व की जांच कुछ ऐसे करती है कि अगर फिलहाल आपकी तैयारी बहुत ज्यादा नहीं भी है तो फिर भी आप परीक्षा पास कर सकते हैं।
- कई नए परीक्षार्थी महसूस करते हैं कि यू.पी.एस.सी. के बारे में किसी तरह का अंदाजा लगा पाना मुश्किल है। ठीक है, यह एक डिग्री तक जरूर होता है, लेकिन इस स्थिति को बुद्धिमानी से की तैयारी, कम-से-कम स्रोत, पाठ को बार-बार दोहराने, टेस्ट पेपर हल करने और परीक्षा हॉल में साहस दिखाकर काफी हद तक कम किया जा सकता है।
- वैकल्पिक विषय का चयन बहुत महत्त्वपूर्ण है। यह आपको आर-पार का नतीजा दे सकता है। इसलिए हर किसी को इसे अपनी रुचि को देखते हुए बहुत सावधानीपूर्वक चुनना चाहिए।
- निबंध और इंटरव्यू की बात करें तो कई स्तरों पर नंबर बटोरे जा सकते हैं। ये प्रतिस्पर्धा में आपकी स्थिति को मजबूत करने में बहुत अहम भूमिका निभाते हैं।
- मैं दो सप्ताह में एक बार एक निबंध लिखने की कोशिश करता था। मैंने कई प्रख्यात विचारकों के उद्धरण लिखे और उन्हें अपने निबंधों में शामिल करने की कोशिश की।
- ठीक इसी तरह, इंटरव्यू की व्यवस्थित ढंग से तैयारी करना भी बहुत जरूरी है। नए लोग अकसर इसकी अनदेखी कर देते हैं।
- मेरे कॉलेज के एक सीनियर थे, जिन्होंने यह परीक्षा पास की थी और उन्होंने मुझे इस परीक्षा की प्रक्रिया को समझाने में मेरी बहुत मदद की। उन्होंने मेरा जिस ढंग से मार्गदर्शन किया, वह अमूल्य है। अगर किसी के पास इस तरह का मार्गदर्शक नहीं है तो वह इंटरनेट पर मौजूद टॉपर्स के ब्लॉग पढ़ सकता है। इससे परीक्षा में आनेवाली तमाम चुनौतियों के बारे में अच्छी जानकारी तो मिलेगी ही, उनसे निबटने के तौर-तरीके भी पता चलेंगे। मुझे पिछले वर्षों के टॉपर्स के यूट्यूब में मौजूद वीडियो और ब्लॉग्स से बहुत मदद मिली।

❑

39

नाम : गरिमा दहिया

रैंक : 394, सीएसई-2018

"आपका लक्ष्य स्पष्ट होना चाहिए। प्रतिबद्धता, आत्मविश्वास और निरंतर मेहनत से आप इस परीक्षा में जरूर सफल होंगे।"

गरिमा दहिया

वैकल्पिक विषय

भूगोल

परीक्षा का माध्यम

अंग्रेजी

निवासी

सिसाना, सोनीपत (हरियाणा)

शैक्षिक योग्यता

❖ बी.एस.सी. (ऑनर्स) भौतिकी

अभिभावकों का पेशा

❖ **पिता** : असिस्टेंट सब इंस्पेक्टर

❖ **माता** : गृहिणी

कोचिंग ली

❖ नहीं

प्राप्तांक

प्रीलिम्स (प्रारंभिक परीक्षा) : पेपर-1 : 108.66

पेपर-2 : 125

मेन्स (मुख्य परीक्षा)

निबंध (पेपर I) : 112

जनरल स्टडीज (सामान्य अध्ययन)-I (पेपर II) : 101

जनरल स्टडीज-II (पेपर III) : 105

जनरल स्टडीज-III (पेपर IV) : 102

जनरल स्टडीज-IV (पेपर V) : 105

वैकल्पिक विषय-I (भूगोल) (पेपर VI) : 136

वैकल्पिक विषय-II (भूगोल) (पेपर VII) : 131

लिखित परीक्षा में प्राप्तांक : 792

इंटरव्यू : 190

कुल अंक : 982

सिविल सेवा की यात्रा

- यू.पी.एस.सी. का सफर लंबा है। जाहिर है कि इस दौरान न केवल परीक्षा से जुड़ी हुई, बल्कि व्यक्तिगत जीवन से संबंधित बहुत सारी चुनौतियां भी सामने आती हैं।
- यह मेरा तीसरा प्रयास था। मैंने पिछले दो प्रयासों में भी प्रीलिम्स पास कर दिखाया था, लेकिन वर्ष 2016 में 32 और 2017 में 13 नंबरों से मेन्स में रह गई। उस समय मैं एकदम टूट गई थी। लेकिन मैंने दोबारा अपनी पूरी ताकत जुटाई और फिर से तैयारी शुरू कर दी। मेरे दिमाग में एक बात स्पष्ट थी कि इस परीक्षा की तैयारी करने का फैसला मेरा अपना था और मैं बस यही करना चाहती हूँ।
- तीसरी बार की गई कोशिश में मुझे दूसरी तरह की चुनौतियों का सामना करना पड़ा। मुख्य परीक्षा के ठीक दस दिन पहले मेरे परिवार को सेहत से जुड़ी एक बड़ी इमरजेंसी से जूझना पड़ा। उस पूरे समय मैं अस्पताल में ही रही और सोचा कि इस बार परीक्षा दूं ही नहीं। वह मेरी जिंदगी का सबसे कठिन समय था। मुझे रातों को नींद नहीं आ रही थी। लेकिन मेरे कुछ दोस्तों ने मुझपर अपना भरोसा जताते हुए मुझे परीक्षा देने के लिए उत्साहित किया और मैंने मेन्स की परीक्षा दे डाली। उस समय, हर रोज मैं परीक्षा केंद्र से अस्पताल जाती थी। लेकिन मैंने कमर कसी हुई थी और इस चुनौती से मैं हार नहीं मानना चाहती थी।
- मेन्स के बाद मैं इंटरव्यू के लिए बुलाए जाने की उम्मीद नहीं कर रही थी, क्योंकि मेरा निबंध और वैकल्पिक विषय का पेपर बहुत बुरा गया था। खास तौर पर वैकल्पिक पेपर-2 मैं बहुत ज्यादा शारीरिक व मानसिक थकान के कारण पूरा नहीं कर पाई थी। लेकिन ऊपर वाले की इच्छा, मेरे परिवारवालों और दोस्तों की दुआओं के कारण मैंने अंतिम सूची में जगह बना ली।

किताबों की सूची

मैं किताबों की पूरी सूची साझा नहीं कर रही हूँ, क्योंकि वह टॉपर्स के वीडियो देखकर पता लगाई जा सकती है। लेकिन मैं एहतियात के लिए कुछ शब्द जरूर कहना चाहूँगी–

- सिलेबस और पिछले साल के प्रश्न-पत्रों को अच्छी तरह देखें।
- पिछले साल के प्रश्न-पत्रों का अच्छी तरह से विश्लेषण करें।
- अपने पढ़ने की विषय-वस्तु को सीमित रखें।

- ❖ पढ़ें कम, लेकिन ज्यादा-से-ज्यादा दोहराएँ।
- ❖ अच्छे दोस्तों के साथ रहें।
- ❖ खुद को सेहतमंद रखने के लिए रोजाना कुछ शारीरिक व मानसिक कसरतें करें।

नए अभ्यर्थियों के लिए संदेश

- ❖ मुझे इस बात पर 100 फीसदी भरोसा है कि जो आपको मारता नहीं है, वह मजबूत बनाता है। इसलिए हमारी जिंदगी का हर एक अनुभव मायने रखता है। खास तौर पर कभी-कभी कठोर अनुभव कुछ अच्छा सिखा जाते हैं। इसलिए, इन कठोर अनुभवों को सबक के तौर पर लें। क्योंकि यह परीक्षा किसी उम्मीदवार को विभिन्न चरणों में परखती है और हमारे व्यक्तित्व के एक अलग ही पहलू को देखती है। अपने लक्ष्य को भलीभांति समझते हुए पूरी दृढ़ता और प्रतिबद्धता के साथ खुद पर भरोसा बनाए रखें।

अंत में

- ❖ ''टुंडी-ए-बाद-ए-मुखालिफ से न घबरा ऐ उक़ाब, यह तो चलती है तुझे ऊँचा उड़ाने के लिए।''

❑

40

नाम : हितेश कुमार मीणा

रैंक : 417, सीएसई-2018

रैंक-54, आईएफएस-2018

"आत्मविश्वास के साथ कर्म करते चलें, सफलता निश्चित रूप से मिलेगी।"

हितेश कुमार मीणा

वैकल्पिक विषय

सिविल इंजीनियरिंग

परीक्षा का माध्यम

अंग्रेजी

निवासी

करौली (राजस्थान)

शैक्षिक योग्यता

- बी.टेक (आई.आई.टी. बी.एच.यू. वाराणसी) एंड ए.एम.पी.; एम.टेक (आई.आई.टी. दिल्ली)

अभिभावकों का पेशा

- **पिता** : श्री हरिराम मीणा, सरकारी स्कूल में शिक्षक
- **माता** : श्रीमती सरवती मीणा, गृहिणी

कोचिंग

- जी.एस.–खुद पढ़ा,

वैकल्पिक विषय और टेस्ट सीरीज के लिए कोचिंग ली

प्राप्तांक

प्रीलिम्स (प्रारंभिक परीक्षा) : पेपर–1 : 106.00

पेपर–2 : 119.18

मेन्स (मुख्य परीक्षा)

निबंध (पेपर I) : 119

जनरल स्टडीज (सामान्य अध्ययन)–I (पेपर II) : 107

जनरल स्टडीज-II (पेपर III) : 113

जनरल स्टडीज-III (पेपर IV) : 106
जनरल स्टडीज-IV (पेपर V) : 113
वैकल्पिक विषय-I (सिविल इंजीनियरिंग) (पेपर VI) : 132
वैकल्पिक विषय-II (सिविल इंजीनियरिंग) (पेपर VII) : 158
लिखित परीक्षा में प्राप्तांक : 848
इंटरव्यू : 129
कुल अंक : 977

सिविल सेवा की यात्रा

- मेरे पिता हरिराम मीणा राजौर गाँव के सरकारी स्कूल में शिक्षक हैं और माँ गृहिणी। मेरे बाबा-दादी किसान हैं। मैं देहाती माहौल वाले एक मध्यम वर्गीय परिवार में पला-बढ़ा हूँ। मेरी शिक्षा गाँव के राजीव गांधी पाठशाला से शुरू हुई, फिर करौली में एक निजी स्कूल से 12वीं कक्षा उत्तीर्ण करके कोचिंग के लिए मैं कोटा चला गया। मैंने आई.आई.टी., बी.एच.यू., वाराणसी से अपनी बी.टेक की डिग्री ली है। वाराणसी में आई.आई.टी. के दौरान मेरे मन में निर्धन, पिछड़े व बेसहारा लोगों की सेवा का खयाल आया। मुझे इस क्षेत्र में कुछ प्रभावशाली करने के लिए आई.ए.एस. सर्विस ही बेहतर लगी। इस सर्विस के जरिए मेरी मंशा ऐसे वर्ग के लोगों की मदद करने की है, जो रोजी-रोटी और कपड़े को तरसते हैं। हर दृष्टि से पिछड़े होने के कारण जिन्हें सरकारी योजनाओं का लाभ नहीं मिल पाता है और जो वाकई जरूरतमंद हैं।
- आई.ए.एस. में चयन की सफलता मुझे तीसरे प्रयास में मिली। देश में मेरा 417वां और अनुसूचित जनजाति वर्ग में पाँचवां रैंक है। इससे पहले आई.एफ.एस. में मेरा दूसरे प्रयास में चयन हुआ। इसमें अनुसूचित जनजाति वर्ग में मुझे पहला और ऑल इंडिया में 54वां रैंक मिला था। मैंने हाल ही में आई.आई.टी. दिल्ली से एम. टेक भी पूरा कर लिया है ।
- जहाँ तक नियमित तौर पर पढ़ाई करने का सवाल है, मैंने रोजाना पढ़ाई का नियम तो बनाया नहीं था, लेकिन परीक्षा के दिनों में 15-15 घंटे तक पढ़ता रहता था। मैंने औसतन सात से आठ घंटे की पढ़ाई तो की ही।

नए अभ्यर्थियों के लिए संदेश

- सफ़लता के लिए सबसे जरूरी है ढेर सारा आत्मविश्वास। एक बार कामयाबी न मिले तो निराश न हों, सिलेबस को अच्छी तरह समझें। पुराने प्रश्न-पत्रों को हल करके देखें। तैयारी को बोझ न समझते हुए उसका पूरा आनंद लें। सीनियर्स से मार्गदर्शन लेते रहें।

सदैव बड़े लक्ष्य लेकर चलें। हर एक व्यक्ति में अनंत क्षमताएं होती हैं। उनका उपयोग करना चाहिए। 'गीता' के सार का अनुसरण जरूरी है–''कर्म करते जाओ, फल की चिंता न करो।'' मेरा मानना है कि परीक्षार्थियों को सोशल मीडिया का पॉजिटिव ढंग से उपयोग करना चाहिए। मैंने पढ़ाई में इसका काफी उपयोग किया था और इसके माध्यम से नई सूचना एवं जानकारी लेने के अलावा सीनियर्स से मार्गदर्शन भी लिया। युवा वर्ग को अपना कैरियर बनाने में इसका उपयोग करना चाहिए।

❑

41

नाम : अनिल कुमार झाझरिया
रैंक : 431, सीएसई-2018

"नतीजे के अपने खिलाफ आने के बावजूद हिम्मत न हारें। आगे बढ़ते रहें और खुद को लंबी लड़ाई के लिए तैयार करें।"

अनिल कुमार झाझरिया

वैकल्पिक विषय

समाजशास्त्र

परीक्षा का माध्यम

अंग्रेजी

निवासी

सीकर (राजस्थान)

शैक्षिक योग्यता

❖ बी.टेक-आई.आई.टी. मंडी (2015)

अभिभावकों का पेशा

❖ **पिता** : दिल्ली पुलिस में हेड कॉन्स्टेबल

❖ **माता** : गृहिणी

कोचिंग

❖ समाजशास्त्र–नाइस आई.ए.एस.

प्राप्तांक

प्रीलिम्स (प्रारंभिक परीक्षा) : पेपर-1 : 100

पेपर-2 : याद नहीं है

मेन्स (मुख्य परीक्षा)

निबंध (पेपर I) : 118

जनरल स्टडीज (सामान्य अध्ययन)-I (पेपर II) : 105

जनरल स्टडीज-II (पेपर III) : 112

जनरल स्टडीज-III (पेपर IV) : 95

जनरल स्टडीज-IV (पेपर V) : 98
वैकल्पिक विषय-I (समाजशास्त्र) (पेपर VI) : 130
वैकल्पिक विषय-II (समाजशास्त्र) (पेपर VII) : 138
लिखित परीक्षा में प्राप्तांक : 796
इंटरव्यू : 178
कुल अंक : 974

सिविल सेवा की यात्रा

- मेरे लिए यू.पी.एस.सी. की तैयारी के शुरुआती कुछ दिन सबसे मुश्किल थे। सी.एस.ई. की तैयारी के लिए मैंने अपनी पोस्ट ग्रेजुएशन बीच में ही छोड़ दी थी। इस परीक्षा में असफल होने की हालत में मेरे पास बहुत सारे दूसरे विकल्प भी मौजूद नहीं थे। इसके अलावा, मुझे सी.एस.ई. के बारे में ज्यादा कुछ पता भी नहीं था। उस समय सी.एस.ई. के हौवे से डरकर भाग निकलना बहुत आसान था। लेकिन ऐसे मौकों पर धैर्य रखिए और लगातार आगे बढ़ते रहिए। अगर जरूरत हो तो अपने वरिष्ठों, शिक्षकों और दोस्तों के सुझाव लें।
- मैं खुशकिस्मत था कि अपने तीनों प्रयासों में सी.एस.ई. के इंटरव्यू तक पहुँचा। हालाँकि, पहली बार जब मैंने मेरिट लिस्ट में अपना नाम नहीं देखा तो मुझे गहरा धक्का लगा। लेकिन कुछ दिनों बाद ही प्रीलिम्स की परीक्षा थी और मुझे उस पर फोकस करना था। उस दौरान मेरे दोस्तों और माता-पिता ने मेरी बहुत मदद की। इसलिए धैर्य रखिए और मदद मांगने से मत हिचकिचाइए। इसके अलावा, प्रीलिम्स के बाद एक छोटा-सा ब्रेक लें और मेन्स से पहले अपनी बैटरी रीचार्ज कर लें।
- आखिर में, इसे दूसरी परीक्षाओं की तरह ही लें। सच कहूँ तो मैंने अपनी आँखों से ज्यादातर उन्हीं लोगों को यह परीक्षा पास करते देखा है, जिन्होंने खुद को इससे थोड़ा अलग करके देखा। इसलिए इसको लेकर जरूरत से ज्यादा जुनूनी मत बनिए।

किताबों की सूची

- **कला और संस्कृति** : नितिन सिंघानिया की किताब
- **जी.एस.-2** : पवन कुमार के नोट्स, ए.आर.सी. रिपोर्ट्स समरी, विजन आई.ए.एस. बुकलेट
- **जी.एस.-3** : विशेष तौर पर विजन आई.ए.एस. बुकलेट, एम.के. यादव के नोट्स
- **जी.एस.-4** : ए.आर.सी. की चौथी रिपोर्ट, इंटरनेट से खुद नोट्स बनाएं
- **इंटरव्यू**: इंटरनेट और अखबार

नए अभ्यर्थियों के लिए संदेश

नए अभ्यर्थियों के लिए विचार योग्य कुछ बिंदु–

- इस परीक्षा को समझिए। इसके सिलेबस और पैटर्न को समझिए। पिछले साल के प्रश्न–पत्रों को देखिए।
- प्रीलिम्स और मेन्स दोनों के लिए (मॉक) टेस्ट पेपर लिखें।
- जी.एस. पेपर के लिए–छोटे नोट्स बनाएं/सिलेबस के हर विषय का एक पृष्ठ वाला नोट (इससे मेन्स की परीक्षा में काफी मदद मिलेगी) बनाएं।
- यदि कोई बात आपके पक्ष में नहीं जाती तो उसकी समीक्षा करें और उसे बदलें।
- आखिरी बात, अगर नतीजा आपके पक्ष में नहीं रहता तो भी उम्मीद का दामन मत छोड़िए। आगे बढ़ते रहिए। खुद को लंबी लड़ाई के लिए तैयार करें।

❑

42

नाम : सत्यनारायण प्रजापत

रैंक : 445, सीएसई-2018

"सिविल सर्विस परीक्षा का सफर काफी लंबा हो सकता है, जिसमें काफी उतार-चढ़ाव आएंगे। ऐसे में मुश्किल दिनों में अपना हौसला बनाए रखना और सकारात्मक होना बहुत जरूरी है।"

सत्यनारायण प्रजापत

वैकल्पिक विषय

समाजशास्त्र

परीक्षा का माध्यम

अंग्रेजी

निवासी

सुजानगढ़, चूरू (राजस्थान)

शैक्षिक योग्यता

❖ बी.टेक-केमिकल इंजीनियरिंग, एन.आई.टी. वारंगल

अभिभावकों का पेशा

❖ **पिता** : राजमिस्त्री, किसान

❖ **माता** : गृहिणी, किसान

कोचिंग

❖ खुद पढ़ाई की, जी.एस. के लिए विजन आई.ए.एस. टेस्ट सीरीज और वैकल्पिक विषय समाजशास्त्र के लिए एन.आई.सी.ई., आई.ए.एस. से टेस्ट सीरीज की कोचिंग ली।

प्राप्तांक

प्रीलिम्स (प्रारंभिक परीक्षा) : पेपर-1 : 126

पेपर-2 : 116

मेन्स (मुख्य परीक्षा)

निबंध (पेपर I) : 110

जनरल स्टडीज (सामान्य अध्ययन)-I (पेपर II) : 82

जनरल स्टडीज-II (पेपर III) : 112

जनरल स्टडीज-III (पेपर IV) : 103

जनरल स्टडीज-IV (पेपर V) : 105
वैकल्पिक विषय-I (समाजशास्त्र) (पेपर VI) : 165
वैकल्पिक विषय-II (समाजशास्त्र) (पेपर VII) : 133
लिखित परीक्षा में प्राप्तांक : 810
इंटरव्यू : 160
कुल अंक : 970

सिविल सेवा की यात्रा

(1) संघर्ष का दौर

- यू.पी.एस.सी. की तैयारी के लिए अन्य बातों के अलावा दो और बातें बहुत महत्त्वपूर्ण हैं– समय और धैर्य। यदि आप कामकाजी व्यक्ति हैं, तब पढ़ाई के लिए पर्याप्त समय निकालना हमेशा एक चुनौती होता है।
- मैंने नौकरी में रहते हुए सी.एस.ई. की तैयारी का फैसला किया था। ऐसे में मेरे पास पढ़ाई के लिए बहुत सीमित समय था। मेरे लिए बहुत जरूरी था कि अपने खाली वक्त का मैं भरपूर इस्तेमाल करूं, खास तौर पर हफ्ते में मिलनेवाली छुट्टियों में। मैंने दफ्तर में मिले ख़ाली समय का इस्तेमाल अखबार और मैगजीन पढ़ते हुए किया। जब कभी उन बातों को याद करता हूँ, तो मुझे लगता है कि काम करते हुए सी.एस.ई. की परीक्षा निकालना संभव है। हालाँकि हमेशा अपने शेड्यूल के अनुसार चलना एक चुनौती होता है।
- अग़र आपके पास पढ़ने के लिए काफी कुछ है तो समय का प्रबंधन बेहद जरूरी है। आजकल तो ऑनलाइन हो या फिर ऑफलाइन, पढ़ने की बहुत सारी चीजें मौजूद हैं। लेकिन इस स्थिति में क्या पढ़ें और क्या छोड़ दें, इसका फैसला करना बेहद मुश्किल है। सीमित स्टडी मैटीरियल से तैयारी करना भी आसान नहीं।
- मनमुताबिक नतीजा पाने के लिए दूसरी महत्त्वपूर्ण बात यह जानना है कि यू.पी.एस.सी. अपने उम्मीदवारों से वाकई क्या कुछ चाहता है। मैंने वर्ष 2016 में अपने पहले प्रयास में प्रीलिम्स के लिए पाठ्यक्रम के निर्धारित हिस्से को तैयार कर लिया था। लेकिन मैं इस बात से अंजान था कि यू.पी.एस.सी. में अब करेंट अफेयर्स से काफी कुछ पूछा जाता है। मुझे इस लापरवाही की कीमत तो अदा करनी ही थी।
- मैं अपने पहले प्रयास में असफल रहा। मैंने सारे पहलुओं का विश्लेषण करने के बाद महसूस किया कि मुझे पढ़ने एवं अभ्यास करने में और ज्यादा वक्त देना होगा। हालाँकि, मेरे साथ एक दिक्कत यह भी थी कि मैं ज्यादा लंबे समय तक बगैर नौकरी के रहने में समर्थ नहीं था। यह वो वक्त होता है, जब हमें न केवल कोई निर्णायक फैसला करना पड़ता है, बल्कि अपने फैसले को सही साबित करने के लिए अपना सर्वश्रेष्ठ प्रदर्शन भी करना होता है। मैंने वर्ष 2017 में प्रीलिम्स की परीक्षा से पहले चार महीने का वैतनिक अवकाश (पेड लीव) लिया।

- अपनी पिछली गलतियों को सुधारते हुए मैं वर्ष 2017 के प्रीलिम्स में ठीक-ठाक नंबर लाया। हालाँकि, मैंने तब तक अपने वैकल्पिक विषय की तैयारी नहीं की थी। लिहाजा प्रीलिम्स और मेन्स के बीच का ज्यादातर समय वैकल्पिक परीक्षा की तैयारी में चला गया। मैंने सारे विषयों को पर्याप्त समय न देने और जी.एस. विषयों की टेस्ट सीरीज न लिखने की एक और गलती की। यह मेरी मार्क शीट पर साफ तौर पर नजर आया और मैं कटऑफ लिस्ट में जगह बनाने से केवल 12 नंबरों से रह गया। हालाँकि, मैंने अपने तीसरे प्रयास में इन गलतियों को सुधारने की कोशिश की और भगवान् की कृपा से रैंक पाने में सफल रहा।
- अपनी कमियों को पहचानना और उनसे उबरने के लिए एक उपयुक्त रणनीति तैयार करना सी.एस.ई. में सफलता पाने के लिए काफी महत्त्वपूर्ण है।
- इसके अलावा, मेरे सामने एक और चुनौती थी, अपने पिता की आमदनी में कुछ-न-कुछ योगदान देना और अपने चार छोटे भाई-बहनों की पढ़ाई के लिए वित्तीय आवश्यकता को पूरा करना; तब भी, जब मैं कुछ कमा नहीं रहा था। उन मुश्किल दिनों में मेरे दोस्तों ने मेरी खुले दिल से मदद की। उस समय मैंने महसूस किया कि जीवन में अच्छे दोस्तों की बहुत जरूरत होती है। मैं उन दोस्तों का ऋणी बन गया हूँ।

किताबों की सूची

- **कला और संस्कृति :** नितिन सिंघानिया
- **प्राचीन इतिहास :** पुरानी एन.सी.ई.आर.टी. (आर. एस. शर्मा)
- **मध्ययुगीन इतिहास :** पुरानी एन.सी.ई.आर.टी. (सतीश चंद्रा)
- **आधुनिक इतिहास :** स्पेक्ट्रम (राजीव अहीर)
- **राजतंत्र :** लक्ष्मीकांत
- **पर्यावरण :** शंकर आई.ए.एस.
- **अर्थशास्त्र :** श्रीराम के अर्थशास्त्र पर नोट्स
- **भूगोल :** कक्षा 9-12 की एन.सी.ई.आर.टी.
- **करेंट अफेयर्स :** एक राष्ट्रीय अखबार पढ़ना (विशेष रूप से इंडियन एक्सप्रेस/ द हिंदू), मासिक/ विजन आई.ए.एस./इनसाइट्स के सालाना करेंट अफेयर्स का संकलन

- भारतीय समाज, आपदा प्रबंधन, राष्ट्रीय सुरक्षा और नीतिशास्त्र जैसे विषयों को और ज्यादा वजनदार बनाने के लिए मैंने विजन आई.ए.एस. के स्रोतों का इस्तेमाल किया।

नए अभ्यर्थियों के लिए संदेश

- **पिछले साल के प्रश्न-पत्रः** यू.पी.एस.सी. सी.एस.ई. दूसरी प्रतिस्पर्धी परीक्षाओं से अलग है। इसके लिए उम्मीदवार को सबकुछ करने की कोई जरूरत नहीं है। हालाँकि

यू.पी.एस.सी. हम पर सीधे तौर पर असर डालनेवाले सामाजिक-राजनीतिक और आर्थिक मुद्दों की सामान्य जानकारी का टेस्ट लेता है। नए उम्मीदवारों को पिछले वर्षों के प्रीलिम्स और मेन्स के सवाल लगातार देखते रहने चाहिए और यह जानना चाहिए कि यह सवाल आखिर क्यों पूछा गया है।

❖ **मॉक पेपरों का अभ्यास कीजिए :** यह प्रीलिम्स और मेन्स दोनों के लिए बहुत जरूरी है।

❖ प्रीलिम्स में सफलता पाने की कुंजी है एक ही स्रोत से पाठ्यक्रम के स्थिर हिस्से को दोहराना। इसके साथ-साथ करेंट अफेयर्स पर नजर रखना और जितने संभव हो सकें मॉक पेपर्स से अभ्यास करना।

❖ मेन्स में निबंध और नीतिशास्त्र के साथ-साथ बाकी सारे विषयों के लिए पर्याप्त समय तय करना। टेस्ट सीरीज करने से उत्तर का ढांचा सुधारने में मदद मिलेगी और प्रश्न में किस तरह के उत्तर की अपेक्षा की गई है, इसकी भी समझ विकसित होगी। यह अंतिम परीक्षा के दौरान बेहतर समय-प्रबंधन में भी मददगार है।

❖ **लगातार प्रेरणा मिलना :** जैसा कि सभी जानते हैं कि यू.पी.एस.सी. का सफर काफी लंबा हो सकता है। इसमें ढेरों उतार-चढ़ाव भी आएंगे। कठिन समय में अपना हौसला बनाए रखना और एक सकारात्मक मानसिकता का परिचय देना बहुत जरूरी है। परिवार, दोस्त, प्रेरणादायक बातें आपका हौसला बढ़ाने का स्रोत बन सकती हैं।

❖ **गलतियों से सीखना :** यदि आपको सफलता प्राप्त करनी है तो अपनी कमियों को पहचानकर उन्हें सुधारना होगा।

❑

43

नाम : लोकेश यादव

रैंक : 452, सीएसई-2018

"यू.पी.एस.सी. कोई 100 मीटर की रेस नहीं, बल्कि एक मैराथन है। इसलिए खुद के लिए एक ऐसी आदर्शपूर्ण गति ढूंढ़ो, जिसको एक साल से ज्यादा बरकरार रख सको।"

लोकेश यादव

वैकल्पिक विषय

मैनेजमेंट

परीक्षा का माध्यम

अंग्रेजी

निवासी

रेवाड़ी, हरियाणा

शैक्षिक योग्यता

❖ बी.टेक–आई.आई.टी. दिल्ली (2015)

❖ एम.बी.ए.–आई.आई.एम. अहमदाबाद (2017)

अभिभावकों का पेशा

❖ **पिता** : थर्मल पावर स्टेशन, हिसार में सब डिवीजन अधिकारी

❖ **माता** : गृहिणी

कोचिंग

❖ जी.एस.–ए.एल.एस. कोचिंग इंस्टीट्यूट

प्राप्तांक

प्रीलिम्स (प्रारंभिक परीक्षा) : पेपर-1 : 104

पेपर-2 : 156

मेन्स (मुख्य परीक्षा)

निबंध (पेपर I) : 125

जनरल स्टडीज (सामान्य अध्ययन)-I (पेपर II) : 92

जनरल स्टडीज-II (पेपर III) : 102

जनरल स्टडीज-III (पेपर IV) : 103
जनरल स्टडीज-IV (पेपर V) : 93
वैकल्पिक विषय (मैनेजमेंट) : 293
इंटरव्यू : 160

सिविल सेवा की यात्रा

- भगवान् की दया, मेरे माता-पिता और करीबी लोगों के आशीर्वाद से मैं इस प्रतिष्ठित परीक्षा को अपने पहले ही प्रयास में पास करने में सफल रहा। हालाँकि मेरे इस सफर में कुछ उतार-चढ़ाव भी आए।
- बचपन से ही यह बात कहीं-न-कहीं मेरे दिमाग में बैठ गई थी कि जीवन में कम-से-कम एक बार तो मुझे यू.पी.एस.सी. की परीक्षा देनी ही देनी है। हां, पोस्टं ग्रेजुएशन से पहले मैंने इसके बारे में गंभीरता से विचार नहीं किया।
- पोस्ट ग्रेजुएशन करते हुए जब मैं गोल्डमैन सैश में इंटर्नशिप कर रहा था तो मैंने निजी बनाम सार्वजनिक क्षेत्र में काम के अंतर और एक इन्वेस्टमेंट बैंकर बनाम एक ब्यूरोक्रेट जैसे पेशों की स्थिरता व प्रभाव पर विचार किया।
- कुछ हफ्तों तक आत्मचिंतन और विचार करने के बाद मैंने यू.पी.एस.सी. की तरफ रुख करने का मन बनाया और वर्ष 2017 के मध्य से इस परीक्षा की तैयारी शुरू कर दी। यह आई.आई.एम. अहमदाबाद से मेरे पोस्ट ग्रेजुएशन करने के ठीक बाद की बात है।
- शुरुआत के कुछ महीने तो अपना आधार तैयार करने और यह समझने में लग गए कि इस परीक्षा की कम-से-कम जरूरतें क्या हैं। इसके अलावा यू.पी.एस.सी. की परीक्षा और इस व्यवसाय को लेकर सही नजरिया क्या हो, इसके लिए मिजाज कैसा हो।
- मेरी सफलता के दो मुख्य कारण रहे–
    1. सीमित स्टडी मैटीरियल (सामग्री) का इस्तेमाल, फिर चाहे वह समय की कमी के कारण किया हो या फिर जान-बूझकर। मैंने ऐसा प्रीलिम्स, मेन्स और इंटरव्यू– तीनों में किया।
    2. अपनी क्षमताओं पर पूरा भरोसा– यदि आप खुद ही इस बात पर यकीन नहीं करेंगे कि आप यह परीक्षा पास कर सकते हैं तो दूसरे इस बात का विश्वास कैसे करेंगे।
- मैंने हर चीज का मूल्यांकन करने की कोशिश की, पूरा नफा-नुकसान देखा, जैसे मैं इस परीक्षा को कितना समय दे रहा हूँ, इसमें सफल होने पर मुझे कितना फायदा मिलेगा। इन मापदंडों के मूल्यांकन के आधार पर मैंने अपने स्टडी मैटीरियल को वरीयता दी।

मैं इन किताबों को पढ़ने का सुझाव देता हूँ–

- **राजतंत्र** : एम. लक्ष्मीकांत, एम. पुरी सर के नोट्स
- **इतिहास** : स्पेक्ट्रम

- **अर्थशास्त्र** : बजट और आर्थिक सर्वेक्षण सार/सारांश
- **कला और संस्कृति** : नितिन सिंघानिया, एन.सी.ई.आर.टी. की फाइन आर्ट्स की किताबें
- **भूगोल** : जी.सी. लियान्ग
- **नीतिशास्त्र** : द्वितीय ए.आर.सी. एथिक्स एंड गवर्नेंस
- **मैनेजमेंट** : निहारिका वोहरा की ऑर्गेनाइजेशनल बिहेवियर, कॉटलर की मार्केटिंग

नए अभ्यर्थियों के लिए संदेश

❖ यू.पी.एस.सी. कोई 100 मीटर की दौड़ नहीं, बल्कि एक मैराथन है, अतः इसके लिए एक आदर्श गति ढूंढ़िए, जिसे एक साल से ज्यादा समय तक बरकरार रखा जा सके।

❖ नियमित तौर पर खुद के लिए फीडबैक लें, ताकि आप कहाँ हैं और आपका क्या लक्ष्य है, का मूल्यांकन कर सके। ऐसा नियमित तौर पर टेस्ट देकर किया जा सकता है (यहाँ टेस्ट सीरीज काम आती हैं)

❖ खुद की हर एक गलती से सीखें और अगली परीक्षा में उसे सुधारने की कोशिश करें।

❖ एक बात हमेशा याद रखें कि 'जो अभ्यास में पसीना बहाता है, वह युद्ध में कम रक्त बहाता है।'

❖ परेटो का सिद्धांत अपनाइए। उदाहरण के लिए, 20 फीसदी चीजों में 80 फीसदी वजन होता है। इसलिए ज्यादा-से-ज्यादा लाभ पाने को प्राथमिकता दें।

❖ मैं यहाँ बार-बार बोली बातों को ही दोहराऊंगा, लेकिन यह सही है कि "10 किताबें पढ़ने की बजाय 1 किताब को दस बार पढ़िए।"

❖ आखिरी बात, खुद पर यकीन कीजिए और असफलता से न घबराने वाली जो कला आपने विकसित की है, उस पर भी।

❑

44

नाम : विकास मरमत

रैंक : 473, 12वाँ (एसटी), सीएसई-2018

"खुद पर, अपने स्रोतों पर, अपने शिक्षकों पर, अभिभावकों पर, ईश्वर पर विश्वास कीजिए क्योंकि जब आप विश्वास करते हैं तो आपके अंदर आत्मविश्वास पैदा होता है और जब आपके अंदर आत्मविश्वास आता है; तो कोई भी आपको आपका सर्वश्रेष्ठ करने से नहीं रोक सकता।"

विकास मरमत

वैकल्पिक विषय

समाजशास्त्र

परीक्षा का माध्यम

अंग्रेजी

निवासी

जयपुर (राजस्थान)

शैक्षिक योग्यता

❖ मेकैनिकल इंजीनियरिंग में बी.टेक, वर्ष 2017

प्राप्तांक

प्रीलिम्स (प्रारंभिक परीक्षा) : पेपर-1 (जी.एस.) : 103

पेपर-2 (सी.एस.टी) : 140

मेन्स (मुख्य परीक्षा)

निबंध (पेपर I) : 102

जनरल स्टडीज (सामान्य अध्ययन)-I (पेपर II) : 89

जनरल स्टडीज-II (पेपर III) : 112

जनरल स्टडीज-III (पेपर IV) : 89

जनरल स्टडीज-IV (पेपर V) : 97

वैकल्पिक विषय-I (समाजशास्त्र) (पेपर VI) : 164

वैकल्पिक विषय-II (समाजशास्त्र) (पेपर VII) : 128

लिखित परीक्षा में प्राप्तांक : 781

इंटरव्यू : 182

कुल अंक : 963

सिविल सेवा की यात्रा

- जीवन आश्चर्यों से भरा है और आपको इनको सकारात्मक तरीके से लेना चाहिए। मैं आई.आई.टी. कानपुर इस इरादे के साथ गया था कि मुझे एक अच्छी नौकरी मिलेगी और मैं अच्छा पैसा कमाऊंगा; लेकिन मेरी किस्मत को कुछ और ही मंजूर था। हमारे कॉलेज में हमें ह्यूमैनिटीज (मानविकी) में पाँच अनिवार्य कोर्स करने पड़ते थे, जिनमें से मैंने तीन सोशियोलॉजी (समाजशास्त्र) के चुने थे। मैं समाजशास्त्र में बहुत डूब गया। वजह थी, इसमें मैंने वह सब पढ़ा, जिसे मैं अपनी रोजमर्रा की जिंदगी में देखा करता था, वो भी एक नए नजरिए से। आखिरकार, मैंने फैसला किया कि मैं जमीनी स्तर पर कुछ करूँगा और सिविल सर्विसेज उनमें से एक विकल्प था। मैंने कॉलेज के दौरान ही एन.सी.ई.आर.टी. की सारी किताबें पढ़ डालीं। इसके अलावा, मैंने स्पेक्ट्रम जैसी कुछ मूलभूत किताबें भी पढ़ीं। पहले मैंने वर्ष 2017 में परीक्षा देने की सोची; लेकिन मैं कॉलेज में इसकी अच्छी तैयारी नहीं कर पाया था, क्योंकि मुझे इस दौरान कोई अच्छा मार्गदर्शक नहीं मिला था। मैंने दिल्ली आने का फैसला किया, हालाँकि कुछ लोगों ने यह भी कहा कि दिल्ली में छात्रों को बहुत-सी दिक्कतों का सामना करना पड़ता है। जब मैंने इस बारे में अपने माता-पिता से बात की तो उन्होंने कहा कि अगर मैं वाकई इस परीक्षा को पास करना चाहता हूँ तो मेरे अंदर रास्ते में आनेवाली तमाम दिक्कतों को झेलने की सामर्थ्य होनी चाहिए। इसने मुझपर गहरा असर डाला और दिल्ली में तैयारी से जुड़ी तमाम दिक्कतों का सामना करने के लिए मेरा दिमाग अच्छी तरह तैयार हो गया। इससे मुझे दिल्ली में प्रतिस्पर्धा के दबाव, प्रदूषण और खाना– सबसे पार पाने में मदद मिली।
- जहाँ तक मेरे संघर्ष की बात है, तो यहाँ मैं तीन बातें बताना चाहूँगा। पहली, मेरी अंग्रेजी बहुत अच्छी नहीं थी। बहुत से लोगों ने मुझसे कहा था कि अच्छे उत्तर लिखने और इंटरव्यू में पास होने के लिए अच्छी अंग्रेजी होनी जरूरी है। लिहाजा मैंने अपनी अंग्रेजी पर काम करना शुरू कर दिया। मैं अपने ज्यादातर दोस्तों से अंग्रेजी में बात करने लगा। कॉलेज के दिनों से ही मैंने अंग्रेजी के अखबार पढ़ना शुरू कर दिया था। दूसरा, मैं बी.टेक का छात्र था, लिहाजा मुझे मानविकी से जुड़े विषयों के बारे में बहुत ज्यादा पता नहीं था। इसके चलते मुझे कुछ फैसले लेने में बेहद दिक्कत आई। जो विषय मैंने दसवीं तक ही पढ़े थे, उन सभी को दोबारा पढ़ना एक बहुत बड़ी चुनौती थी। लेकिन इन विषयों के बारे में ज्यादा-से-ज्यादा जानने की इच्छा इतनी मजबूत थी कि मैं इसे लेकर जल्द ही सहज हो गया। तीसरा, मैं कॉलेज के दिनों में सोशल मीडिया पर बहुत सक्रिय हुआ करता था; लेकिन तैयारी के दौरान मैंने अपना फेसबुक अकांउट, इंस्टाग्राम अकाउंट निष्क्रिय कर दिया, वॉट्स एप्प पर अपना नंबर बदल दिया। इस दौरान मैं किसी भी पारिवारिक समारोह में नहीं गया। इस तरह मैंने वह दुनिया छोड़ दी, जिसका मुझे चस्का लगा हुआ था। हर व्यक्ति को इतना मजबूत जरूर होना चाहिए कि वो अड़चन बननेवाली अपनी कुछ आदतों को त्याग सके। मेरा विश्वास कीजिए, त्याग का फल बहुत मीठा और खाने लायक होगा।

नए अभ्यर्थियों के लिए संदेश

❖ मैंने एक बार कहीं पढ़ा था कि "जीवन के युद्ध में मजबूत या शक्तिशाली इनसान नहीं जीतता, बल्कि वह इनसान जीतता है, जो यह सोचता है कि वो जीत सकता है।" इन पंक्तियों से पता चलता है कि आत्मविश्वास सफलता की कुंजी है। बिना कोई योजना बनाए आत्मविश्वास का क्या अर्थ, जैसे–पढ़ने के लिए उचित रणनीति, क्या पढ़ना है, किसका मार्गदर्शन चाहिए आदि। तैयारी के दिनों में एक दिन में कम-से-कम 10-12 घंटे पढ़िए और अगर जरूरत पड़े तो कहीं से अच्छी कोचिंग भी लीजिए। यू.पी.एस.सी. की परीक्षा में उम्मीदवार के कौशल से ज्यादा उसका रवैया देखा जाता है। इसलिए किसी को भी बड़े सिलेबस को देखकर या फिर टेस्ट सीरीज में मिले कम नंबरों से घबराना नहीं चाहिए। लेकिन हां, उम्मीदवार को इन्हें गंभीरतापूर्वक लेना चाहिए। सिलेबस किसी धर्मग्रंथ से कम नहीं है, जिसमें विभिन्न किताबों और अखबारों के महत्त्वपूर्ण विषय शामिल होते हैं। टेस्ट सीरीज में, अपने कमजोर विषयों पर काम कीजिए और दोबारा अच्छे नंबरों के साथ वापसी कीजिए, इसे एक उम्मीदवार के लिए एक मानक बन जाना चाहिए। तैयारी के दौरान उम्मीदवार को अपने साथी दोस्त की तैयारी की गंभीरता से भी वाकिफ होना चाहिए। उदाहरण के लिए, अगर आपका दोस्त आपसे मॉल जाने या फिल्म देखने को कह रहा है तो आपको समझ जाना चाहिए कि उसकी दोस्ती आपके सपने को हकीकत में बदलने में एक रुकावट ही होगी। कुछ और सुझाव हैं–

1. अगर आपने 10वीं कक्षा के बाद आर्ट्स के विषय नहीं पढ़े हैं तो अच्छी जगह कोचिंग कीजिए, नहीं तो यह समझना मुश्किल हो जाएगा कि क्या पढ़ें और क्या नहीं।
2. गंभीर दोस्तों का एक समूह बनाएं और अखबार या फिर दूसरे विषयों पर उनसे चर्चा करें। इन चर्चाओं का माध्यम अंग्रेजी हो तो ज्यादा अच्छा रहेगा। इसके अलावा, दूसरे व्यक्ति के विचारों से सीखने की कोशिश करें।
3. चाहे वह प्रीलिम्स हो, मेन्स हो या फिर इंटरव्यू, हर चरण में जितना संभव हो, टेस्ट या फिर नकली (मॉक) इंटरव्यू का अभ्यास करें। याद रखें कि इन टेस्ट के नंबरों या फिर समीक्षाओं को सुधारने के एक माध्यम के तौर पर देखा जाना चाहिए। इस पर रोना-धोना मत मचाइए।
4. पिछले साल के प्रश्न-पत्रों में फलां प्रश्न क्या मायने रखता था, इसके आधार पर किसी विषय को अनदेखा न करें। हम यह बिल्कुल भी नहीं जानते कि यू.पी.एस.सी. आनेवाले पेपर्स में किस विषय पर फोकस करेगा।

5. परीक्षा से एक हफ्ते/दिन पहले खुद पर भरोसा रखें। जिन-जिन चीजों से पढ़ा है उन पर, शिक्षकों पर, अभिभावकों पर, भगवान् पर भरोसा रखें; क्योंकि जब आप भरोसा करते हैं, तो आत्मविश्वास अर्जित करते हैं और जब आपके अंदर आत्मविश्वास होता है तो कोई भी आपको आपका सर्वश्रेष्ठ देने से नहीं रोक सकता।

❖ मैं आखिर में यही कहूँगा कि ऐसे हजारों कारण होंगे, जिनकी वजह से आप यू.पी.एस.सी. की परीक्षा पास करने में सक्षम नहीं होंगे; लेकिन आपको वह अकेला कारण खोजना चाहिए, जो आपको यह बताए कि आप यह क्यों करना चाहते हैं। मेरा विश्वास कीजिए कि आप यह परीक्षा निकाल पाएंगे। यदि आप वाकई इस परीक्षा को पास करना चाहते हैं, तो बिल्कुल कर लेंगे। लेकिन कोई भी आप पर ऐसा करने के लिए दबाव नहीं बना सकता।

❑

45

नाम : हेमंत कुमार मीणा

रैंक : 532, सीएसई-2018

"खुद पर भरोसा रखिए, तैयारी के दौरान निराशा के कुछ पल ज़रूर आएंगे, लेकिन आपको उस समय मजबूत रहने की ज़रूरत है और साथ ही यह याद रखने की भी कि आपने इस सर्विस में कैरियर बनाने की क्यों सोची।"

हेमंत कुमार मीणा

वैकल्पिक विषय

भूगोल

परीक्षा का माध्यम

अंग्रेजी

निवासी

रानौली, करौली जिला, राजस्थान

शैक्षिक योग्यता

❖ बी.टेक–आई.आई.टी. रुड़की, 2013

अभिभावकों का पेशा

❖ पिता : सरकारी कर्मचारी

❖ माता : गृहिणी

कोचिंग

❖ जी.एस.–वजीराम एंड रवि

❖ भूगोल–ए.एल.एस. (यहाँ से कोचिंग का सुझाव नहीं दूंगा)

प्राप्तांक

प्रीलिम्स (प्रारंभिक परीक्षा) : पेपर-1 (जी.एस.) : 105

मेन्स (मुख्य परीक्षा)

निबंध (पेपर I) : 134

जनरल स्टडीज (सामान्य अध्ययन)-I (पेपर II) : 91

जनरल स्टडीज-II (पेपर III) : 109.

जनरल स्टडीज-III (पेपर IV) : 98

जनरल स्टडीज-IV (पेपर V) : 99

वैकल्पिक विषय-I (भूगोल) (पेपर VI) : 120
वैकल्पिक विषय-II (भूगोल) (पेपर VII) : 129
लिखित परीक्षा में प्राप्तांक : 780
इंटरव्यू : 171
कुल अंक : 951

सिविल सेवा की यात्रा

सिविल सेवा परीक्षा का बीज

- मेरे अंदर सिविल सर्विस परीक्षा का बीज स्कूल के दिनों से ही डल चुका था, हालाँकि यह ग्रेजुएशन तक सुषुप्त अवस्था में ही था। आई.आई.टी. रुड़की से ग्रेजुएशन के बाद मैं कोचिंग और तैयारी के लिए दिल्ली आ गया।
- मेरी सबसे पहली चुनौती यह फैसला लेने की थी कि परीक्षा हिंदी माध्यम से दी जाए या फिर अंग्रेजी से। अंग्रेजी-हिंदी दोनों में एन.सी.ई.आर.टी. की किताबें पढ़ने के बाद मैंने अंग्रेजी को चुना। मुझे इस मोर्चे पर बहुत-सी दिक्कतों का सामना करना पड़ा; लेकिन बाद में यह मेरे लिए एक अच्छा चयन ही साबित हुआ।
- इसके बाद वैकल्पिक विषय चुनना भी मुश्किल काम था। मैं शुरुआत में केमिस्ट्री को अपना वैकल्पिक विषय बनाना चाहता था, जिसमें बी.टेक के दौरान मेरी काफी दिलचस्पी थी। लेकिन कुछ दोस्तों और सीनियर्स से चर्चा के बाद मैंने भूगोल को चुना। क्योंकि भूगोल जी.एस. पेपर-1 का तकरीबन आधा हिस्सा कवर करती है और केमिस्ट्री के लिए बहुत ज्यादा मार्गदर्शन नहीं मिल पाता (बाद में पता चला कि ऐसा नहीं है)। कभी-कभी मुझे इस बात का पछतावा होता है कि मुझे केमिस्ट्री को अपना वैकल्पिक विषय चुनना चाहिए था, क्योंकि इस विषय में मेरी काफी दिलचस्पी थी।
- इसलिए मेरी सभी उम्मीदवारों को यही सलाह है—अपने वैकल्पिक विषय को समझदारी से चुनें। आपकी दिलचस्पी काफी मायने रखती है और होशियारी से की गई तैयारी भी। मैं उम्मीदवारों को चेताना चाहता हूँ कि वे वैकल्पिक विषय चुनते हुए अपने दोस्तों और सीनियर्स की सलाह को आँख बंद करके न मान लें, क्योंकि कुछ विषय दूसरों के लिए सही साबित हो सकते हैं, लेकिन आपके लिए नहीं।
- इसके बाद दिल्ली से मेरा सी.एस.ई. की तैयारी का सफर शुरू हुआ। मैं खुशकिस्मत था कि मुझे वर्ष 2014 में ही मेन्स की परीक्षा देने का अवसर मिला। मैं 50 नंबरों से कट-ऑफ को छूने से वंचित रह गया। यहाँ मैं बताता हूँ अपनी सबसे बड़ी गलती के बारे में। वह ये कि अपनी सबसे कमजोर कड़ी, यानी वैकल्पिक विषय की तैयारी में मैंने उसका विश्लेषण नहीं किया और इसका खामियाजा मुझे दोबारा वर्ष 2015 मेन्स की परीक्षा में भुगतना पड़ा।

- मैंने अपने जी.एस. पेपर की गलतियां सुधारीं और वर्ष 2016 में यू.पी.एस.सी. का इंटरव्यू दिया। इस साल मेन्स में मेरे नंबर कटऑफ से थोड़े ही ऊपर थे। मैं अंतिम सूची में करीब 25 नंबरों की कमी के कारण जगह नहीं बना पाया।
- मैं सी.एस.ई. 2017 में भी असफल रहा। यह मेरे लिए किसी सदमे से कम नहीं था। मैंने अपनी कूटनीति के साथ-साथ खुद पर भी शक करना शुरू कर दिया। इस वक्त मेरा आत्मविश्वास काफी कम हो गया था। लेकिन सी.एस.ई. के सफर में यह मेरे लिए निर्णायक मोड़ साबित हुआ।
- ये वह दौर होता है, जब आपको हर किसी के सहारे की जरूरत पड़ती है, फिर चाहे वे परिवारवाले हों, दोस्त हों या फिर आप खुद। मेरे परिवारवालों ने इस घड़ी में मुझे बहुत सहारा दिया, खास तौर पर मेरे बड़े पापा और मेरे बड़े चचेरे भाई ने।
- इसके बाद मैंने दोबारा अपनी योजना की समीक्षा की। विश्लेषण करने पर मैंने पाया कि मेरी असफलता की वजह मेरा वैकल्पिक विषय है। इसके बाद मैंने अपने वैकल्पिक विषय को बदलकर समाजशास्त्र चुना। लेकिन इसे पढ़ने के बाद मैंने महसूस किया कि हर विषय के अपने कुछ जरूरी पहलू होते हैं। कोई वैकल्पिक विषय आसान नहीं होता, हालाँकि पाठ्यक्रम की लंबाई, पेपर की प्रकृति और मार्केटिंग पैटर्न में भिन्नता जरूर हो सकती है।
- आखिरकार, मैंने भूगोल में अच्छे नंबर लानेवाले अपने साथियों से विचार-विमर्श करके भूगोल पर ही काम करने का फैसला किया।
- इसके बाद सी.एस.ई. 2018 की परीक्षा सामने आई। इसमें मेरा बहुत-कुछ दांव पर लगा था। लेकिन मैंने बहुत मेहनत की और पहले से ज्यादा बुद्धिमानी का परिचय दिया। सौभाग्य से, मेरी मेहनत रंग लाई और मुझे ए.आई.आर.-532 मिला।
- इसने जीवन में अपने लक्ष्य को पाने के लिए दिखाई मेहनत और प्रतिबद्धता पर मेरे विश्वास को दोबारा स्थापित किया।

नए अभ्यर्थियों के लिए संदेश

- खुद पर भरोसा रखिए। तैयारी के दौरान कुछ निराशा के पल भी आएंगे, लेकिन आपको मजबूत बने रहना है। हमेशा याद रखिए कि आपने यू.पी.एस.सी. को क्यों चुना।
- खुद से पूछिए कि जब दूसरे कर सकते हैं तो मैं क्यों नहीं।
- आखिर में, एक संदेश जैसा कि मेरे पिता जी कहते हैं, ''समय से पहले और भाग्य से ज्यादा कुछ नहीं मिलता।'' लिहाजा धैर्य बनाए रखें और पढ़ें।

❑

46

नाम : स्पर्श गुप्ता

रैंक : 562, सीएसई-2018

"मेरा मानना है कि इस सफर में सफलता के तीन महत्वपूर्ण घटक हैं—आत्मविश्वास, समर्पण और मजबूत इरादा। आपको इस बात पर यकीन करना होगा कि आपको जीवन में इतनी दूर तक लाने वाले तरीके ही इस सफर में भी फलदायक साबित होंगे।"

स्पर्श गुप्ता

वैकल्पिक विषय

कानून

परीक्षा का माध्यम

अंग्रेजी

निवासी

बुलंदशहर, उत्तर प्रदेश

शैक्षिक योग्यता

❖ बी.ए., एल.एल.बी (ऑनर्स), नेशनल लॉ स्कूल ऑफ इंडिया यूनिवर्सिटी, बेंगलुरु से

अभिभावकों का पेशा

❖ **पिता** : चार्टर्ड अकाउंटेंट (सी.ए.)

❖ **माता** : गृहिणी

कोचिंग

❖ **प्रीलिम्स**—विजन आई.ए.एस. टेस्ट सीरीज

❖ **जनरल स्टडीज और वैकल्पिक विषय लॉ**—निर्वाण आई.ए.एस. अकादमी

❖ **इंटरव्यू**—निर्वाण आई.ए.एस., विजन आई.ए.एस. और संकल्प आई.ए.एस. अकादमी

प्राप्तांक

प्रीलिम्स (प्रारंभिक परीक्षा) : पेपर-1 : 75.66

पेपर-2 : 136.66

मेन्स (मुख्य परीक्षा)

निबंध (पेपर I) : 135

जनरल स्टडीज (सामान्य अध्ययन)-I (पेपर II) : 86

जनरल स्टडीज-II (पेपर III) : 103
जनरल स्टडीज-III (पेपर IV) : 83
जनरल स्टडीज-IV (पेपर V) : 95
वैकल्पिक विषय-I (लॉ) (पेपर I) : 144
वैकल्पिक विषय-II (लॉ) (पेपर II) : 142

मुझसे संपर्क करें

फेसबुक : *https://www.facebook.com/sparsh.nls.bng?ref=bookmarks*

सिविल सेवा की यात्रा

- सिविल सर्विसेज का मेरा सफर वर्ष 2016 में तब शुरू हुआ, जब मुझे दाईं आँख पर ग्लूकोमा होने के कारण उसकी सर्जरी करानी पड़ी। ये वह समय था, जब मैं अपनी सारी उम्मीदें खो चुका था, क्योंकि मैं धीरे-धीरे अपनी आँखों की रोशनी खोता जा रहा था। मुझे रोजमर्रा के कामों में बहुत ज्यादा समझौता करना पड़ रहा था, जिससे मुझे खुद पर ही शंका होने लगी। ऐसे में मुझे आत्मनिरीक्षण करने का मौका मिला और मैंने फैसला किया कि मुझे भविष्य में क्या कुछ करना है। मेरे पास दो विकल्प थे–निजी फर्म में नौकरी करते रहना, जहाँ मुझे अच्छा-खासा वेतन मिल रहा था या अपना भविष्य सुरक्षित करना। लंबे आत्म-चिंतन के बाद मैंने अपना पूरा साहस जुटाया और सिविल सर्विसेज की परीक्षा के मैदान में कूद पड़ा। तमाम चुनौतियों के बाद भी इस तरह का फैसला लेने के पीछे बड़े कारण थे–मेरे माता-पिता और करीबी दोस्त।
- ईमानदारी से कहूँ तो बचपन में मेरा सिविल सर्विसेज में जाने का कोई सपना नहीं था। चूँकि मैं हमेशा से ही पढ़ने-लिखने में अच्छा था, इसलिए कई पारिवारिक दोस्तों ने मुझे इस परीक्षा में बैठने का सुझाव दिया था; लेकिन वर्ष 2014 तक मैंने उनकी बातों को गंभीरता से नहीं लिया। कॉलेज के चौथे वर्ष में जाकर सिविल सर्विस की परीक्षा देनेवाले एक दोस्त से इस बारे में ईमानदारीपूर्वक चर्चा हुई और मैंने इसकी प्रक्रिया को समझने की कोशिश की। लेकिन, उस समय भी इस मामले में बहुत ज्यादा प्रगति नहीं हुई और मैंने एक निजी कंपनी में नौकरी करने का फैसला किया। मैं देखना चाहता था कि चीजें आगे किस दिशा में जाती हैं। लेकिन जैसा कि भाग्य में लिखा था, आखिरकार मैं सी.एस.ई. के क्षेत्र में आ ही गया।
- विकलांग (डिफरेंटली एबल) होने की अपनी चुनौतियां हैं। इससे पहले भी जीवन बहुत आसान नहीं था। लेकिन सी.एस.ई. की मुश्किल परीक्षा के कारण मेरी चुनौतियां दुगुनी

थीं। मेरे माता-पिता, खास तौर पर मेरी मां, ने बचपन से मुझे सिखाया था, ''बेटा, जिंदगी में एक बार जो आपने ठान लिया तो कोई भी आपको रोक नहीं सकता, यह अक्षमता भी नहीं। इस पर अपना सर्वस्व न्यौछावर कर दो तो तुम इस समाज के लिए एक रोल मॉडल (आदर्श) बन जाओगे।'' मेरी माँ के यही शब्द इस सफर के दौरान आए तमाम उतार-चढ़ावों के वक्त मेरे लिए प्रेरणादायक बने।

- सबसे पहले स्टडी मैटीरियल जुटाना मेरे लिए काफी मुश्किल भरा रहा। यहाँ मैं बताना चाहूँगा कि ऐसे लोग, जो देख नहीं सकते या छपा हुआ पढ़ पाने में अक्षम हैं, उनके लिए 'टेक्स्ट टू स्पीच' नाम की एक तकनीक मौजूद है, जो शब्दों को पढ़ने योग्य भाषा में तब्दील करती है। मैंने इसी सॉफ्टवेयर का इस्तेमाल करते हुए अपनी कॉलेज की पढ़ाई की थी। लेकिन इन सॉफ्टवेयर के लिए दस्तावेज शब्दों में होने चाहिए, ताकि ये उनके कंपैटिबल (संगत) हो। और बहुत सारी चीजें पढ़नेवाले फॉर्मेट में मौजूद ही नहीं हैं। इसलिए मुझे इसका कोई हल निकालना था। यह एक बड़ी समस्या थी, खास तौर पर तब, जब अपने वैकल्पिक विषय लॉ के लिए विषय-वस्तु जुटानी हो। इसलिए, मेरा पहला पूरा प्रयास पढ़नेवाले स्रोत को इकट्ठा करने में गया, जो इस सॉफ्टवेयर के अनुकूल हो।
- मैं तीन बार मेन्स की परीक्षा दे चुका था, लेकिन दुर्भाग्यवश पहले दो प्रयासों में मेन्स पास नहीं कर पाया। खास तौर पर दूसरी बार मेन्स पास नहीं कर पाना मेरे लिए बहुत निराशाजनक था। लेकिन मेरे माता-पिता और करीबी दोस्तों ने हमेशा मेरा हौसला बढ़ाया और समझाया कि थोड़ी और मेहनत करके तुम यह परीक्षा पास कर सकते हो। दूसरी बार मेन्स की परीक्षा में असफल होने के बाद मैंने दिल्ली जाकर कोचिंग लेने का फैसला किया। मैंने निर्वाण आई.ए.एस. में दाखिला लिया और यही जगह थी, जहाँ मैं एक हीरे की तरह चमका। यहाँ मेरा मार्गदर्शन गिल सर ने किया और आखिरकार, मैं सी.एस.ई. परीक्षा पास करने में सफल रहा। कोचिंग के दौरान मैंने महसूस किया कि इस बार मेरी तैयारी ज्यादा मजबूत और सूक्ष्म थी, क्योंकि हम सुनने पर ज्यादा भरोसा रखते हैं, लिहाजा नियमित तौर पर कक्षा में जाना और अभ्यास के लिए अच्छी-खासी संख्या में मॉक ड्रिल करने से मुझे वाकई बहुत लाभ पहुँचा। मेरे लिए एक बड़ी चुनौती थी मेरा अपने लिपिक (स्क्राइब) को उत्तर बोलकर लिखवाने के साथ-साथ उसके साथ अच्छा तालमेल बैठाने में सक्षम होना। पहली दो कोशिशों में मैंने कमीशन का लिपिक लिया; लेकिन बाद में जाकर यह बात समझ आई कि मुझे उसके साथ तालमेल बैठाने में कितना संघर्ष करना पड़ा था। इसलिए मैंने फैसला किया कि इस बार मैं अपना लिपिक ले जाऊँगा। मेरे इस फैसले से मुझे कितना फायदा पहुँचा, यह मेरे नतीजे में साफ तौर पर दिखा।
- आखिर में, मैं कह सकता हूँ कि यह परीक्षा आसान नहीं है। यह एक मैराथन है, जिसमें सफलता पाने के लिए आपको लगातार अपनी गति को बनाए रखना होगा। एक

गलती हुई नहीं कि आपका पूरा-का-पूरा साल बरबाद हो जाता है। इस परीक्षा को लेकर अनिश्चितता इतनी ज्यादा होती है कि आपको हमेशा अपने दिमाग में कैरियर का एक और विकल्प सोचकर रखना चाहिए। जैसे दो बार अंतिम सूची में जगह नहीं बनाने के बाद मैंने खुद को व्यस्त रखने के लिए ओ.एन.जी.सी. में बतौर असिस्टेंट लीगल एडवाइजर की नौकरी करना शुरू कर दिया था। मेरे माता-पिता और दोस्तों से हमेशा मिलनेवाला हौसला, खराब सेहत के बावजूद मेरी लिपिक की कोशिशों और गिल सर की उत्कृष्ट सलाह के कारण मैं इस परीक्षा में सफल हो पाया।

❖ ये पंक्तियां मेरे इस सफर को बखूबी बयां करती हैं–

''लहरों से डरकर नौका पार नहीं होती, कोशिश करनेवालों की कभी हार नहीं होती।''

लिहाजा, अपने लक्ष्य को पाने के लिए निरंतर प्रयास करते रहिए। आपको एक-न-एक दिन सफलता मिल ही जाएगी।

नए अभ्यर्थियों के लिए सलाह

❖ मेरे हिसाब से, मेरी इस यात्रा के तीन महत्त्वपूर्ण कारक रहे–आत्मविश्वास, समर्पण और दृढ़ संकल्प। आपको इस बात पर विश्वास करना ही होगा कि जिन तरीकों से आप जीवन में इतने आगे बढ़े हैं, वही आपको इस सफर में भी सफलता दिलाएंगे। इस परीक्षा में उम्मीदवार एक बड़ी गलती करते हैं, वे बहुत ज्यादा स्टडी मैटीरियल का इस्तेमाल करते हैं। ज्यादा की बजाय उन्हें कम, लेकिन अच्छे स्टडी मैटीरियल पर फोकस करना चाहिए और उसे बार-बार दोहराना चाहिए। ध्यान में रखनेवाली एक और बात–आपको कई सारे टॉपर्स की रणनीति को अपनाने की कोशिश नहीं करनी चाहिए। बेशक, उनकी कहानियों से हौसला बढ़ता है; लेकिन उनकी रणनीति के उस हिस्से को अपनाइए, जो आपको लिए ठीक हो। उनकी रणनीतियों का आँखें बंद करके अनुसरण न करें। उदाहरण के लिए, ज्यादातर टॉपर्स कहते हैं कि वे दिन में 12 से 15 घंटे पढ़ते थे। मैं शुरुआत से ही जानता था कि मैं ऐसा नहीं कर सकता और अगर ऐसा करने की कोशिश भी करता हूँ तो मैं खुद को थका दूंगा और फायदे की बजाय अपना नुकसान ज्यादा करूँगा। इसलिए, मैं बेशक दिन में आठ घंटे पढ़ता था, लेकिन बहुत अच्छी तरह से लगातार पढ़ता था।

❖ कुल मिलाकर, यह सफर और कुछ नहीं, बस आपकी मानसिक क्षमता की परीक्षा है। इसके अलावा यह भी ध्यान रखिए कि यह महज एक परीक्षा है, आपके जीवन का अंत नहीं है। यह जीवन में लक्ष्य प्राप्त करने का एक साधन मात्र है, अंत नहीं है। असली संघर्ष तब शुरू होता है, जब आप इस सेवा से जुड़ते हैं और भारतीय प्रशासनिक सेवा नाम के असली मैदान में उतरते हैं।

❑

47

नाम : जगदीश कुमार

रैंक : 564, सीएसई-2018

"कुछ भी असंभव नहीं है! जो आप सोच सकते हैं, वो आप कर सकते हैं और वो भी सोच सकते हैं, जो आज तक किया नहीं गया!!"

जगदीश कुमार

वैकल्पिक विषय

इतिहास

परीक्षा का माध्यम

हिंदी

निवासी

मुंथला काबा; भीनमाल; जालौर (राजस्थान)
(जालौर राजस्थान के शैक्षणिक दृष्टि से सबसे पिछड़े जिलों में शामिल है)

शैक्षिक योग्यता

❖ बी.ए. (ऑनर्स–इतिहास) (गोल्ड मेडलिस्ट)-2012

❖ एम.ए. (इतिहास) 2014

❖ पी.एच.डी. (जनवरी 2016 से शोधरत) जय नारायण व्यास विश्वविद्यालय, जोधपुर (राजस्थान)

पूर्व-चयन

यू.जी.सी. नेट/जे.आर.एफ. (जून 2014), असिस्टेंट कमांडेंट (सी.ए.पी.एफ./ए.सी.) (2015)

अभिभावकों का पेशा

❖ **पिता** : (कृषक थे) का वर्ष 2009 में देहांत हो गया था।

❖ **माता** : गृहिणी

कोचिंग

❖ सामान्य अध्ययन (पेपर 1,2,3) : ध्येय आई.ए.एस.

❖ निबंध व एथिक्स : ध्येय आई.ए.एस. व दृष्टि दि विजन आई.ए.एस.

❖ टेस्ट सीरीज : विजन आई.ए.एस.

प्राप्तांक

प्रीलिम्स (प्रारंभिक परीक्षा) : पेपर-1 : 98.66

पेपर-2 : 106

मेन्स (मुख्य परीक्षा)

निबंध (पेपर I) : 139

जनरल स्टडीज (सामान्य अध्ययन)-I (पेपर II) : 72

जनरल स्टडीज-II (पेपर III) : 99

जनरल स्टडीज-III (पेपर IV) : 76

जनरल स्टडीज-IV (पेपर V) : 91

वैकल्पिक विषय-I (इतिहास) (पेपर VI) : 152

वैकल्पिक विषय-II (इतिहास) (पेपर VII) : 152

लिखित परीक्षा में प्राप्तांक : 775

इंटरव्यू : 173

कुल अंक : 948

सिविल सेवा की यात्रा

❖ बात आज से ठीक 10 साल पहले की है। वर्ष 2009, जो मेरे लिए जीवन में 'टर्निंग प्वॉइंट' था! 12वीं की बोर्ड परीक्षा से ठीक पहले पिताजी का असामयिक निधन हो गया। मैंने जीवन में पहली बार अपने स्वजन को खोया था। चूँकि मैं परिवार में सबसे छोटा था, इसलिए पापा के सबसे ज्यादा नजदीक भी मैं ही था। इस सदमे के कारण जीवन कुछ समय के लिए थम-सा गया। जैसे-तैसे करके बोर्ड की परीक्षा दी, ठीक मार्क्स भी आए, इसलिए जोधपुर यूनिवर्सिटी में मेरा बी.ए. (ऑनर्स-इतिहास) में दाखिला हो गया। मेरा सपना साधारण सा था- जल्दी-से-जल्दी एक नौकरी करना। मुझे यू.पी.एस.सी. के बारे में कुछ भी पता नहीं था। लक्ष्मीनारायण जी सर (असिस्टेंट प्रोफेसर, अर्थशास्त्र, जोधपुर) ने मुझे यू.पी.एस.सी. का सपना दिखाया, मार्गदर्शन किया और लगातार हौसला-अफजाई की।

❖ 2013 में पहले प्री में असफलता हाथ लगी तो मेहनत को दुगुना कर दिया। वर्ष 2014 में सी.एस.ई. का इंटरव्यू दिया, लेकिन सफलता नहीं मिली। प्री, मेन्स और इंटरव्यू का यह सिलसिला सी.एस.ई. 2018 में छठे प्रयास में टूट गया और मेरा नाम आखिरकार उस अंतिम सूची में आ ही गया, जिसके लिए मैंने पिछले कई सालों से अथक परिश्रम किया था।

लगातार मिली असफलता के दौरान अपने आप को कैसे संभाला?

❖ यू.पी.एस.सी. की तैयारी रूपी भीषण गरमी के बीच कुछ छोटी-छोटी सफलता रूपी बारिश की फुहारों ने थकने नहीं दिया। साथ ही परिवार और बड़े भैया के 'अनकंडीशनल

सपोर्ट'; विनय सिंह जी सर और लक्ष्मीनारायण जी सर की प्रेरणा, निशांत जी जैन सर (आई.ए.एस.) एवं दोस्तों के समर्थन से मुझे सदैव नवीन ऊर्जा मिलती रही।

सफलता का मूल मंत्र

❖ ईमानदारी से मेहनत करना, लक्ष्य के प्रति समर्पण, धैर्य बनाए रखना और अपनी व दूसरों की ग़लतियों से सीखना, लगातार लिखने का अभ्यास करना, बार-बार पाठ का दुहराव करना।

गलतियां जो मैंने कीं

❖ लिखने का अभ्यास नहीं करना, निबंध को लेकर कैजुअल रहना (इसलिए निबंध में हर बार बहुत साधारण अंक आए), बहुत सारे सोर्स को फॉलो करना, इतिहास के पेपर में मैपिंग की प्रैक्टिस नहीं करना।

किताबें और नोट्स

इतिहास

- **प्राचीन भारत**–उपेंद्र सिंह, मैपिंग के लिए गूगल की मदद ली।
- **मध्यकालीन भारत**–हरीश चंद्र वर्मा, हेमंत झा सर के नोट्स।
- **आधुनिक भारत**–शेखर बंदोपाध्याय, मणिकांत सर के नोट्स।
- **विश्व इतिहास**–जैन-माथुर, मणिकांत सर के नोट्स।

❖ सामान्य अध्ययन के लिए बेसिक बुक (विस्तृत जानकारी हेतु निशांत जैन सर का अनअकेडमी वाला वीडियो अवश्य देखें) और विजन आई.ए.एस. के वैल्यू एडीशन नोट्स। सिलेबस के टॉपिक के हिसाब से ध्येय आई.ए.एस. और दृष्टि आई.ए.एस. के नोट्स।

❖ निबंध के लिए टॉपर्स के लिखे निबंधों को बार-बार पढ़ा। अच्छे उद्धरण और पक्तियां आपको जहाँ से भी मिल जाएं, उन्हें एक नोटबुक में लिख लें।

नए अभ्यर्थियों के लिए संदेश

❖ यू.पी.एस.सी. की तैयारी केवल आई.ए.एस. बनने के लिए नहीं करें, बल्कि एक सार्थक व्यक्ति बनने के लिए करें। इससे तैयारी का सफर शानदार हो जाएगा। खूब सारी मेहनत करें, लेकिन ध्यान रहे कि आपकी ऊर्जा सही दिशा में लगे। लिखने का अभ्यास तैयारी में 'रामबाण' साबित हो सकता है। साथ ही दूसरों की गलतियों से अवश्य सीखना चाहिए। प्री एग्जाम के लिए टेस्ट सीरीज से अपनी तैयारी का लगातार मूल्यांकन करते रहें। सी.एस.ए.टी. के पेपर को हलके में लेना आपका एक साल खराब कर सकता है। महीने में दो-तीन निबंध अवश्य लिखें। वैकल्पिक विषय में हर दिन कम-से-कम दो उत्तर लिखें। सोशल मीडिया (FB, Instagram) को अपनी आदत न बनने दें।

❑

48

नाम : देवेंद्र सिंह चौधरी

रैंक : 575, सीएसई-2018; 718, सीएसई-2016

"यू.पी.एस.सी. एक लंबी प्रक्रिया है। सबसे पहले इस यात्रा के लिए खुद को मानसिक रूप से तैयार कर लीजिए। अंदरूनी प्रेरणा सबसे प्रबल कारक है, जो आपको चलायमान रखेगी।"

देवेंद्र सिंह चौधरी

वैकल्पिक विषय

भूगोल

परीक्षा का माध्यम

अंग्रेजी

निवासी

गाँव–भनोली, तहसील–दूनी, जिला–टोंक (राजस्थान)

शैक्षिक योग्यता

❖ बी.ई. (इलेक्ट्रॉनिक्स एंड कम्युनिकेशन, यानी इलेक्ट्रॉनिक्स और संचार)–आर्मी इंस्टीट्यूट ऑफ टेक्नोलॉजी, पुणे (2007-2011)। एम.टेक (ऑप्टोइलेक्ट्रॉनिक्स एंड ऑप्टिकल कम्युनिकेशन, यानी प्रकाश इलेक्ट्रॉनिक्स और प्रकाश संबंधी संचार), आई.आई.टी. दिल्ली (2015-2017)

काम का अनुभव

रिलायंस इंडस्ट्रीज नवी मुंबई में अगस्त 2011 से जून 2015 तक।

अभिभावकों का पेशा

❖ **पिता** : आर्मी से बतौर सूबेदार सेवानिवृत्त, फिलहाल रेलवे में कार्यरत।

❖ **माता** : गृहिणी

कोचिंग

❖ आई.आई.टी. दिल्ली से एम.टेक करते हुए ए.एल.एस. आई.ए.एस., करोल बाग, दिल्ली से कोचिंग ली।

प्राप्तांक

प्रीलिम्स (प्रारंभिक परीक्षा) 2018 : पेपर-1 : 102

पेपर-2 : 125

मेन्स (मुख्य परीक्षा)

निबंध (पेपर I) : 128

जनरल स्टडीज (सामान्य अध्ययन)-I (पेपर II) : 91

जनरल स्टडीज-II (पेपर III) : 103

जनरल स्टडीज-III (पेपर IV) : 101

जनरल स्टडीज-IV (पेपर V) : 91

वैकल्पिकं विषय-I (भूगोल) (पेपर VI) : 109

वैकल्पिक विषय-II (भूगोल) (पेपर VII) : 158

लिखित परीक्षा में प्राप्तांक : 781

इंटरव्यू : 165

कुल अंक : 946

सिविल सेवा का सफर

यदि हम कोचिंग फीस, पढ़ने के लिए जरूरी किताबों या फिर दूसरी चीजों की बात करें तो पैसे के लिहाज से मुझे इस सब के लिए ज्यादा संघर्ष नहीं करना पड़ा; लेकिन चूँकि यू.पी.एस.सी. की परीक्षा बहुत लंबे समय तक चलती है (प्रीलिम्स से मेन्स की प्रक्रिया, इंटरव्यू और अंतिम नतीजे एक साल से ज्यादा का वक्त लेते हैं), लिहाजा हर उम्मीदवार किसी-न-किसी रूप में चुनौतियों का सामना करता ही है। मैं हमेशा से ही एक सिविल सर्वेंट बनना चाहता था (क्योंकि मेरे दादाजी ने भी यह सपना देखा था); लेकिन मैंने इसकी तैयारी बहुत देर से शुरू की। मैंने अपनी पहली प्रीलिम्स की परीक्षा वर्ष 2014 में दी। उस वक्त मैं रिलायंस में काम कर रहा था। उस बार मैंने बहुत ज्यादा पढ़ाई नहीं की थी, बस एन.सी.ई.आर.टी. के अलावा बिपिन चंद्रा और लक्ष्मीकांत की कुछ मूलभूत किताबें पढ़ी थीं। चूँकि मेरे मार्गदर्शन के लिए कोई नहीं था, इसलिए मैं इस परीक्षा के लिए अच्छी तरह तैयार नहीं था, इसलिए प्रीलिम्स में असफल हो गया। इसके बाद मैंने नौकरी छोड़ दिल्ली जाकर यू.पी.एस.सी. की तैयारी करने का फैसला किया। लेकिन फरवरी 2014 में मैंने जी.ए.टी.ई. की परीक्षा दी थी, जो 2015 तक भी मान्य थी। इसलिए मैंने एम.टेक का इंटरव्यू दिया और मुझे आई.आई.टी. में दाखिला मिल गया। मैंने जुलाई 2015 में एम.टेक में दाखिला लिया। इसके साथ-साथ मैंने यू.पी.एस.सी. की कोचिंग लेनी भी शुरू की। असली संघर्ष यहीं से शुरू हुआ। मैं काफी व्यस्त रहने लगा, क्योंकि मुझे कॉलेज की क्लास के साथ-साथ जी.एस., ऑप्शनल की कोचिंग करने के लिए भी जाना पड़ता था। मैंने एम.टेक में दाखिला इसलिए लिया था, ताकि मेरे माता-पिता मेरे भविष्य को लेकर कशमकश में रहकर तनाव में न रहें। मैं उन पर पैसे का कोई भी बोझ

नहीं डालना चाहता था (अगर एम.टेक के छात्र अपना सी.जी.पी.ए. 7 से ऊपर रखें तो उन्हें 12,400 रुपए की छात्रवृत्ति मिलती है। इसके अलावा ओल्ड राजेंद्र नगर जाकर पढ़ने से कहीं अच्छा था कॉलेज के हॉस्टल में रहना।) मैं कॉलेज में करीब 1.30 बजे तक अपनी क्लासेज कर लिया करता था और उसके बाद हौज खास मेट्रो स्टेशन के लिए दौड़ लगाता था, ताकि करोल बाग के कोचिंग सेंटर में 2 से 5 बजे तक लगनेवाली ऑप्शनल की क्लासेज कर लूं। इसके बाद 6.30 से 9 बजे तक जी.एस. की क्लास होती थी। मैंने अपना पूरा साल इस शेड्यूल के साथ बिताया। हर दिन कॉलेज के मेस (जो रात को 9 बजे बंद हो जाता था) में मेरा रात का खाना छूट जाता था, जिसके बाद मैं रात की कैंटीन में आलू परांठा खाया करता था। इसके बाद मुझे जरूरी सी.जी.पी.ए. बरकरार रखने के लिए क्विज, छोटी व बड़ी परीक्षाओं के लिए पढ़ना पड़ता था। लेकिन मैं ऐसा इसलिए कर पाया, क्योंकि सी.एस.ई. मेरे पूरे परिवार का सपना था और मैं अपने गाँव का इकलौता खुशकिस्मत व्यक्ति था, जिसे इस सपने को पूरा करने का मौका मिला था। असफलता मेरे लिए कोई विकल्प था ही नहीं, क्योंकि मुझे मेरे माता-पिता का पूरा सहयोग था (वे शुरुआत में नहीं चाहते थे कि मैं एम.टेक करूं, क्योंकि यू.पी.एस.सी. की तैयारी के साथ-साथ एम.टेक करने से मुझपर अतिरिक्त दबाव पड़ता)। फिर भी, मैं उन्हें इस बात के लिए राजी कर पाया कि मैं दोनों साथ-साथ कर लूंगा। मेरे दादाजी ने मुझे बस, यही कहा कि उनका एकमात्र सपना मुझे आई.ए.एस. बनते देखना है (गाँवों में लोग अब भी यह मानते हैं कि केवल दो सरकारी ऑफिसर होते हैं, जो समाज में बदलाव ला सकते हैं–आई.ए.एस. और आई.पी.एस.)। मैं लगातार खुद को अपने दादाजी को दिया वादा याद दिलाता रहा। आखिरकार, मैं आई.आई.टी. में 8.05 सी.जी.पी.ए. बरकरार रख पाने में सफल रहा और पहली बार पूरी तरह कमर कस कर दी गई यू.पी.एस.सी. की परीक्षा में भी सफल रहा। मेरा रैंक 718 रहा और मुझे आई.आर.एस. (आई.टी.) सर्विस दी गई। आज जब मैं पीछे मुड़कर अपनी इस यात्रा को देखता हूँ तो मुझे लगता है कि कॉलेज में मेरे दोस्तों, मेरे परिवार के लोगों और देर से शुरू की गई तैयारी की क्षतिपूर्ति करने का मेरा हौसला मेरे लिए मददगार साबित हुआ। कभी-कभी जब मैं थकान महसूस करता और मेरा पढ़ने का एकदम मन नहीं होता तो मैं अकेला अपने शीशे के आगे बैठ जाता (जो हमेशा मेरे स्टडी टेबल में रहता था। मुझे स्टडी टेबल पर शीशा रखने की आदत-सी हो गई थी, क्योंकि मुझे लगता है कि यह मेरा ध्यान केंद्रित करने में मददगार साबित हुआ।) और खुद को याद दिलाता कि मेरे दादाजी और पिताजी को मुझे यह मौका प्रदान करने में कितनी चुनौतियों का सामना करना पड़ा है। मैं एक ऐसे गाँव से ताल्लुक रखता हूँ, जहाँ केवल 5वीं तक का ही स्कूल है। जब मैं गाँव में रहता था (माँ और मैं थोड़ा बाद में पुणे गए, जहाँ मेरे पिता की पोस्टिंग थी) तो मैंने यहीं से अपनी पढ़ाई की। आज मेरे उस स्कूल के दोस्त गाँव में या तो खेती-बाड़ी करते हैं, ट्रक चलाते हैं या फिर दिहाड़ी मजदूर हैं। इसलिए असफलता मेरे लिए कोई विकल्प था ही नहीं। मुझे सफल होना ही था और इसी विचार ने मुझे आगे बढ़ने का हौसला दिया।

किताबों की सूची

आपको यह इंटरनेट पर आसानी से मिल जाएगी। करीब-करीब सारे लोग वही एक-सी किताबें पढ़ते हैं। फर्क इस बात से पड़ता है कि आप अपने पास मौजूद ज्ञान को कैसे उत्तर के रूप में अपनी लेखनी के जरिए सामने लाते हैं।

मृणाल.ओआरजी (mrunal.org) साइट के टॉपर सेक्शन को देखिए, कम-से-कम उन एक-दो टॉपर के बारे में जरूर पढ़िए, जिनके साथ आप खुद को जोड़कर देख पा रहे हों या फिर वे टॉपर, जिनके चुने हुए वैकल्पिक विषय को आप भी चुनना चाहते हों। विजन आई.ए.एस. के मासिक करेंट अफेयर्स बहुत अच्छे हैं। इन्हें करीब-करीब हर कोई पढ़ता है। इसके अलावा 'इनसाइट्स ऑन इंडिया' भी एक अच्छी वेबसाइट है।

पढ़ाई के लिए बनाई योजना

पढ़ने के लिए कोई निश्चित योजना नहीं बनाई जा सकती, यह व्यक्ति-व्यक्ति पर निर्भर करता है। कुछ लोगों को सुबह जल्दी उठकर पढ़ना रास आता है, कुछ देर रात तक पढ़ना पसंद करते हैं। जरूरी बात यह है कि आपको हर दिन के लिए लक्ष्य बनाने हैं और फिर उन्हें पूरा करना है। ये लक्ष्य कुछ ऐसे हो सकते हैं– एक विषय को कितना पढ़ा जाए या फिर एक दिन में कितने पेज पूरे किए जाएं। पढ़ने के कोई निश्चित घंटे नहीं हो सकते, लेकिन हर रोज आपको तयशुदा अभ्यास निबटाने की कोशिश तो करनी ही होगी।

नए अभ्यर्थियों के लिए संदेश

यू.पी.एस.सी. की प्रक्रिया काफी लंबी होती है, अतः सबसे पहले खुद को इस यात्रा के लिए मानसिक रूप से तैयार कर लें। अंदरूनी हौसला सबसे बड़ा कारक है, जो आपको चलायमान बनाए रखेगा। तैयारी आपके लिए भार नहीं बननी चाहिए। सुनिश्चित करें कि आप इस सफर का आनंद उठाएं। इससे आपको अलग-अलग विषयों की अच्छी-खासी जानकारी मिलेगी, जैसे समाज और हां, खुद के बारे में भी। अपने वैकल्पिक विषय को समझदारी से चुनें। (यह आपको खुद करना है, क्योंकि आपको इस पर बहुत सारा वक्त लगाना है और यही वह चीज है, जिसके दम पर आज टॉप रैंकर्स का फैसला होता है।) आप अपने सीनियर्स का मार्गदर्शन ले सकते हैं, लेकिन पिछले साल के पेपर और खुद की रुचियों के मद्देनजर अंतिम फैसला खुद कीजिए। दृढ़ता और निरंतरता सफलता की कुंजी साबित होंगे। खुद को कुछ खाली वक्त देकर (कुछ खेल, संगीत वगैरह) तरोताजा हों। लेकिन आखिर में सबसे ज्यादा यही बात मायने रखती है कि आपके भीतर सफलता की कितनी बड़ी भूख है। यहाँ ध्यान रखने वाली एक बात, जो हाथ लगे वो पढ़कर खुद पर बेवजह का बोझ न डालिए। समझदारी से योजना बनाइए। पाठ्यक्रम को पढ़ते रहिए, पढ़ने के लिए सीमित संसाधनों का इस्तेमाल कीजिए; लेकिन हां, पढ़े हुए को बार-बार दोहराइए।

अंतिम सीख : अपने लक्ष्य को पाने से पहले मत रुकिए। यू.पी.एस.सी. महज एक परीक्षा है। यह कोई दानव नहीं है, जिससे किसी को भी डरने की कोई जरूरत है। यह एक खूबसूरत परीक्षा है, जो विभिन्न पृष्ठभूमि से आए छात्रों को अपनी प्रतिबद्धता और प्रयासों के जरिए एक मंच पर लाकर सफलता पाने का मौका देती है। हतोत्साहित करनेवाले नकारात्मक लोगों ('तुमसे न हो पाएगा' कहनेवाले लोग) से दूर रहें। आपके परिवार और दोस्तों का सहयोग हर स्तर पर आपके लिए मददगार साबित होगा।

अंत में, वैसे तो कई हैं, लेकिन इस वक्त मुझे जो याद आ रही हैं, उनमें से कुछ चुनिंदा पंक्तियां हैं–

- मुश्किल नहीं है कुछ दुनिया में, तू जरा हिम्मत तो कर,
  ख्वाब बदलेंगे हकीकत में, तू जरा कोशिश तो कर।
- सफलता उन्हीं को मिलती है, जो अपने सपनों की खूबसूरती पर विश्वास करते हैं।

❑

49

नाम : राहुल कुमार सिंह

रैंक : 579, सीएसई-2018

"सपने देखिए, जरूर देखिए; लेकिन उनके लिए ईमानदारी से प्रयास भी कीजिए, वरना सपने सपने ही रह जाएंगे और हमेशा आपको बेचैन करते रहेंगे।"

राहुल कुमार सिंह

वैकल्पिक विषय

हिंदी

शैक्षिक योग्यता

बी.टेक (एन.आई.टी., कुरुक्षेत्र)-70%

एम.ए. (भूगोल)-65%

एन.ई.टी. जे.आर.एफ.–भूगोल

पूर्व चयन : एस.वी.आई. पी.ओ., इन्कम टैक्स इंस्पेक्टर, असिस्टेंट कमिश्नर ऑफ कॉरपोरेट टैक्स (यू.पी.पी.सी.एस.-2016)

आदर्श व्यक्तित्व : ए.पी.जे. अब्दुल कलाम– "यदि तुम सूरज की तरह चमकना चाहते हो तो पहले सूरज की तरह तपना सीखो।"

रुचियां : बैडमिंटन व टेबल टेनिस खेलना और फिल्में देखना।

मेन्स (मुख्य परीक्षा)

निबंध (पेपर I) : 133

जनरल स्टडीज (सामान्य अध्ययन)-I (पेपर II) : 73

जनरल स्टडीज-II (पेपर III) : 94

जनरल स्टडीज-III (पेपर IV) : 80

जनरल स्टडीज-IV (पेपर V) : 94

वैकल्पिक विषय-I (हिंदी) (पेपर VI) : 153

वैकल्पिक विषय-II (हिंदी) (पेपर VII) : 159

लिखित परीक्षा में प्राप्तांक : 786

इंटरव्यू : 160

कुल अंक : 946

सिविल सेवा की यात्रा

- मैं बहुत प्रसन्न हूँ और इस सफलता से मुझे जो खुशी मिली है, उसे शब्दों में बयान करना मेरे लिए आसान नहीं है। शुरुआत में मेरा लक्ष्य यू.पी.एस.सी. में जाना नहीं था। मेरे लक्ष्य समय के साथ परिवर्तित होते रहे हैं। बी.टेक. के बाद जब मैं निजी क्षेत्र में नौकरी करने लगा तो उस दौरान मुझे लगा कि यहाँ आर्थिक सक्षमता तो है, लेकिन सामाजिक खोखलेपन की कीमत पर। यही वह मूल कारण था, जिसने मुझे निजी क्षेत्र की तंग गलियों से निकलकर विस्तृत समाज से जुड़ने के लिए प्रेरित किया। यू.पी. एस.सी. ही वह माध्यम था, जिसके जरिए मैं अपनी क्षमताओं का अधिकतम उपयोग करके समाज के अंतिम व्यक्ति तक पहुँच बना सकने में सक्षम हो सकता था। यही कारण था कि घनघोर असफलताओं के दौर में भी मैं और मजबूत होता गया। रही बात अंतिम लक्ष्य की तो यू.पी.एस.सी. सफर का सिर्फ एक पड़ाव मात्र है और आगे भी नए लक्ष्य व संघर्ष जीवन में चलते रहेंगे।
- सिविल सर्विस में आने के प्रत्येक व्यक्ति के अपने निजी कारण होते हैं, इसलिए हर किसी की प्रेरणा अलग-अलग हो सकती है। इसमें सामाजिक अंतःक्रिया और समाज में सकारात्मक परिवर्तन लाने की सक्षमता, जॉब विविधता, जॉब सुरक्षा एवं आर्थिक सुदृढ़ता आदि शामिल हैं। जहाँ तक मेरी बात है, तो इसका उल्लेख मैं पहले ही ऊपर कर चुका हूँ।
- यू.पी.एस.सी. में कई चरण होते हैं और सभी चरणों में एक बार में ही पास होकर अच्छा रैंक ले आना थोड़ा मुश्किल-सा है। लेकिन अगर सही रणनीति और उचित मार्गदर्शन के साथ गंभीर प्रयास किए जाएं तो एक से डेढ़ वर्ष में भी इस परीक्षा में उचित परिणाम लाए जा सकते हैं। मैं अपनी तैयारी में सतत परिवर्तन करता रहा हूँ। वर्तमान प्रयास में मैं अपनी तैयारी को लेकर संतुष्ट था और सफलता को लेकर आशावान् भी।
- मैं पहले भी इस परीक्षा में कई बार असफल हो चुका था और यह मेरा यू.पी.एस.सी. में तीसरा इंटरव्यू था। लेकिन मैं इन निरंतर मिलनेवाली असफलताओं में भी हमेशा उन कारणों को ढूंढ़ता रहता था, जिससे मैं अपनी रणनीतियों में परिवर्तन कर सकूं। इसके अलावा, मैं लगातार खुद का हौसला बनाए रखने का प्रयत्न भी करता रहता था। इसके लिए मैंने गांधीजी की संघर्ष-विराम की रणनीति को भी अपने जीवन में अपनाया और वैकल्पिक विषय परिवर्तित करने से पहले दो साल का गैप भी लिया और दोबारा नए विषय के साथ उठ खड़ा हुआ, जो कि यू.पी.एस.सी. में भी मेरा पुनर्जन्म था। इसलिए

संक्षेप में कहूँ तो कभी हार न मानना, खुद के प्रति ईमानदार रहना और प्रेरणाओं के साथ निरंतर प्रयास करते रहना मेरी सफलता के सूत्र रहे–

न थके हैं कभी कदम, न ही अभी हिम्मत हारी है,
मैंने देखे हैं कई दौर और आज भी सफर जारी है।

सफलता में योगदान

- किसी भी व्यक्ति की सफलता में प्रत्यक्षतः व अप्रत्यक्षतः कई लोगों का योगदान शामिल रहता है। मेरी सफलता में भी बहुत से लोगों का योगदान है, जिनमें मेरे माता-पिता, भाई रोहित, शिक्षक सोमू एवं परिवार के अन्य सदस्यों के साथ-साथ यू.पी.एस.सी. के मित्र देवेंद्र, योगेश और नाजमीन प्रमुख हैं। इसके अलावा, ऑफिस के मित्र विनेश व हृदेश का योगदान भी काफी अधिक रहा। ये सभी इस कठिन यात्रा में निरंतर मेरे साथ चलते रहे और यह कहकर मुझे लगातार प्रेरित भी करते रहे कि सफलता अवश्य मिलेगी। मैं किसी भी संस्थान से नियमित रूप से तो जुड़ नहीं पाया हूँ, लेकिन इस वर्ष की मुख्य परीक्षा में उत्तर लेखन के लिए मैं ध्येय आई.ए.एस., विनय सर के साथ जुड़ा हुआ था। इससे मेरी लेखन शैली में परिपक्वता आई, जिसका सीधा लाभ मुझे मुख्य परीक्षा में भी हुआ। उपर्युक्त सभी का उनके योगदान के लिए आभार व्यक्त करना चाहूँगा–

अपना क्या है इस जीवन में सब से लिया उधार,
सारा लोहा उन लोगों का अपनी केवल धार।

वैकल्पिक विषय

- इस वर्ष मेरा वैकल्पिक विषय हिंदी साहित्य था। इस विषय को चुनने का कारण मेरा हिंदी भाषा में सहज होने के साथ-साथ विषय का अंकदायी व संक्षिप्त होना भी रहा है। इस विषय की अच्छी बात यह है कि आप किसी भी प्रश्न का हर बार अलग और मौलिक उत्तर लिख सकते हैं, जिससे परीक्षक पर तो विशेष प्रभाव पड़ता ही है, अच्छे अंक आने की संभावना भी काफी ज्यादा बन जाती है। चूँकि मेरी पृष्ठभूमि भी उत्तर प्रदेश बोर्ड-हिंदी माध्यम था, इसलिए मुझे इस विषय को लेने में कोई समस्या नहीं हुई। कुछ हद तक यह बात सच है कि कुछ विषय अन्य की तुलना में अधिक अंकदायी व आसान हैं। अब जैसे यू.पी.एस.सी. में मैंने कुछ प्रयासों में भूगोल विषय को चुना। बेशक, मैं इस विषय से जे.आर.एफ. हूँ, लेकिन इसके बावजूद मुझे सफलता प्राप्त न हो सकी। शायद यही कारण है कि वर्तमान में अधिकांश छात्र कुछ विषयों की ओर ही ज्यादा आकर्षित हो रहे हैं और होना भी चाहिए, क्योंकि हमारा उद्देश्य भी यहाँ सिर्फ यू.पी.एस.सी. निकालना मात्र ही है।

मुख्य परीक्षा

- सफलता का बड़ा आधार उत्कृष्ट उत्तर लेखन शैली है।
- यू.पी.एस.सी. में सफलता का मूल मंत्र उत्कृष्ट उत्तर लेखन शैली व कठिन परिश्रम ही है। उत्तर लेखन ऐसा हो, जो परीक्षक पर सकारात्मक प्रभाव डाले। इसके लिए प्रश्न की मांग व प्रकृति पर विशेष ध्यान देना चाहिए। इसमें मानचित्र, डाटा, चार्ट व समसामयिक संदर्भों को शामिल करते हुए प्रश्न के हर पक्ष पर ध्यान दिया जाना चाहिए। साथ ही लेखन शैली के अभ्यास के लिए समूह बनाकर, स्टॉप वॉच रख निरंतर उत्तर लेखन का अभ्यास करते हुए अपनी कमियों में सतत सुधार करते रहना चाहिए। मैंने भी उत्तर लेखन के लिए ढाका छात्रावास में अपने मित्र विदित व मनीष के साथ ग्रुप बनाया हुआ था और हम स्टॉप वॉच रख नियमित उत्तर लेखन का अभ्यास करते रहते थे।
- मेरी राय यही है कि नोट्स बनाने चाहिए, लेकिन ये नोट्स इतने संक्षिप्त हों कि अंतिम समय में मुख्य परीक्षा से पहले आसानी से पढ़े जा सकें, जैसे वैकल्पिक विषय को सिर्फ एक कॉपी में समेटा जा सकता है। वैसा ही जी.एस. व निबंध विषयों के साथ भी किया जाना चाहिए। नोट्स भी तब ही बनाने प्रारंभ करने चाहिए, जब पूरे विषय को एक या दो बार पढ़ा जा चुका हो। दरअसल, एक-दो बार पढ़ने के बाद ही हमें वास्तव में यह पता लगता है कि नोट्स में क्या-क्या लिखना है और उसे कैसे कम शब्दों में समेटना है। चूँकि प्री परीक्षा में सिलेबस बहुत ज्यादा होता है, जिसके नोट्स बनाने में अच्छा-खासा समय लगता है और ऐसा करना व्यावहारिक भी नहीं है, इसलिए नोट्स बनाने का जोर भी मुख्यतः मुख्य परीक्षा पर होना चाहिए, न कि प्री परीक्षा पर।
- निश्चित रूप से मॉक टेस्ट सीरीज में भाग लेना बहुत उपयोगी होता है। इससे एक ओर जहाँ हम अपनी तैयारी का वास्तविक आकलन कर पाते हैं, वहीं दूसरी ओर मुख्य परीक्षा में होनेवाली गलतियों को पहले से जानकर उनमें सुधार कर सकते हैं।

इंटरव्यू की तैयारी

- मुझे लगता है कि इंटरव्यू की तैयारी हो या व्यक्तित्व विकास दोनों ही यू.पी.एस.सी. की तैयारी के साथ आरंभ हो जाते हैं। साक्षात्कार की तैयारी का सबसे सही तरीका आप का समूह ही है, जो तैयारी के दौरान बन जाता है और आप नियमित तौर पर अपने समूह के लोगों के साथ विभिन्न मुद्दों पर चर्चा करते रहते हैं। इसके अलावा, अपने व्यक्तित्व के नकारात्मक पक्षों को जानकर उस पर भी काम करना शुरू कर देना चाहिए। शायद यू.पी.एस.सी. में हिंदी माध्यम से कम छात्रों के चयन का एक कारण भी कहीं-न-कहीं हिंदी माध्यम के छात्रों का साक्षात्कार में कम अंक लाना भी रहा है। मैं इंटरव्यू से पहले थोड़ा नर्वस था और यह अपेक्षित भी है। लेकिन चूँकि आप तैयारी के दौरान कई चरणों से गुजर चुके होते हैं, जिसमें आपने कई उतार-चढ़ाव देखे होते हैं, अतः इस तनाव को भी आप प्रबंधित करना सीख चुके होते हैं। मेरा

साक्षात्कार श्री प्रदीप कुमार जोशी सर के बोर्ड में पड़ा था। ऐसा माना जाता है कि बोर्ड से साक्षात्कार में प्राप्त अंकों पर फर्क पड़ता है। मेरे भी विगत तीन साक्षात्कार में क्रमशः 176, 160, 160 अंक प्राप्त हुए हैं, जो कि प्राप्त अंकों में अंतर को दिखाता है। लेकिन, यदि आपका व्यक्तित्व संतुलित है, आपकी समझ में समग्रता है और आप सहजतापूर्वक खुद को अभिव्यक्त करने की क्षमता रखते हैं तो निश्चित रूप से आपके अंकों पर बोर्ड का कोई प्रभाव नहीं पड़ेगा।

सिविल सेवा की तैयारी में ऑनलाइन वेबसाइट की भूमिका

❖ निश्चित रूप से आज के बदलते परिवेश में वेबसाइट्स का उपयोग तैयारी के लिए बहुत महत्त्वपूर्ण है। यू-ट्यूब पर ऐसे बहुत से चैनल हैं, जो आपकी तैयारी को पूर्णता प्रदान करते हैं, जैसे–ओनलीआईएएस (OnlyIAS), स्टडीआईक्यू (StudyIQ) आदि। इसके अलावा कई वेबसाइट्स भी हैं, जैसे–फोरमआई.ए.एस. (ForumIAS), दृष्टिआई.ए.एस. (DrishtiIAS), जिनका हम नियमित उपयोग कर सकते हैं। लेकिन इसके साथ-साथ हमें यह भी ध्यान रखना होगा कि अति हर चीज की बुरी होती है, इसलिए सोशल साइट्स के अनावश्यक उपयोग से भी हमें बचना होगा।

सिविल सेवा की तैयारी का सबसे उपयुक्त समय

❖ सिविल सेवा की तैयारी ग्रेजुएशन करते समय ही शुरू कर दी जाए तो बहुत अच्छा रहेगा। ग्रेजुएशन के तुरंत बाद सिविल सेवा की परीक्षा देनी शुरू कर देनी चाहिए, क्योंकि उस समय एक ओर तो हम बहुत ज्यादा ऊर्जा से भरे होते हैं, वहीं दूसरी ओर हम पर पारिवारिक व आर्थिक दायित्व भी कम ही होता है। हालाँकि आरंभ करने का यह समय आपकी आर्थिक सुरक्षा व अन्य कारणों पर भी निर्भर कर सकता है। मैंने अपनी तैयारी ग्रेजुएशन के बहुत बाद प्राइवेट नौकरी करते हुए शुरू की। हालाँकि मैं अपनी रणनीति को इस मामले में गलत मानता हूँ कि मैंने अपनी तैयारी देर से आरंभ की; लेकिन इसका सकारात्मक पहलू यह है कि मैं हमेशा ही किसी-न-किसी नौकरी से जुड़ा रहा और अपना बैकअप बनाए रखा, जिससे मुझे आर्थिक चुनौतियों से जूझना नहीं पड़ा। परीक्षा की तैयारी के लिए न्यूनतम डेढ़ से दो वर्ष तो दिए ही जाने चाहिए और प्रयास यही होना चाहिए कि सभी चरणों की तैयारी समानांतर रूप से चलती रहे; क्योंकि सभी चरण एक-दूसरे से जुड़े हुए हैं। इससे एक ओर आपका समय बचेगा और दूसरी ओर आप सभी चीजों को समग्रता से समझने में सक्षम हो पाएँगे।

❖ जैसा कि मैंने पहले भी कहा है कि मैं अनियमित होकर भी नियमित था। जब भी मैं पढ़ाई करता था तो पूरी तरह से अनुशासित रहते हुए एक निश्चित समय में सकारात्मक ऊर्जा के साथ पढ़ाई से जुड़ा रहता था। यह ऊर्जा मुझे खेलकूद में भाग लेकर, मित्रों के साथ घूमने और उनसे बात करके मिलती रहती थी। मुझे लगता है कि कोई भी

दिनचर्या आदर्श नहीं होती। यह व्यक्ति के अनुसार बदलती रहती है। अतः परीक्षार्थी अपने व्यक्तित्व के अनुसार अपनी दिनचर्या बनाएं। साथ ही अनुशासित, संयमित व ईमानदार रहें। सबसे पहले खुद के प्रति और उनके प्रति भी, जिनसे आपने वादा किया है कि आप निश्चित ही सफल होंगे।

- ❖ मेरी व्यक्तिगत राय यही है कि सिविल सेवा की तैयारी करते समय आपको वैकल्पिक कैरियर के बारे में भी सोचना चाहिए। वैकल्पिक कैरियर आपको अनावश्यक तनावों से तो बचाता ही है, साथ ही आर्थिक सुरक्षा भी प्रदान करता है। इसके अलावा, यह भी मानना होगा कि सिविल सेवा ही एकमात्र अंतिम सत्य नहीं है और इसमें सफलता का प्रतिशत 1% से भी कम है। अतः यू.पी.एस.सी. की तैयारी ग्रेजुएशन के साथ ही आरंभ कर देनी चाहिए, जिससे आप अन्य परीक्षाओं के लिए भी योग्य बने रहें और आपके पास वैकल्पिक कैरियर के अवसर भी सुलभ हों। मैं फिलहाल भोपाल में इन्कम टैक्स ऑफिस में इंस्पेक्टर के पद पर कार्यरत हूँ। इसके साथ ही मैंने जे.आर.एफ. भी पास किया हुआ है, जो कि मेरा बैकअप प्लान था।
- ❖ निश्चित ही पारिवारिक और शैक्षिक पृष्ठभूमि का तैयारी पर बहुत अधिक प्रभाव पड़ता है, जो कि आपके चयन को कभी-कभार विलंब भी करता है; लेकिन यह पृष्ठभूमि किसी भी सक्षम उम्मीदवार को यू.पी.एस.सी. में चयनित होने से कभी रोक नहीं सकती। ऐसे उम्मीदवारों को जरूरत है कि वे तेजी दिखाते हुए परिवर्तनों को अपने आप में आत्मसात् करें और उनके अनुसार अपने आप को ढालें। नई तकनीकों व माध्यमों से बचें नहीं, बल्कि उनका सामना करें और निरंतर सीखनेवाली ऊर्जा के साथ तैयारी करते जाएं।
- ❖ मुझे टॉपर्स के बारे में सोचने से हमेशा प्रेरणा ही मिली है। जब भी मेरे किसी मित्र का चयन यू.पी.एस.सी. में होता था तो मुझे उससे और सकारात्मक ऊर्जा मिलती थी और मैं फिर से नए प्रयास की ओर पूरी ऊर्जा के साथ लग जाया करता था। मेरी राय आज भी नहीं बदली है और मुझे लगता है कि जो पाठक इस इंटरव्यू को पढ़ रहे होंगे, वे भी अपने लक्ष्य की ओर सकारात्मकता के साथ आगे बढ़ेंगे और अगले वर्ष यहाँ इंटरव्यू दे रहे होंगे।
- ❖ यह धारणा बिलकुल भी सही नहीं है और न ही व्यावहारिक है कि 16 से 18 घंटे पढ़ा जाए। वैसे तो हर व्यक्ति के सफलता के सूत्र अलग-अलग होते हैं, लेकिन मेरी व्यक्तिगत राय यही है कि 7-8 घंटे की नियमित व अनुशासित पढ़ाई काफी है। इसके साथ-साथ घूमने-फिरने और खेलने को भी समय दिया जाना चाहिए, जिससे आपकी तैयारी रोचकता के साथ आगे बढ़ती रहे।
- ❖ सिविल सेवा में कई चरण हैं और कई बार समय पर वांछित परिणाम प्राप्त नहीं हो पाते, जिससे मानसिक तनाव होना स्वाभाविक है; लेकिन आवश्यकता यह समझते हुए भी इस स्थिति से उबरने की है। तैयारी के दौरान मैं दो स्तर पर काम करता था–एक ओर तो नियमित रूप से खेलकूद से जुड़ा रहता था, जिससे मानसिक तनाव भी कम

होता था और साथ-ही-साथ पढ़ने के लिए ऊर्जा भी मिलती रहती थी। वहीं दूसरी ओर, लगातार ऐसे मित्रों के संपर्क में रहता था, जो मुझे निरंतर प्रेरित करते थे और मेरा तनाव उनसे बात करके खत्म हो जाता था।

हिंदी माध्यम के विद्यार्थियों के कम चयन के कारण

- इस वर्ष कुल 759 में से संभवत: 18 अभ्यर्थियों का अंतिम चयन ही यू.पी.एस.सी. में हो पाया है। मैं इसके पीछे कई कारणों को देखता हूँ– पहला कारण यह है कि पिछले कुछ वर्षों से हिंदी माध्यम से परीक्षा देनेवाले छात्रों की संख्या में कमी आई है। हमें यह भी मानना पड़ेगा कि इन छात्रों का शैक्षिक व आर्थिक स्तर भी तुलनात्मक रूप से अन्य से कमजोर होता है, जिससे उन्हें कई चुनौतियों का सामना करना पड़ता है। शायद यही कारण है कि उनका व्यक्तित्व भी आरंभ से ही अन्य की अपेक्षा कमजोर होता है, जिसका नुकसान उन्हें इंटरव्यू में कम अंकों के साथ चुकाना पड़ता है, जो कि उन्हें इस रेस से ही बाहर कर देता है। इस बार भी इंटरव्यू देनेवालों की संख्या अंतिम रूप से चयनित से बहुत अधिक थी; लेकिन अंतिम चरण में तुलनात्मक रूप से कम अंक आने के कारण बहुत से छात्र चयन से बाहर हो गए।
- इसके साथ ही जी.एस. में कम अंक आना भी एक कारण है। अत: जी.एस. के विषयों पर भी ध्यान देना होगा। यदि हम हर पेपर में 0.5 अंक भी अधिक ले आते हैं तो अंतत: हम 40 अंकों से अन्य से ऊपर होंगे। इसलिए हमें इन पक्षों को ध्यान में रखते हुए तैयारी करते रहना चाहिए।
- मैं एक बार फिर उन सभी व्यक्तियों व संस्थाओं को धन्यवाद देना चाहूँगा, जो मेरे इस सफर में मेरे साथ जुड़े रहे और निरंतर मेरा उत्साहवर्द्धन करते रहे। साथ-ही-साथ मेरा इंटरव्यू पढ़ने के लिए मैं सभी पाठकगणों को भी हृदय से धन्यवाद और उनके भविष्य के लिए शुभकामनाएँ देना चाहूँगा। साथ ही यह सलाह भी देना चाहूँगा कि सपने देखिए, जरूर देखिए; लेकिन उनके लिए ईमानदारी से प्रयास भी कीजिए, वरना सपने सपने ही रह जाएंगे और हमेशा आपको बेचैन करते रहेंगे। यू.पी.एस.सी. के मेरे मित्रों के लिए–

वह पथ क्या पथिक कुशलता क्या, जिस पथ में बिखरे शूल न हों
उस नाविक की धैर्य परीक्षा क्या, जब धाराएं प्रतिकूल न हों।

❑

50

नाम : राजेंद्र चौधरी

रैंक : 590, सीएसई-2018

"सबसे जरूरी है खुद पर भरोसा रखना। हर एक विद्यार्थी अलग होता है, अतः अपनी तुलना किसी से नहीं करनी चाहिए। अपनी कमजोरियों और खूबियों को अच्छे से पहचानकर रणनीति बनानी चाहिए।"

राजेंद्र चौधरी

वैकल्पिक विषय

हिंदी साहित्य

परीक्षा का माध्यम

मेन्स-हिंदी, इंटरव्यू-अंग्रेजी

निवासी

रानीगाँव, मकराना, नागौर (राजस्थान)

शैक्षिक योग्यता

❖ बी.टेक-आई.आई.टी. खड़गपुर (2010)

एम.ए.- हिंदी साहित्य, इग्नू (2019)

अभिभावकों का पेशा

❖ **पिता** : पंचायत एक्सटेंशन ऑफिसर

❖ **माता** : गृहिणी

कोचिंग

❖ हिंदी साहित्य-कुमार सर्वेश सर (ध्येय आई.ए.एस.)

प्राप्तांक

प्रीलिम्स (प्रारंभिक परीक्षा) : पेपर-1 : 112

पेपर-2: क्वालिफाइंग इन नेचर

मेन्स (मुख्य परीक्षा)

निबंध (पेपर I) : 144

जनरल स्टडीज (सामान्य अध्ययन)-I (पेपर II) : 79

जनरल स्टडीज-II (पेपर III) : 90

जनरल स्टडीज-III (पेपर IV) : 90

जनरल स्टडीज-IV (पेपर V) : 98

वैकल्पिक विषय-I (हिंदी साहित्य) (पेपर VI) : 157
वैकल्पिक विषय-II (हिंदी साहित्य) (पेपर VII) : 148
लिखित परीक्षा में प्राप्तांक : 806
इंटरव्यू : 138
कुल अंक : 944

सिविल सेवा की यात्रा

जब वर्ष 2013 में मैंने तैयारी शुरू की थी, तब मेरी उम्र 26-27 साल थी, यानी जिस उम्र में बाकी लोगों की तीन-चार साल की सर्विस हो जाती है, उस वक्त तो मैंने इसकी तैयारी ही शुरू की थी, जिसका सीधा-सा मतलब यह था कि आनेवाले उतार-चढ़ाव के लिए मैं मानसिक रूप से तैयार था। अपने चयन को लेकर मुझे कभी कोई शंका नहीं थी। इसकी वजह यह थी कि ग्रामीण पृष्ठभूमि का होने के बावजूद मैंने पहले आई.आई.टी. में एडमिशन लेकर दिखाया और उसके बाद जापान तक की यात्रा तय की थी, इसलिए मुझे इतना आत्मविश्वास हो गया था कि यदि मैं गंभीरतापूर्वक प्रयास करूँगा तो निश्चित रूप से यू.पी.एस.सी. में भी सफलता मिल जाएगी।

लेकिन आज वर्ष 2019 में पिछली यात्रा का विश्लेषण किया जाए तो पता चलेगा कि बहुत सारी चीजें मेरी सोच के अनुसार नहीं हुई। जब मैंने यू.पी.एस.सी. का सफर शुरू किया, तब अपने सामने सिर्फ दो वर्षों का लक्ष्य रखा था। सौभाग्य से, पहले ही प्रयास में मुझे इंटरव्यू तक पहुँचने का मौका मिल गया। यूं तो चीजें तय मापदंड के अनुसार चल रही थीं, लेकिन उसके बाद तीन बार और इंटरव्यू तक पहुँचने के बावजूद भी मैं अंतिम सूची में जगह नहीं बना पाया तो जिंदगी उतार-चढ़ावों से भर-सी गई।

इस दौरान मुझे बार-बार एक ही वाक्य याद आता था, "राजेंद्र तुम अपने परिवार की पहली पीढ़ी हो, जो राष्ट्रीय स्तर की इतनी बड़ी बाधा को पार करने की कोशिश कर रहे हो, अतः निश्चित ही समस्या आएगी।" इससे बचने का एक विकल्प यह था कि इसे छोड़कर निजी क्षेत्र में हाई पैकेज वाली कोई नौकरी कर ली जाए। लेकिन मैंने डटे रहने को तवज्जो दी, क्योंकि मैं जानता था कि यू.पी.एस.सी. एक मैराथन रेस या बॉक्सिंग की तरह है। अगर आप गिरकर उठने की हिम्मत रखते हो तो मुकाबला जीत सकते हो। आखिर छह सालों का यह संघर्ष सफल रहा।

अपनी रणनीति में समय के साथ बदलाव भी एक और चीज थी, जिसने मुझे इस कठिन समय में हिम्मत दी। मैंने अपने पहले दो प्रयास भूगोल को वैकल्पिक विषय बनाकर किए। बाद में मुझे लगा कि ऑप्शनल सब्जेक्ट (वैकल्पिक विषय) ही मुझे अंतिम सूची से बाहर रख रहा है। अतः मैंने उसे बदलने का फैसला किया और हिंदी साहित्य लिया, जो एक सही निर्णय साबित हुआ।

आई.ए.एस. की तैयारी शुरू करने से पहले मैं एक शिक्षक था और अपने छात्रों को कही हुई बातों को मैं अपने ऊपर भी इस्तेमाल करता था। अतः मेरी सफलता में उनका बहुत योगदान था। इसके अलावा, एक बार बचपन में मेरे पिता जी ने मुझे एक पत्र लिखा था और कहा था कि मुझ में वह काबिलियत है, जो एक आई.ए.एस. अफसर बनने के लिए जरूरी है। जब भी मुझे निराशा का आभास होता, यह बात मुझे हिम्मत देती। इस संघर्ष में मेरा साथ दिया मेरी माँ, बहन और पत्नी ने, जिससे रास्ता काफी आसान हो गया। वर्ष 2016 के मेन्स के बाद मैंने कस्टम विभाग में जॉब ज्वॉइन की और मुझे वहाँ के साथियों व अधिकारियों का भरपूर सहयोग मिला।

अंत में, आपकी कुछ आदतें आपको हमेशा हिम्मत देती है, जैसे मुझे जब भी तनाव होता तो मैं अपनी पसंदीदा मिठाई काजू कतली की शरण में चला जाता और उसकी मिठास से सारा तनाव दूर हो जाता। फिर मैं पुनः अपनी पढ़ाई में पूरी ऊर्जा के साथ जुट जाता।

नए अभ्यर्थियों के लिए संदेश

- खुद पर भरोसा रखना सबसे जरूरी है। हर एक विद्यार्थी अलग होता है, अतः अपनी तुलना किसी से नहीं करनी चाहिए। अपनी कमजोरियों और ताकत को अच्छे से पहचान कर रणनीति बनानी चाहिए।
- इस परीक्षा में सिर्फ किसी का रैंक देखकर उसकी बात न तो सुननी चाहिए और न ही अनसुनी करनी चाहिए; क्योंकि कई बार किसी की सफलता हमें उतना नहीं सिखाती, जितना किसी की असफलता सिखाती है।
- इस परीक्षा में निबंध, जी.एस. 1, 2, 3, 4 और वैकल्पिक विषय के लिए अलग-अलग रणनीति की आवश्यकता होती है। जरूरी नहीं कि आप एक सफल/असफल उम्मीदवार की रणनीति को फॉलो करें। अधिक-से-अधिक टॉपर्स को सुनें और फिर अपने हिसाब से उसमें से वे चीजें स्वीकारें, जो आपके पक्ष में काम करें।
- यह पूरी परीक्षा एक ब्लैक बॉक्स की तरह से है, जिसमें किसी को नहीं पता कि वास्तव में होता क्या है। अतः खुद पर सबसे ज्यादा भरोसा रखो और हर चीज में अपना दिमाग लगाते रहो, क्योंकि यू.पी.एस.सी. को लकीर के फकीर नहीं चाहिए। नोटिफिकेशन को बहुत अच्छे से पढ़ना चाहिए, क्योंकि वही एकमात्र चीज है, जिसमें यू.पी.एस.सी. यह बताता है कि उसे कैसे अधिकारी चाहिए।
- ग्रुप में पढ़ाई करनी चाहिए, यानी आपका तीन-चार दोस्तों का एक क्लोज ग्रुप होना चाहिए। इतिहास गवाह है कि संगठन में शक्ति होती है। मैंने अपनी तैयारी में कई-कई ग्रुप्स को एक साथ सेलेक्ट होते देखा है। मेरा ग्रुप भी इसका एक उदाहरण है।
- अपने नोट्स से बेहतर कुछ नहीं होता। आप कई लोगों के नोट्स रेफर कर सकते हो, पढ़ सकते हो; लेकिन अंतिम नोट्स आपके अपने होने चाहिए और उसको अधिक-से-अधिक दोहराना चाहिए।

- ❖ यू.पी.एस.सी. पास कर चुके दो-तीन लोगों के संपर्क में हमेशा बने रहें, ताकि जब भी बहुत ज्यादा समस्या हो तो उनसे बात की जा सके। वे आपके आसपास रहनेवाले हो सकते हैं, आपके कॉलेज के हो सकते हैं, रिश्तेदार हो सकते हैं या फिर आपके वैकल्पिक विषय को लेकर यू.पी.एस.सी. निकालनेवाले लोग हो सकते हैं।
- ❖ कुछ भी असंभव नहीं है। 'असंभव' शब्द में खुद 'संभव' शब्द छिपा हुआ है।

किताबों की सूची

मेरा एक ही प्रयास रहता था–ढेर सारी किताबों की बजाय पाठ्यक्रम पूरा करनेवाली किसी एक ही किताब को कई बार पढ़ा जाए। इससे आपको सारी पर्याप्त पाठ्य सामग्री एक ही पुस्तक में मिल जाएगी और आपको किन्हीं विशेष पुस्तकों की जरूरत नहीं पड़ेगी।

मेरी सहयोगी पुस्तकें थी–

1. मृणाल.ओआरजी–इसमें सभी विषयों की किताबों की सूची दी गई है।
2. यूट्यूब–ओनलीआई.ए.एस. (ONLYIAS) चैनल
3. 'द हिंदू'–अखबार के संपादकीय के लिए।
4. विजन–करंट अफेयर्स के लिए
5. इनसाइटऑनइंडिया–करंट अफेयर्स

इन सब का तभी लाभ मिलेगा, जब आप इनको अपने नोट्स में अपने हिसाब से शामिल करेंगे।

❑

51

नाम : कृष्ण कुमार पूनिया

रैंक : 632, सीएसई-2018

"हम में से ज्यादातर को इस परीक्षा के किसी-न-किसी चरण में असफलता से दो-चार होना ही पड़ता है। इसलिए, असफलता का विस्तार से विश्लेषण जरूरी है, ताकि गलतियां दोहराई न जाएं। निरंतर मेहनत करते रहें। कभी भी आत्मविश्वास और उम्मीद न खोएं। निश्चित तौर पर आपको सिविल सर्विसेज में सफलता मिलेगी।"

कृष्ण कुमार पूनिया

वैकल्पिक विषय

लोक प्रशासन

परीक्षा का माध्यम

अंग्रेजी

निवासी

बांसुर, अलवर (राजस्थान)

शैक्षिक योग्यता

❖ बी.ई. (कंप्यूटर टेक्नोलॉजी) ❖ एम.ए (लोक प्रशासन)

❖ एन.ई.टी.-जे.आर.एफ.

अभिभावकों का पेशा

❖ पिता : किसान ❖ माता : गृहिणी

कोचिंग

❖ जी.एस.-वजीराम एंड रवि

❖ वैकल्पिक विषय-मोहंती सर

प्राप्तांक

प्रीलिम्स (प्रारंभिक परीक्षा) : पेपर-1 : 115

पेपर-2 : 105

मेन्स (मुख्य परीक्षा)

निबंध (पेपर I) : 94

जनरल स्टडीज (सामान्य अध्ययन)-I (पेपर II) : 83

जनरल स्टडीज-II (पेपर III) : 108

जनरल स्टडीज-III (पेपर IV) : 100

जनरल स्टडीज-IV (पेपर V) : 96

वैकल्पिक विषय-I (लोक प्रशासन) (पेपर VI) : 144
वैकल्पिक विषय-II (लोक प्रशासन) (पेपर VII) : 149
लिखित परीक्षा में प्राप्तांक : 774
इंटरव्यू : 165
कुल अंक : 939

सिविल सेवा की यात्रा

1. खुद को कैसे प्रेरित करें और असफलता से कैसे निबटें

- सिविल सर्विसेज के सफर की अपनी कुछ चुनौतियां हैं। सबसे पहली बात कि हर किसी को यह तथ्य स्वीकारना चाहिए कि ज्यादातर उम्मीदवारों के लिए यह हमारी सोच के मुताबिक आसान नहीं रहने वाला। इसमें उतार-चढ़ाव तो आएंगे ही। इस तरह की परिस्थितियों में परिवारवालों और करीबी दोस्तों का सहयोग बहुत महत्त्वपूर्ण होगा। यू.पी.एस.सी. की तैयारी के दौरान मैंने खुद को ध्यान भटकानेवाले सोशल मीडिया और वॉट्सएप्प से एकदम दूर कर लिया। इस दौरान मैं हौसला बढ़ानेवाले कुछ चुनिंदा दोस्तों के संपर्क में ही रहा। मैं और भी कई परीक्षाओं में चुन लिया गया था, जैसे-सी.ए.पी.एफ. असिस्टेंट कमांडेंट, आर.ए.एस., आई.बी. वगैरह। इससे मुझे और ज्यादा मेहनत करने का हौसला मिला।
- हम में से ज्यादातर को इस परीक्षा के विभिन्न चरणों में असफलता का सामना करना ही पड़ता है। इसलिए असफलता का खुद विस्तार से विश्लेषण कीजिए, ताकि गलतियों को दोबारा न दोहराएँ। मेहनत करते रहें और कभी भी आत्मविश्वास एवं उम्मीद न खोएं।

किताबों की सूची और अध्ययन सामग्री

- मैंने ज्यादातर मृणाल.ओआरजी वेबसाइट पर दी किताबों की सूची से ही पढ़ा।
- **जी.एस. 1**– कला और संस्कृति के लिए नितिन सिंघानिया के नोट्स, पेरियार का भारतीय भूगोल, समाजशास्त्र के लिए राम आहूजा
- **जी.एस. 2**– अखबार और लोकसभा, राज्यसभा के लिखित प्रश्न
- **जी.एस. 3**– योजना, मृणाल वीडियो और लेख, पी.आई.बी. फीचर्स
- जी.एस. 4– अतुल गर्ग सर के नोट्स।

नए अभ्यर्थियों के लिए सुझाव

- जहाँ तक सिविल सर्विस की तैयारी का सवाल है तो इस डिजिटल दुनिया में सूचना भरी पड़ी है। किसी को भी टॉपर्स की रणनीति को आँखें बंद करके फॉलो नहीं करना चाहिए। इसकी जगह अपने हिसाब से अपनी रणनीति तैयार कीजिए।

- निबंध, नीतिशास्त्र और वैकल्पिक विषय इस परीक्षा का सबसे अहम हिस्सा हैं। मैंने निबंध पर ज्यादा ध्यान नहीं दिया और मेरे नंबरों पर इसका असर साफ तौर पर दिखाई दिया। इसलिए निबंध की तैयारी को भी पर्याप्त समय दें।
- अपनी कमियों को पहचानकर उन्हें सुधारने पर ज्यादा मेहनत करें।
- परीक्षार्थियों को ज्यादा किताबों और दूसरी अध्ययन सामग्रियों में उलझने की बजाय सीमित किताबों और अध्ययन सामग्री को अपना आधार बनाना चाहिए और फिर उसे दूसरे स्रोतों की मदद से सुधारना चाहिए। पढ़े हुए को बार-बार दोहराना चाहिए। लोक प्रशासन में मुझे इस रणनीति से काफी मदद मिली।
- यू.पी.एस.सी. की तैयारी कर रहे अपने जैसे समर्पित लोगों का एक छोटा-सा समूह बनाएं, जिसमें हमारे काम की समीक्षा हो सके, विभिन्न मुद्दों पर चर्चा हो सके और नोट्स साझा किए जा सकें। यह वाकई बहुत फायदेमंद साबित हो सकता है।

❑

52

नाम : मिंटू लाल मीणा
रैंक : 664, सीएसई-2018

"सिविल सेवा परीक्षा में सफलता के लिए सही दिशा में निरंतर कठिन परिश्रम, सकारात्मक सोच, धैर्य और आत्मविश्वास बहुत जरूरी है। लगातार सही दिशा में मेहनत करें, आपको सफलता अवश्य मिलेगी।"

मिंटू लाल मीणा

वैकल्पिक विषय

इतिहास

परीक्षा का माध्यम

हिंदी

निवासी

गाँव–धरनवास, पोस्ट–पपारडा, जिला–दौसा (राजस्थान)

शैक्षिक योग्यता

❖ बी.ए. (पत्राचार)–इतिहास, अर्थशास्त्र, राजनीतिक विज्ञान एम.ए. (पत्राचार)–भारत का आधुनिक इतिहास

अभिभावकों का पेशा

❖ **पिता** : कृषि ❖ **माता** : गृहिणी

कोचिंग

दृष्टि आई.ए.एस. (जी.एस., वैकल्पिक और निबंध)

मेन्स (मुख्य परीक्षा)

निबंध (पेपर I) : 124

जनरल स्टडीज (सामान्य अध्ययन)-I (पेपर II) : 69

जनरल स्टडीज-II (पेपर III) : 94

जनरल स्टडीज-III (पेपर IV) : 86

जनरल स्टडीज-IV (पेपर V) : 95

वैकल्पिक विषय-I (इतिहास) (पेपर VI) : 153

वैकल्पिक विषय-II (इतिहास) (पेपर VII) : 149

लिखित परीक्षा में प्राप्तांक : 770

इंटरव्यू : 160

कुल अंक : 930

सिविल सेवा की यात्रा

- मेरा परिवार कृषि पर आश्रित है। परिवार की आर्थिक स्थिति अच्छी नहीं होने के कारण मुझे 12वीं कक्षा के पश्चात् नौकरी करनी पड़ी और मैं पटवारी बन गया (9 जनवरी, 2014 से)। स्नातक होने तक मैंने पटवारी की नौकरी की और उसके पश्चात् मैं तैयारी के लिए दिल्ली आ गया (जुलाई 2016 से)।
- चूँकि दिल्ली में खर्चा बहुत ज्यादा है, अत: इस मामले में मुझे अपने दोस्तों महेश कुमार एवं रजनी मीणा (पति-पत्नी एवं पटवारी) से काफी मदद मिली। इनके सहयोग, समर्थन और प्रेरणा के बिना यह सफलता असंभव थी। इससे पहले वर्ष 2012 में मुझे ए.आई.ई.ई.ई. के माध्यम से एन.आई.टी., कालीकट में एडमिशन मिला था; लेकिन व्यक्तिगत कारणों से मैंने कॉलेज छोड़ दिया और बी.ए. करने के बाद सिविल सेवा की तैयारी आरंभ की।
- मैं अपने प्रथम प्रयास में इंटरव्यू तक पहुँचा, लेकिन अंतिम सूची में जगह नहीं बना पाया। वर्ष 2018 में मैंने अपना दूसरा प्रयास किया और मुझे 664 रैंक प्राप्त हुआ।

नए अभ्यर्थियों के लिए संदेश

- सिविल सेवा की तैयारी प्रारंभ करनेवाले नए अभ्यर्थियों को मेरा यही संदेश है कि वे सिविल सेवा की प्रकृति को समझें, पिछले वर्ष के प्रश्न-पत्रों का विश्लेषण करें और उसके अनुसार तैयारी प्रारंभ करें।
- अपने अध्ययन के स्रोत को सीमित रखें और बार-बार उसे दोहराएँ, ताकि विषय पर मजबूत पकड़ बन सके।
- प्रारंभिक परीक्षा के लिए मॉक टेस्ट दें और करंट अफेयर्स पर फोकस करें।
- मुख्य परीक्षा में बेहतर अंक प्राप्त करने के लिए अधिक-से-अधिक टेस्ट सीरीज लिखने का अभ्यास करें।
- इंटरव्यू के समय स्वयं का बायोडाटा बेहतर तरीके से तैयार करें और कुछ दोस्तों के साथ अपना ग्रुप बनाएँ तथा आपस में मॉक इंटरव्यू करें। इससे लाभ मिलता है। करंट अफेयर्स तीनों चरणों के लिए बहुत जरूरी है।
- सिविल सेवा परीक्षा में सफलता के लिए सही दिशा में निरंतर कठिन परिश्रम, सकारात्मक सोच, धैर्य और आत्मविश्वास बहुत जरूरी है। लगातार सही दिशा में मेहनत करें, आपको सफलता अवश्य मिलेगी।
- तैयारी के दौरान तनाव होना स्वाभाविक है। इसके लिए अपने माता-पिता, मार्गदर्शक या अच्छे दोस्तों से बातें करें। अपनी रुचियों को समय दें। नकारात्मक लोगों से हमेशा दूर रहे।

❑

53

नाम : सचिन कुमार

रैंक : 669, सीएसई-2018

"कोई भी लक्ष्य बड़ा नहीं, जीता वही जो डरा नहीं।"

सचिन कुमार

वैकल्पिक विषय

इतिहास

परीक्षा का माध्यम

हिंदी

निवासी

जन्म मेरठ में हुआ, बाद में अलीगढ़ शिफ्ट हो गए।

शैक्षिक योग्यता

❖ एम.ए. (इतिहास)–एस.वी. कॉलेज, अलीगढ़।

❖ यू.जी.सी. नेट (2009, 2013, इतिहास)

पूर्व चयन

❖ सहायक कमांडेंट, 2012 बी.एस.एफ.

❖ लोअर पी.सी.एस. 2009 (उत्तर प्रदेश), वाणिज्य कर अधिकारी (2012 बैच, 2014 से वर्तमान तक कार्यरत)

अभिभावकों का पेशा

❖ **पिता** : स्वर्गीय श्री वीरी सिंह उ.प्र. पुलिस में सिपाही थे

❖ **माता** : गृहिणी

प्राप्तांक

प्रीलिम्स (प्रारंभिक परीक्षा) : पेपर-1 : 89.34

पेपर-2 : 77

मेन्स (मुख्य परीक्षा)

निबंध (पेपर I) : 146

जनरल स्टडीज (सामान्य अध्ययन)-I (पेपर II) : 82

जनरल स्टडीज-II (पेपर III) : 88

जनरल स्टडीज-III (पेपर IV) : 80
जनरल स्टडीज-IV (पेपर V) : 83
वैकल्पिक विषय-I (इतिहास) (पेपर VI) : 149
वैकल्पिक विषय-II (इतिहास) (पेपर VI) : 151
इंटरव्यू : 149
कुल अंक : 928

सिविल सेवा की यात्रा

कोई भी बड़ा लक्ष्य बिना त्याग के प्राप्त नहीं होता

इन पंक्तियों ने मुझे कभी भी हताश नहीं होने दिया। सिविल सेवा में जाने का निर्णय मेरा खुद का था, जिसे मैंने पिताजी की एक मुठभेड़ में मृत्यु होने के उपरांत निर्धारित किया था। मेरे ऊपर कभी कोई दबाव नहीं रहा। हां, पढ़ाई के दौरान मुझे अपने पड़ोसियों की बातें सुनने को मिलीं, जो नकारात्मक थीं। मेरा यह चयन मेरा छठा प्रयास था। मैं अपने पहले तीन प्रयासों में प्रीलिम्स परीक्षा ही पास नहीं कर सका।

सिविल सेवा की ओर मेरे रुझान का कारण मेरे परिवार पर गुजरा संकट था, जब मेरी माँ को मेरे पिता की पेंशन पाने के लिए छह वर्ष का समय लग गया। यही काम अलीगढ़ के डी.एम. द्वारा मात्र दो दिन में हो गया, इससे मैं काफी प्रभावित हुआ। हालाँकि, परीक्षा के दौर में मैं हताश भी हुआ। इस घड़ी में भाई राजेंद्र कुमार, भाभी, माताजी, बहनें, जीजाजी, पत्नी प्रीति, गुरु मनोज चौहान एवं मित्र मनोज कुमार का सकारात्मक सहयोग मिला।

तैयारी के दौरान मैंने जी.एस. के लिए किसी कोचिंग का सहारा नहीं लिया, हालाँकि विजन आई.ए.एस. से करेंट अफेयर्स की 15 दिनों की क्लास कीं। इसके अलावा निर्माण आई.ए.एस. में वैकल्पिक विषय की टेस्ट सीरीज, रियूनियन कोचिंग में एथिक्स की टेस्ट सीरीज भी कीं।

किताबों की सूची

- दैनिक अखबारों का नियमित अध्ययन, मैंने 'दैनिक जागरण', 'द हिंदू' और 'ओनली आई.ए.एस.' यूट्यूब के नोट्स बनाए।
- 'योजना', क्रॉनिकल, मैगजीन का नियमित अध्ययन किया।
- भूगोल : एन.सी.ई.आर.टी. और परीक्षा वाणी (भारत और विश्व)।
- राजतंत्र : लक्ष्मीकांत, बेयर एक्ट।

- इग्नू के नोट्स
- श्रीमाली झा (प्राचीन भारत), हरीश चंद्र वर्मा (मध्यकाल)।
- आधुनिक भारत–ग्रोवर, स्पेक्ट्रम, बिपिन चंद्र

* मेरे विचार से, परीक्षा के लिए उससे पहले ही घर पर डायग्राम के साथ तैयारी करनी चाहिए। समय प्रबंधन के लिए नियमित रूप से लेखन कार्य किया जाना चाहिए।

❑

54

नाम : दिनेश कुमार मीणा

रैंक : 678, सीएसई-2018

"हर व्यक्ति किसी-न-किसी प्रतिभा के साथ पैदा हुआ है। आपको केवल उस प्रतिभा को पहचानने और फिर उसे किसी अप्रत्याशित रूप में साबित करने की जरूरत मात्र है।"

दिनेश कुमार मीणा

वैकल्पिक विषय

इलेक्ट्रिकल इंजीनियरिंग

परीक्षा का माध्यम

अंग्रेजी

निवासी

करौली (राजस्थान)

शैक्षिक योग्यता

❖ बी.टेक-आई.आई.टी. बॉम्बे (2016)

अभिभावकों का पेशा

❖ **पिता** : सरकारी कर्मचारी (भारतीय रेलवे)

❖ **माता** : गृहिणी

कोचिंग

❖ जी.एस.–वजीराम

❖ वैकल्पिक विषय–नेक्स्टआई.ए.एस. से तीन महीने का क्रैश कोर्स

प्राप्तांक

प्रीलिम्स (प्रारंभिक परीक्षा) : पेपर-1 : 99

पेपर-2 : 112

मेन्स (मुख्य परीक्षा) : 765

वैकल्पिक विषय : 255

इंटरव्यू : 160

मुझसे संपर्क करें

https://www.facebook.com@dinesh/goyadi
https://www.instagram.com@dinesh.goyadi/
https://twitter.com.dineshgoyadi

सिविल सेवा की यात्रा

1. संघर्ष

मैंने यू.पी.एस.सी. की तैयारी जून 2016 से शुरू कर दी थी, जब वजीराम में कोचिंग शुरू की। इससे पहले कॉलेज के दौरान मैंने सिविल्स के लिए कोई तैयारी नहीं की। लिहाजा, मैंने सबकुछ नए सिरे से शुरू किया। खुशकिस्मती से मेरे पास मेरा भाई था। वह भी सिविल्स की ही तैयारी कर रहा था। इस तरह उसने मेरा मार्गदर्शन किया। मैंने राजनीतिक विज्ञान और अंतरराष्ट्रीय संबंध को अपना वैकल्पिक विषय बनाया, क्योंकि मैं 'इंजीनियरिंग' को वैकल्पिक विषय के तौर पर नहीं चुनना चाहता था। दो महीनों तक प्रीलिम्स के लिए कमर तोड़ मेहनत करने के बाद आखिरकार 18 जून, 2017 को मैं अपना पहला प्रीलिम्स पास करने में सफल रहा। वर्ष 2017 के प्रीलिम्स में राजतंत्र जैसा विषय काफी हावी रहा और मेरी इस विषय पर अच्छी-खासी पकड़ थी। मैंने 2017 का मेन्स भी पास कर लिया; लेकिन मेरा पेपर बहुत अच्छा नहीं गया था, क्योंकि मैंने मेन्स के लिए टेस्ट सीरीज को बहुत गंभीरता से नहीं लिया था। मेरे लिए सबसे दुःखदायक रहा मेरा इंटरव्यू। इसमें मुझे 275 में से केवल 116 नंबर मिले, जो अब तक मिले सबसे कम नंबरों में है। मैं केवल 4 नंबरों से कट-ऑफ सूची में जगह नहीं बना पाया। अब दूसरी प्रीलिम्स परीक्षा के लिए महज एक महीना बाकी रह गया था। प्रीलिम्स 3 जून को था। असफलता का बोझ लिये मैंने इस एक महीने में बहुत मेहनत से पढ़ाई की और भगवान् की दया से मैं अपना दूसरा प्रीलिम्स भी पास कर गया।

अब थोड़ा पीछे मुड़कर देखते हैं और बात करते हैं मेरी गलती की। मैंने अपना वैकल्पिक विषय बदलकर इलेक्ट्रिकल इंजीनियरिंग कर दिया। अगर आप मुझसे पूछेंगे कि मैंने ऐसा क्यों किया, तो मेरा जवाब होगा कि मुझे भी नहीं पता!!! लिहाजा मैंने इलेक्ट्रिकल की तैयारी शुरू कर दी। इलेक्ट्रिकल के साथ मेरा इतिहास कुछ ज्यादा अच्छा नहीं रहा था। कुछ दिन पढ़ने के बाद ही मैंने महसूस किया कि इसका सिलेबस तो बहुत ज्यादा है और तीन महीनों में इसे पूरा पढ़ पाना बेहद मुश्किल है, जिसके बाद मुझे मेन्स की परीक्षा देनी थी। मैंने अपना 80 फीसदी समय अपने वैकल्पिक विषय को दिया। जी.एस. को मैं ज्यादा समय नहीं दे पाया, क्योंकि मुझे इस बात का यकीन नहीं था कि मैं वैकल्पिक विषय में 200 नंबर भी ला पाऊँगा। मैंने जी.एस. के लिए कोई टेस्ट सीरीज भी नहीं की। तीन महीने बीत गए और मैंने जैसे-तैसे इसे पूरा किया। मैंने दोबारा परीक्षा पास कर ली। मुझे इस बात का अंदेशा था कि प्रीलिम्स पास करने के बावजूद मेरे नंबर पिछली बार की तुलना में कम ही होंगे। अब आती है इंटरव्यू की बारी। इस बार मुझे मनोज जोशी का इंटरव्यू बोर्ड मिला, जिसका रवैया काफी दोस्ताना था। मैंने काफी औसत दर्जे का प्रदर्शन किया और उम्मीद के मुताबिक 160 नंबर लाया। जब अंतिम नतीजा आया तो मुझे अंतिम सूची में अपना नाम आने की उम्मीद थी। हालाँकि मुझे यकीन था कि मुझे आई.ए.एस. सेवा नहीं मिलेगी, क्योंकि मेरा पेपर बहुत अच्छा नहीं गया था; लेकिन चुने जाने का एहसास अद्भुत था, क्योंकि मैं अपने पहले प्रयास में ही असफलता से दो-चार हो चुका था। लेकिन दुर्भाग्यवश, यह मेरी कहानी का अंत नहीं है। मैं वर्ष 2019 में प्रीलिम्स की परीक्षा में दोबारा बैठ रहा हूँ। यह मेरा तीसरा प्रयास होगा। उम्मीद है कि मैं अगले साल दोबारा यह परीक्षा लिखूंगा।

2. किताबों की सूची

राजतंत्र, पर्यावरण और इतिहास के लिए लक्ष्मीकांत, शंकर आई.ए.एस. और स्पेक्ट्रम। यदि आप कोई कोचिंग नहीं ले रहे तो मैं सुझाव दूंगा कि मृणाल कोर्स कीजिए (अर्थशास्त्र, संस्कृति, भूगोल वगैरह के लिए)। अगर आप वजीराम में दाखिला ले रहे हैं, तब आप केवल नितिन सिंघानिया की किताबें पढ़ने की बजाय संस्कृति पर आधारित मृणाल के वीडियोज देख सकते हैं। इसके अलावा, भूगोल के लिए एन.सी.ई.आर.टी. की पुस्तकें बहुत महत्त्वपूर्ण है। साथ ही करंट अफेयर्स के लिए पार्ट 365 और मेन्स 365 देखें। अगर आपको ये किताबें समझ में नहीं आतीं तो आप इन्हें समझने की अपनी योग्यता विकसित करने के लिए कोई भी किताब पढ़ सकते हैं। आप एन.सी.ई.आर.टी. और दूसरे कोचिंग मैटीरियल वगैरह को भी शामिल कर सकते हैं।

नए अभ्यर्थियों के लिए संदेश

- **प्रीलिम्स के लिए–** उभरते पैटर्न को समझिए, अब कड़ी मेहनत और हाथ-पांव मारने जैसे पुराने तरीके काम नहीं करेंगे। यह अच्छा और बुरा दोनों ही है। आप बगैर ज्यादा पढ़े प्रीलिम्स पास कर सकते हैं और यह भी संभव है कि बहुत मेहनत करने के बाद भी आप असफल हो जाएं। इसलिए मेरा सुझाव है कि आप अखबार पर बहुत ज्यादा फोकस करें। जितना जल्दी हो सके, आधारभूत किताबों को पढ़कर खत्म करें, ताकि अखबार को पर्याप्त समय दे पाएं। अवधारणाओं के बारे में हलकी-फुलकी जानकारी की बजाय उन्हें अच्छी तरह समझें। तकनीकी पक्ष पर ज्यादा फोकस करें (डिजिटल, अंतरिक्ष, ए.आई. वगैरह)। केवल एक ही अखबार न पढ़ें, ऑनलाइन भी सक्रिय रहें और मैगजीन, दूसरे अखबारों के जरिए दूसरी खबरों की भी जानकारी रखें। और आखिर में टेस्ट सीरीज की अहमियत। अब ऐसा पेपर आता है कि उसमें आप बहुत से प्रश्नों का एकदम सटीक उत्तर नहीं जानते। इसलिए ज्यादातर तार्किक अनुमान और अंतर्ज्ञान पर निर्भर होंगे। इसलिए आपको अपने अंतर्ज्ञान को यू.पी.एस.सी. के साथ तारतम्य बनाने के लिए तैयार करना होगा। अतः टेस्ट सीरीज को गंभीरतापूर्वक लीजिए और अनुभवी बनिए।
- **मेन्स के लिए–** अपने वैकल्पिक विषय को बुद्धिमानी से चुनें। अपने वैकल्पिक विषय को चुनने से कुछ दिन पहले सिलेबस और पिछले साल के प्रश्न-पत्रों को पढ़ें। ऐसे किसी व्यक्ति से बात करें, जिसने वही वैकल्पिक विषय लेकर मेन्स का पेपर दिया हो।
- मेन्स के लिए टेस्ट सीरीज भी बहुत महत्त्वपूर्ण है। पहले तो आप ज्यादा-से-ज्यादा 15 सवाल ही कर पाएँगे, लेकिन अभ्यास होते-होते आप सारे प्रश्न हल कर पाने में सक्षम होंगे। इसलिए जितना संभव हो सके, उतने टेस्ट दीजिए। कैसे लिखना है, इसे जानने के लिए टॉपर्स की उत्तर पुस्तिका को देखें।
- और आखिर में इंटरव्यू। मैं आपको केवल यही सलाह दूंगा कि खुद पर भरोसा रखें और यदि आपको मूलभूत सवालों के जवाब, जैसे–भारत के राष्ट्रपति कौन हैं, भी नहीं पता तो न कह दीजिए। शर्मिंदा महसूस न करें। आप क्या उत्तर देते हैं, इससे ज्यादा महत्त्वपूर्ण यह है कि आप उत्तर देते कैसे हैं।

❑

55

नाम : हेमंत सिंह

रैंक : 679, सीएंसई-2018

"खुद की दूसरों के साथ तुलना करने की कोशिश न करें। आप अंततः अपने खास अंदाज में ही काम को अंजाम दें। दूसरों के साथ तुलना आपके विकास के लिए मददगार नहीं है।"

हेमंत सिंह

वैकल्पिक विषय

दर्शनशास्त्र

परीक्षा का माध्यम

अंग्रेजी

शैक्षिक योग्यता

❖ बी.टेक-आई.आई.टी. बॉम्बे (2012)

अभिभावकों का पेशा

❖ **पिता** : आर.ए.एस. (सेवानिवृत्त)

❖ **माता** : गृहिणी

कोचिंग

❖ जी.एस.–खान स्टडी ग्रुप.

❖ दर्शनशास्त्र–मित्रा'स आई.ए.एस.

मेन्स (मुख्य परीक्षा)

निबंध (पेपर I) : 127

जनरल स्टडीज (सामान्य अध्ययन)-I (पेपर II) : 82

जनरल स्टडीज-II (पेपर III) : 83

जनरल स्टडीज-III (पेपर IV) : 85

जनरल स्टडीज-IV (पेपर V) : 97

वैकल्पिक विषय-I (दर्शनशास्त्र) (पेपर VI) : 143

वैकल्पिक विषय-II (दर्शनशास्त्र) (पेपर VII) : 143

लिखित परीक्षा में प्राप्तांक : 760

इंटरव्यू : 165

कुल अंक : 925

सिविल सेवा की यात्रा

1. मेरे बारे में

- सिविल सर्विस की तरफ झुकाव के लिए मेरे प्रेरणास्रोत रहे मेरे माता-पिता। उनकी प्रतिबद्धता और त्याग की वजह से आखिरकार मुझे इस लक्ष्य को पाने में मदद मिली। इस यात्रा में परिवार का सहयोग बहुत ज्यादा महत्त्वपूर्ण है।
- मैं इंजीनियरिंग पृष्ठभूमि से था, लेकिन मैंने दर्शनशास्त्र (फिलॉसफी) को अपना वैकल्पिक विषय चुना। इससे पहले दी गई परीक्षाओं में दर्शनशास्त्र में मेरे बहुत अच्छे नंबर नहीं आए थे। बार-बार असफल होने के बावजूद मैंने इसी विषय को विकल्प के तौर पर चुना। इसलिए विषय पर भरोसा होना और अपनी कमजोरियों पर काम करना वाकई बहुत महत्त्वपूर्ण है।
- दोस्तों के साथ समय बिताने की बात हो या फिर सोशल मीडिया को अपना समय देना, मेरा मन अकसर बहुत जल्दी भटक जाता था। इन सभी का मुझे आगे चलकर बहुत नुकसान भुगतना पड़ा। सिविल सर्विस जैसी प्रतिस्पर्धी परीक्षाओं में बहुत कम नंबरों के अंतर से भी आप या तो चुन लिये जाते हैं या फिर खारिज हो जाते हैं। इसलिए, मैंने जितना संभव हो सके, ध्यान भटकाने वाली इन चीजों पर कम-से-कम वक्त बरबाद किया।
- आखिर में, इस पूरे सफर में मैंने कभी भी अपनी काबिलियत पर शक नहीं किया। मैं जानता था कि एक दिन मैं इसमें सफल होकर दिखाऊंगा और इसी विश्वास ने मुझे मुश्किल-से-मुश्किल दिनों में भी चलायमान रखा। इसलिए सिविल सर्विस जैसी परीक्षाओं में खुद पर भरोसा रखना बहुत जरूरी है।

2. उतार-चढ़ाव से कैसे निबटें

- कोई भी हर समय मजबूत हौसले के साथ नहीं रह सकता। बार-बार मूड बदलना एक सामान्य-सी बात है। यह बात हर एक को समझनी चाहिए कि हमें हमेशा अपना दिमाग तरोताजा और शांत रखना चाहिए। परीक्षार्थी तरोताजा रहने के लिए छोटे या फिर लंबे ब्रेक ले सकते हैं।
- अपने दोस्तों और परिवारवालों से नियमित तौर पर बात करने से मनोबल ऊँचा रखने में मदद मिलती है।
- एक ही विषय को लगातार कई-कई घंटों तक न पढ़ें । हमें एक दिन में अलग-अलग विषय पढ़ने चाहिए, ताकि पढ़ने में दिलचस्पी बनी रहे।
- उन बातों की चिंता न करें, जो आपके नियंत्रण से बाहर हैं। बेशक, ऐसा करना आसान नहीं है, लेकिन हर किसी को यह सीखना चाहिए कि जो समस्याएं सामने खड़ी हैं और जिन्हें निबटाना आपके हाथ में है, उन पर ही फोकस करें। इस विशेषता की जरूरत एक प्रशासनिक अधिकारी के तौर पर भी आपको होगी।

- अपने किसी एक शौक को विकसित करने की कोशिश करें और हर दिन उसके लिए थोड़ा-सा वक्त जरूर निकालें। यह शौक साधारण सा भी हो सकता है, जैसे—संगीत सुनना।
- अपनी तुलना दूसरों के साथ न करें। आखिरकार, आप अपने खास अंदाज में ही अपने काम को अंजाम देते हैं और दूसरों से तुलना आपके विकास में मददगार साबित नहीं होगी।

नए अभ्यर्थियों के लिए संदेश

- पहले दिन से ही अपनी तैयारी से लेकर स्टडी मैटीरियल को व्यवस्थित करें। एक टाइम टेबल तैयार करें और जितना हो सके, उसके हिसाब से ही चलें।
- अपने वैकल्पिक विषय को बुद्धिमानी से चुनें। आपको अपने चुने हुए विषय में वाकई बहुत अच्छे नंबर लाने हैं और अगर वह विषय आपको बहुत दिलचस्प नहीं लगता है तो आपके लिए यह परीक्षा पास करना बहुत मुश्किल होगा।
- प्रीलिम्स और मेन्स दोनों के लिए जितना हो सके, मॉक टेस्ट (बनावटी टेस्ट) का अभ्यास करें।
- नियमित रूप से पढ़ें। परीक्षा की तैयारी के दौरान फालतू की चीजों में समय बरबाद नहीं करें।
- इस प्रक्रिया का आनंद उठाना शुरू करें और नतीजे से न घबराएं। इस तैयारी के चलते आप ज्यादा पढ़े-लिखे और बुद्धिमान इनसान बन सकते हैं। आपके द्वारा हासिल की गई यह बुद्धिमत्ता आपके साथ हमेशा रहेगी।
- हर रोज अखबार पढ़ें।

❑

56

नाम : पवन कुमार मीणा

रैंक : 702, सीएसई-2018

"दो मोर्चों पर कभी युद्ध नहीं करें (जर्मनी दूसरा विश्व युद्ध हार गया था)। अपनी सारी कोशिशें केवल यू.पी.एस.सी. के मोर्चे पर ही करें।"

पवन कुमार मीणा

वैकल्पिक विषय

अर्थशास्त्र

परीक्षा का माध्यम

अंग्रेजी

शैक्षिक योग्यता

आई.आई.टी. खड़गपुर (2017 बैच)

कोचिंग

जी.एस.–वजीराम और रवि

प्राप्तांक

प्रीलिम्स (प्रारंभिक परीक्षा) : पेपर–1 : 101

पेपर–2 : 114

मेन्स (मुख्य परीक्षा)

निबंध (पेपर I) : 107

जनरल स्टडीज (सामान्य अध्ययन)–I (पेपर II) : 89

जनरल स्टडीज–II (पेपर III) : 107

जनरल स्टडीज–III (पेपर IV) : 101

जनरल स्टडीज–IV (पेपर V) : 92

वैकल्पिक विषय–I (अर्थशास्त्र) (पेपर VI) : 143

वैकल्पिक विषय–II (अर्थशास्त्र) (पेपर VII) : 123

लिखित परीक्षा में प्राप्तांक : 762

इंटरव्यू : 157

कुल अंक : 919

सिविल सेवा की यात्रा

1. उतार-चढ़ावों से कैसे उबरें

- सिविल सर्विस परीक्षा की प्रक्रिया बहुत लंबी है, इसलिए यह बीच-बीच में इसे छोड़ने के कई मौके सुलभ कराती है। तैयारी के चरण में असफलता का खयाल आना ज्यादा बड़ी बात नहीं है।
- यदि आप निराश या असहाय महसूस करते हैं तो समझिए कि यह इस बात का सूचक है कि आप सही दिशा में जा रहे हैं और आगे बढ़ते रहें।
- मैं इस परीक्षा का सार तीन स्तरों में प्रस्तुत कर सकता हूँ, जैसे–

  प्रीलिम्स : अकादमिक से ज्यादा इस राउंड में आप सामाजिक दबाव महसूस करते हैं।

  मेन्स : इस स्तर पर आप खुद अपने ही भार से जूझते हैं, क्योंकि आपको इस दौरान खुद के बारे में काफी कुछ पता चलता है।

  इंटरव्यू : इस राउंड में आप उम्मीदों के दबाव का सामना करते हैं।
- निराशा से उबरने के लिए अपने शौक पूरे कीजिए अपने माता-पिता और कुछ चुनिंदा दोस्तों से बात करें।
- खुद पर जरूरत से ज्यादा बोझ न डालें और धीरे-धीरे अच्छी आदतों को जीवन में जगह दें, क्योंकि आपकी आनेवाली जिंदगी के लिए अनुशासन बहुत जरूरी होगा। अपने डर से भागने की बजाय उनका सामना करें। उदाहरण के लिए, अगर आपको उत्तर लिखने से डर लगता है तो उसे बार-बार लिखें।

  सकारात्मक सोच रखें और खुद की पुराने टॉपर्स से तुलना न करें। अगर आपको बहुत कम नंबर भी आते हैं तो कोई बात नहीं। लंबे समय में आपकी ग्रोथ रेट मायने रखती है, लिहाजा हर दिन खुद में सुधार करें।

नए अभ्यर्थियों के लिए संदेश

- सबसे अहम बात, आपको अपने इस लक्ष्य को पाने के लिए दो-तीन साल तक प्रतिबद्धता दिखानी होगी, अत: खुद को मानसिक तौर पर इसके लिए तैयार करें। इस बात का उत्तर देने की भी कोशिश करें कि आखिर आप सिविल सर्विसेज में क्यों जाना चाहते हैं।
- सिलेबस डाउनलोड करें और छठी से बारहवीं तक की एन.सी.ई.आर.टी. की किताबें खरीदें। अपना आधार तैयार करें और साधारण, लेकिन असरदार ढंग से अपनी बात रखने की कला सीखें।
- अपने स्टडी मैटीरियल को लेकर चयनशील रहें और एक-दो मुख्य किताबें ही पढ़ें। मैं तो यह सुझाव दूंगा कि अगर संभव हो तो वजीराम और रवि का जी.एस. कोचिंग

मैटीरियल पढ़िए और हर विषय के लिए एक मुख्य किताब। फिर यू.पी.एस.सी. के सिलेबस को दिमाग में रखते हुए अपने नोट्स बनाएं।

- सुनिश्चित करें कि आप जिन स्रोतों से मैटीरियल जुटाते हैं, उन सबको मिलाकर एक नोट्स तैयार करें; क्योंकि अगर आप चीजों को सुनियोजित ढंग से नहीं करते तो आप केवल इस परीक्षा में अपने प्रयासों को बढ़ाने का काम करेंगे।
- जी.एस. और वैकल्पिक विषय के लिए साल भर लंबी योजना बनाएं। पहले प्रयास में प्रीलिम्स को कम-से-कम चार महीनों का समय दें।
- सेहतमंद खाना खाएं और दबाव मुक्त सकारात्मक वातावरण में रहें।

एक और बात

- दो मोर्चों पर कभी भी युद्ध न लड़ें (जर्मनी दूसरा विश्व युद्ध हार गया था)। अपनी सारी मेहनत यू.पी.एस.सी. के मोर्चे पर ही लगाएं।
- तकनीक, कृषि और अर्थशास्त्र से जुड़ी खबरों के लिए गूगल फीड (व्यक्तिगत) इस्तेमाल करें।

❑

57

नाम : देवेंद्र प्रकाश मीणा

रैंक : 705, सीएसई-2018

"अपने मन में कभी यह विचार मत लाना कि मेरा चयन नहीं होगा, क्योंकि हमारे अवचेतन मन का भी बहुत महत्त्वपूर्ण योगदान होता है। यदि आपका अवचेतन मन आपको लगातार प्रेरित करेगा तो सफलता अवश्य मिलेगी।"

देवेन्द्र प्रकाश मीणा

वैकल्पिक विषय

हिंदी साहित्य

परीक्षा का माध्यम

हिंदी

निवासी

कोल्वाग्राम, दौसा (राजस्थान)

शैक्षिक योग्यता

- बी.टेक (मेकैनिकल इंजीनियरिंग) आई.आई.टी. गुवाहाटी

12वीं (83.38%) आर.बी.एस.ई.

10वीं (90.17%) आर.बी.एस.ई.

अभिभावकों का पेशा

- **पिता** : शिक्षक
- **माता** : गृहिणी

कोचिंग

- दिल्ली के एक नामी कोचिंग संस्थान में प्रवेश लिया, पर तीन-चार महीनों के बाद असलियत पता चलने पर बीच में छोड़ दिया।

प्राप्तांक

प्रीलिम्स (प्रारंभिक परीक्षा) : पेपर-1 : 91.34

पेपर-2 : 108.33

मेन्स (मुख्य परीक्षा)
निबंध (पेपर I) : 135
जनरल स्टडीज (सामान्य अध्ययन)-I (पेपर II) : 84
जनरल स्टडीज-II (पेपर III) : 94
जनरल स्टडीज-III (पेपर IV) : 82
जनरल स्टडीज-IV (पेपर V) : 86
वैकल्पिक विषय-I (हिंदी साहित्य) (पेपर VI) : 154
वैकल्पिक विषय-II (हिंदी साहित्य) (पेपर VII) : 144
लिखित परीक्षा में प्राप्तांक : 779
इंटरव्यू : 140
कुल अंक : 919
मुझसे संपर्क करें
***इंस्टाग्राम** : dpmeena94*

सिविल सेवा की यात्रा

1. मेरा संघर्ष

मैं दौसा जिले के एक ऐसे स्थान से संबंध रखता हूँ, जहाँ आसपास के क्षेत्र में कोई इस सेवा के बारे में सोचता भी नहीं है। ऐसे में मुझे बिना किसी मार्गदर्शन के सिविल सेवा की तैयारी शुरू करनी पड़ी। सबसे पहली समस्या आई कि परीक्षा का माध्यम क्या चुनें। बारहवीं तक हिंदी में पढ़े थे और आई.आई.टी. में अंग्रेजी में। फिर खुद की रुचि को आगे रखते हुए हिंदी माध्यम को चुना। दूसरी समस्या आई कि वैकल्पिक विषय क्या लिया जाए? माध्यम हिंदी लेने के कारण मेकैनिकल नहीं ले सका। किसी ने सलाह दी कि बी.टेक वालों को भूगोल लेना चाहिए, इसलिए बिना सोचे-समझे भूगोल को अपना वैकल्पिक विषय बना लिया। अपने पहले प्रयास में 24 नंबरों से मुख्य परीक्षा पास नहीं कर सका। कारण रहा भूगोल, जिसमें मुझे केवल 203 नंबर मिले थे। फिर किसी से सलाह लेने की बजाय खुद की रुचि को प्राथमिकता दी और दूसरे प्रयास के लिए हिंदी साहित्य को चुना। एक ऐसे क्षेत्र से, जहाँ कोई मार्गदर्शन करनेवाला न हो, ऐसे में कौन-सा विषय चुनूं, कौन-सा माध्यम लूं, यह सब किया और खुद ही गलती करके खुद से ही उसमें सुधार भी किया।

तैयारी शुरू करनेवाले अभ्यर्थियों के लिए मेरी सलाह सिर्फ इतनी ही है कि–

- माध्यम किसी दूसरे को देखकर नहीं, खुद सोच-विचार करके चुनें।
- वैकल्पिक विषय भी खुद की रुचि के अनुसार लें।
- जब तक मन को मजबूत नहीं करेंगे, सफलता नहीं मिलेगी। इसलिए सबसे पहले इस बात के लिए अपने मन को मजबूत करें कि इस परीक्षा में सफल होना मुश्किल जरूर है, पर असम्भव नहीं। स्वयं पर भरोसा रखनेवाले ही आगे बढ़ पाएँगे।

2. पढ़ाई करने की योजना

- मेरे स्कूल के अध्यापक ने एक बार कहा था कि दस किताबों को एक बार पढ़ने से अच्छा है कि एक किताब को दस बार पढ़ो। यही रणनीति मैंने सिविल सेवा परीक्षा की तैयारी के दौरान अपनाई। जितनी कम किताबों को फॉलो कर सकता था, उतना किया।
- सिविल सेवा परीक्षा की तैयारी का एक महत्त्वपूर्ण बिंदु है—समय पर और बार-बार रिवीजन करना। आजकल जैसा पेपर आ रहा है, उसे देखते हुए रिवीजन करना बहुत जरूरी हो जाता है।
- मुख्य परीक्षा के लिए उत्तर लिखने के अभ्यास की तैयारी प्रारंभिक परीक्षा की तैयारी के साथ ही कर देनी चाहिए, वरना यह काम छूटता चला जाएगा।
- प्रारंभिक परीक्षा के लिए कुछ सलाह देना चाहूँगा—इसे पास करने के लिए सारे ऑप्शन का सही पता होना आवश्यक नहीं है। गलत ऑप्शन का पता लगाना ज्यादा जरूरी है। आजकल पेपर इसी पैटर्न में आ रहा है और कोचिंग संस्थान की टेस्ट सीरीज की बजाय पिछले पाँच-छह साल के यू.पी.एस.सी. के पेपर देखना ज्यादा जरूरी है। उससे पता चलेगा कि यू.पी.एस.सी. किस स्तर पर सोचती है।

किताबों की सूची

- एन.सी.ई.आर.टी. 9वीं-12वीं (इतिहास, भूगोल, राजनीतिक विज्ञान), 9वीं-10वीं विज्ञान, 11वीं-12वीं अर्थशास्त्र
- आधुनिक भारत का इतिहास – स्पेक्ट्रम, प्राचीन काल और मध्य काल के लिए किसी भी कोचिंग के नोट्स (मैंने 'विजन' के नोट्स पढ़े)
- राजनीतिक विज्ञान – एम. लक्ष्मीकांत
- अर्थव्यवस्था – मुख्यत: करंट अफेयर्स
- पर्यावरण की किताब – विजन
- भारतीय समाज – 11वीं-12वीं की एन.सी.ई.आर.टी.
- अखबार – दैनिक जागरण

हिंदी साहित्य—मुझे इस परीक्षा की तैयारी के लिए केवल तीन महीने मिले, अत: मैंने केवल विजन के नोट्स और टेस्ट सीरीज को फॉलो किया।

नए अभ्यर्थियों के लिए संदेश

इस परीक्षा की तैयारी से पहले और तैयारी के दौरान आनेवाली समस्याओं को कैसे नियंत्रित करना है और क्या रणनीति होनी चाहिए, इस संबंध में मैं कुछ बातें बताना चाहता हूँ–

1. तैयारी से पहले

- इस परीक्षा को लेकर सबसे बड़ी गलतफहमी यह है कि इसे वे ही पास करते हैं, जो बचपन से ही बहुत होशियार होते हैं। मैं आपको बता देना चाहता हूँ कि ऐसा कुछ

नहीं है। जिस दिन आपने तैयारी शुरू की, उसी दिन से अगर आप सही दिशा में पढ़ाई करते हैं तो एक-डेढ़ साल में परीक्षा पास करने की स्थिति में हो जाएँगे। बस, आपको अपने ऊपर पूरा आत्मविश्वास रखना होगा।

- आपके आसपास किसी ने तीन-चार साल इस परीक्षा की तैयारी की है, लेकिन इसके बावजूद वह असफल रहा, तो ऐसे में अधिकांश लोग अपने आपको कमतर आंकने लग जाते हैं। प्रत्येक व्यक्ति के सोचने और पढ़ने का नजरिया अलग होता है। इसलिए इस तरह के व्यक्तियों और उनकी सलाहों से दूर रहें, जो आपको हतोत्साहित करें।
- एक बड़ी समस्या, जो नए विद्यार्थियों के सामने आती है कि कोचिंग की जाए या नहीं? दिल्ली जाना सही रहेगा या नहीं? तो इसके लिए मैं यहाँ अपना अनुभव बांटना चाहता हूँ। जी.एस. के लिए कोचिंग की कोई आवश्यकता नहीं है। खुद पढ़कर कम समय में अधिक जानकारी प्राप्त की जा सकती है। वैकल्पिक विषय की कोचिंग ली जा सकती है, क्योंकि इसके लिए थोड़ा गहराई से पढ़ना पड़ता है। रही बात दिल्ली जाने की तो यह भी आवश्यक नहीं है। दिल्ली जाने का केवल एक लाभ होता है कि वहाँ का माहौल सिविल सेवा की परीक्षा के अनुकूल है। ऐसे में, मन से यह भ्रम निकाल दें कि पास होने के लिए दिल्ली जाना पड़ेगा। अगर आर्थिक स्थिति ज्यादा अच्छी नहीं है तो बिना परेशान हुए घर से तैयारी शुरू कर दें।

2. तैयारी के दौरान

- तैयारी के दौरान अभ्यर्थी कई तरह की गलतियां करते हैं, जिसमें सबसे बड़ी गलती यह है कि वे पहले केवल प्रारंभिक परीक्षा की पढ़ाई कर लेते हैं और मुख्य परीक्षा की तैयारी को आगे के लिए छोड़ देते हैं। मेरी सलाह है कि इस परीक्षा की प्रकृति ऐसी है कि आप प्रारंभिक और मुख्य परीक्षा को अलग-अलग करके नहीं ले सकते। इस परीक्षा में सफल अभ्यर्थियों की सफलता का यही राज है। आपको दोनों परीक्षाओं की तैयारी साथ-साथ करनी पड़ेगी। प्रारंभिक परीक्षा से दो महीने पहले भले ही केवल उसी के लिए, पढ़ लेना चाहिए।
- दूसरी गलती यह है कि तैयारी पूरी होने पर ही उत्तर लिखने का अभ्यास शुरू करना। मेरी सलाह है कि पहले दिन से ही उत्तर लिखने की आदत डाल लेनी चाहिए, क्योंकि उत्तर लिखना एक कला है, जो एक दिन में नहीं सीखी जा सकती, बल्कि धीरे-धीरे विकसित होती है। इसलिए पहले दिन से ही कुछ-न-कुछ लिखने का अभ्यास करना चाहिए।
- तीसरी गलती निबंध को नजरअंदाज करना है। निबंध यू.पी.एस.सी. में एक निर्णायक भूमिका निभाता है। अत: निबंध लेखन का अभ्यास भी महीने में एक-दो बार किया जाना चाहिए।
- चौथी गलती तब होती है, जब परीक्षार्थी खुद की तुलना दूसरे से करते हैं। उसने यह किताब पढ़ी है और मैंने ये। दस किताबों के पीछे भागने की बजाय एक किताब को

अच्छे से पढ़ लेना बेहतर होता है। उदाहरण के लिए, इतिहास के लिए स्पेक्ट्रम पर्याप्त है तो बिपिन चंद्रा पढ़कर क्यों समय खराब करना।

- पाँचवीं गलती है–अखबार नहीं पढ़ना। जबकि अखबार पढ़ना किताब पढ़ने से ज्यादा महत्त्वपूर्ण है, क्योंकि उससे आपने जो पढ़ा है, उसका रिवीजन ही होता है। इसके अलावा, इंटर-लिंकिंग करने की क्षमता का विकास भी होता है। वर्तमान पैटर्न इसी तरह का है। लेकिन अगर आप 4-5 घंटे अखबार ही पढ़ रहे हैं तो वह भी गलत है। अति सर्वत्र वर्जयेत्।
- छठी गलती होती है कोचिंग संस्थानों की टेस्ट सीरीज से खुद का मूल्यांकन करना। टेस्ट सीरीज केवल अभ्यास करने के लिए हैं, उनको अपने मूल्यांकन का आधार बनाकर हतोत्साहित होने से बचें। उसकी बजाय यू.पी.एस.सी. के दस साल के प्रश्नों का विश्लेषण करें, ताकि आपको यह पता चल सके कि यू.पी.एस.सी. किस तरह सोचती है। यह अधिक कारगर होगा।
- अंत में मैं यही कहना चाहूँगा कि अपने मन में कभी यह विचार मत लाना कि मेरा चयन नहीं होगा, क्योंकि हमारे अवचेतन मन का भी बहुत महत्त्वपूर्ण योगदान होता है। अगर आपका अवचेतन मन लगातार आपकी हौसला-अफजाई करेगा तो आपको सफलता अवश्य मिलेगी। माध्यम और वैकल्पिक विषय अपनी रुचि के अनुसार चुनें, न कि किसी को देखकर।

❑

58

नाम : विजेंद्र कुमार मीणा

रैंक : 707, सीएसई-2018

"बिना संघर्ष का जीवन भी किसी काम का नहीं होता। इसलिए चुनौतियों से डरें नहीं, उनका मुकाबला करें। आपको सफलता निश्चित रूप से मिलेगी।"

विजेंद्र कुमार मीणा

वैकल्पिक विषय

इतिहास

परीक्षा का माध्यम

हिंदी

निवासी

बामनवास, सवाई माधोपुर (राजस्थान)

शैक्षिक योग्यता

❖ बी.ए. + एम.ए., (कक्षा 10वीं में फेल हुआ था)

अभिभावकों का पेशा

❖ **पिता** : किसान

❖ **माता** : गृहिणी

कोचिंग

❖ आरंभ में मैंने कोचिंग ली, लेकिन स्वाध्याय का कोई विकल्प नहीं होता।

प्राप्तांक

प्रीलिम्स (प्रारंभिक परीक्षा) : पेपर-1 : 120.00

पेपर-2 : 121.68

मेन्स (मुख्य परीक्षा)

निबंध (पेपर I) : 121

जनरल स्टडीज (सामान्य अध्ययन)-I (पेपर II) : 85

जनरल स्टडीज-II (पेपर III) : 90

जनरल स्टडीज-III (पेपर IV) : 71
जनरल स्टडीज-IV (पेपर V) : 89
वैकल्पिक विषय-I (इतिहास) (पेपर VI) : 152
वैकल्पिक विषय-II (इतिहास) (पेपर VII) : 154
लिखित परीक्षा में प्राप्तांक : 762
इंटरव्यू : 157
कुल अंक : 919

सिविल सेवा की यात्रा

ग्रामीण परिवेश के चलते आरंभ में मेरे परिवार ने मुझे यू.पी.एस.सी. की तैयारी के लिए अनुमति नहीं दी, क्योंकि परिवार के आर्थिक मुद्दे थे, इसलिए मैंने आरंभ में नौकरी को प्राथमिकता दी और वर्ष 2015 में अपने प्रथम प्रयास में मुख्य परीक्षा बैंक क्लर्क की नौकरी के साथ दी। लेकिन 8 नंबर से साक्षात्कार रुक गया, जिसके बाद मैंने नौकरी छोड़ दी। दूसरे प्रयास 2016 में सफलता को लेकर सकारात्मक था, किंतु अंग्रेजी में कम स्कोर की वजह से सफलता नहीं मिली और 2017 के प्रीलिम्स में परीक्षा हॉल में की गई गलती के चलते कटऑफ क्लियर नहीं कर सका, जिसमें 6 प्रश्नों के उत्तर आत्मविश्वास की कमी के चलते बदलने पड़े और 5 प्रश्न गलत हो गए। अब जीवन में घोर निराशा आ गई थी, साथ ही कृषि में सूखे के चलते पारिवारिक दबाव भी महसूस होने लगा। इन परिस्थितियों के कारण मुझे दोबारा रेलवे में गुड्स गार्ड की नौकरी पर जाना पड़ा। रेलवे की ट्रेनिंग के दौरान ही सिविल सेवा में मेरे मित्र का चयन हो गया था, जिसने मुझे दोबारा सफलता के लिए आत्मविश्वास दिया। मैं वर्ष 2018 की परीक्षा देने के बारे में नहीं सोच रहा था। 2018 में चौथे प्रयास में अंतिम रूप में मुझे 707 रैंक प्राप्त हुआ, जिसमें वैकल्पिक विषय इतिहास में 306 नंबर मिले, लेकिन सामान्य अध्ययन में कम अंक ने हिंदी माध्यम को अच्छी रैंक से दूर कर दिया। इस सफलता में मेरे मित्र शशिकांत का सहयोग कमाल का था, जिनका स्कोर भी इतिहास में 306 रहा, किंतु अंतिम चयन नहीं हो सका।

1. प्रारंभिक परीक्षा के लिए सुझाव

- टेस्ट सीरीज के लिए (इनसाइट्स/विजन) किसी एक से कोचिंग लें, साथ ही एन.सी. ई.आर.टी. की पुस्तकों को आधार बनाएं।
- अखबार के साथ किसी कोचिंग का करेंट अफेयर्स भी फॉलो करें।
- दो से तीन बार रिवीजन करें।

2. सामान्य अध्ययन के लिए रणनीति

- अभ्यास के लिए टेस्ट सीरीज बहुत महत्त्वपूर्ण है।
- सामान्य अध्ययन के 1, 2, 3 पेपर के कुछ टॉपिक्स के नोट्स बनाएं, जैसे–गरीबी, शिक्षा, कृषि, ग्रामीण विकास, महिला सशक्तीकरण वगैरह।
- प्वाइंट के साथ उत्तर, मैपिंग, डायग्राम इत्यादि का मुख्य परीक्षा में प्रयोग करें।
- निबंध और नीतिशास्त्र के साथ वैकल्पिक विषयों पर अधिक फोकस करें।
- वैकल्पिक विषय इतिहास के लिए मैंने एन.सी.ई.आर.टी. की मूलभूत किताबें, क्लास नोट्स + टेस्ट सीरीज पढ़ीं। मैंने मानचित्र वाले हिस्से पर खास तौर पर फोकस किया। मुझे लगता है कि स्टडी मैटीरियल सीमित रखना चाहिए। तीन-चार बार दोहराएँ।

इंटरव्यू

- करेंट अफेयर्स के साथ वैकल्पिक विषय और शैक्षिक, परिवार वगैरह की बैकग्राउंड को अच्छे से तैयार करें।
- पाँच-छह मॉक इंटरव्यू दें।
- इंटरव्यू बोर्ड के सामने सहज रहें, क्योंकि बोर्ड बहुत सहयोग देनेवाला होता है।

नए अभ्यर्थियों के लिए संदेश

- सफलता और असफलता जीवन का हिस्सा हैं, किंतु आशावाद, निरंतरता और कठिन परिश्रम का कोई विकल्प नहीं होता।
- अंग्रेजी माध्यम को प्राथमिकता दें।
- वैकल्पिक विषय का चयन सोच-समझकर करें।
- मार्गदर्शन, कूटनीति और समझदारी से काम करने पर फोकस करें।
- रिवीजन पर फोकस रखें।
- परीक्षा के सभी तीनों चरणों की तैयारी को एक साथ ही करें, न कि अलग-अलग, क्योंकि वर्तमान में परीक्षा का ट्रेंड बदल रहा है। स्टडी मैटीरियल के स्रोत सीमित रखें।

किताबों की सूची

- आधारभूत पढ़ाई के लिए एन.सी.ई.आर.टी. की किताबें
- दैनिक अखबार
- ऑनलाइन मैटीरियल–केवल (इनसाइटआई.ए.एस.-4) सरकारी रिपोर्ट, जैसे–नीति आयोग, ए.आर.सी. रिपोर्ट इत्यादि।

❑

59

नाम : सतेंद्र सिंह

रैंक : 714, सीएसई-2018

"इस परीक्षा के लिए आत्मविश्वास, खुद के लिए प्यार, समानता और निरंतरता, यह सब बहुत मायने रखता है; साथ ही इन सबसे बढ़कर जरूरी है—रिवीजन, रिवीजन और रिवीजन करना।"

सतेन्द्र सिंह

वैकल्पिक विषय

राजनीतिक विज्ञान

परीक्षा का माध्यम

अंग्रेजी

निवासी

अमरोहा, उत्तर प्रदेश

शैक्षिक योग्यता

❖ राजनीतिक विज्ञान और अंतरराष्ट्रीय संबंध में एम.ए

जे.एन.यू., दिल्ली

अभिभावकों का पेशा

❖ **पिता** : किसान

❖ **माता** : गृहिणी

कोचिंग

❖ नहीं ली

प्राप्तांक

मेन्स (मुख्य परीक्षा) : 744

वैकल्पिक (राजनीतिक विज्ञान) : 260

लिखित परीक्षा में प्राप्तांक : 744

मेन्स (मुख्य परीक्षा)

इंटरव्यू : 173

कुल अंक : 917

सिविल सेवा की यात्रा

- मेरा जन्म उत्तर प्रदेश के एक छोटे से जिले अमरोहा में एक किसान परिवार में हुआ था। जब मैं डेढ़ साल का था तो मुझे निमोनिया हो गया था। उस दौरान एक गलत इंजेक्शन की वजह से मेरी ऑप्टिकल नर्व्स क्षतिग्रस्त हो गईं, जिसकी वजह से हमेशा के लिए मेरे आँखों की रोशनी चली गई। बचपन में मैं खेल के दौरान अपनी उम्र के बच्चों को उन्हीं के खेल में हराने के लिए अलग-अलग तरीके अपनाता था। कहने का मतलब है कि मैंने आँखों की रोशनी खोने के बावजूद खुद को कभी असहाय नहीं समझा। उस समय भी मैं अपने दोस्तों के साथ खेल में जीतने के लिए अलग विकल्पों पर विचार करता था। मैं उन्हीं की तरह पढ़ना-लिखना चाहता था, इसलिए जब वे शब्दों का उच्चारण करते या गणित में पहाड़े याद करते तो मैं उन्हें ऐसा करते ध्यान से सुनता और सारी चीजें सुनकर ही उनसे पहले याद कर लेता था। मुझे इस बात से बहुत खुशी होती कि मैं उनसे ज्यादा स्मार्ट हूँ, तभी मैं सारी चीजें जल्दी ही याद कर लेता हूँ। यह बात मुझे राहत दिलाती थी। मेरे दोस्त मेरे साथ खेलते हुए ऐसे खेल खेलते, जिसमें मेरी अंधता बाधक न बने। अगर वे दौड़ या फिर कबड्डी जैसे खेल खेलते तो मुझे अपना मैनेजर बनाते और मैं सुनकर ही उनके बीच होनेवाले किसी भी विवाद को सुलझाने में उनकी मदद करता। अपने बचपन में हम अपनी सुविधा के अनुरूप वातावरण का निर्माण कर लेते हैं। मुझे क्रिकेट खेलना पसंद था। उसके लिए मेरे दोस्त प्लास्टिक की गेंद का इस्तेमाल करते थे; लेकिन देख न सकने की वजह से मैं बॉल को मार नहीं सकता था। ऐसे में, मेरे दोस्तों ने एक नया तरीका निकाला। उन्होंने बॉल के साथ साइकिल की पैडल्स की गोलियों को बॉल के अंदर रख दिया। इससे बॉल जमीन से टकराने पर आवाज करती और मैं उस आवाज को सुनकर ठीक तरह से बॉल को हिट करने लगा। इन सारी बातों ने मेरे मन में यह बात भर दी कि बच्चे हर माहौल में और हर हाल में बड़ी आसानी से ढल जाते हैं। वे बड़ों की तरह किसी काम को एक ही तरीके से करने पर अड़े नहीं रहते। वे सुविधा के अनुसार किसी भी मुश्किल हालात का सामना करने में खुद को बड़ों के मुकाबले ज्यादा अच्छी तरह से ढाल लेते हैं। यही वजह है कि वे बड़ों के मुकाबले ज्यादा खोजी, सृजनात्मक और उत्पादक होते हैं। इन सारी बातों ने मेरे अंदर एक विश्वास भर दिया।
- मेरे माता-पिता मेरी पढ़ाई-लिखाई को लेकर बहुत ज्यादा चिंतित थे। मेरी माँ को तो पढ़ने-लिखने का सौभाग्य ही नहीं मिला और मेरे पिता भी केवल पाँचवीं कक्षा तक ही स्कूल गए थे। उन्हें इस बात का बिलकुल भी पता नहीं था कि कैसे एक ऐसा बच्चा, जिसे आँखों से दिखाई न देता हो, पढ़ाई कर पाएगा। फिर भी, उन्होंने हार नहीं मानी। वे मुझे अंग्रेजी और हिंदी के अक्षरों को खुरदरे तरीके से लिखकर देते थे, जिससे कि मैं उसे छूकर उसकी पहचान कर सकूं। एक दिन मेरे एक अंकल, जो कि

दिल्ली में रहते थे, डी.टी.सी. बस में यात्रा कर रहे थे। उसी समय उन्होंने देखा कि एक नेत्रहीन व्यक्ति अपने हाथ की घड़ी को छूकर टाइम बता रहा था। उसे देखकर मेरे अंकल बहुत खुश हुए और उससे उसकी पढ़ाई-लिखाई के बारे में सबकुछ पूछा। उसी से उन्हें नेत्रहीन बच्चों के स्कूल के बारे में पता चला, जहाँ पर वह ब्रेल लिपि के माध्यम से पढ़ाई-लिखाई कर सकते हैं। वहाँ पर वे खासतौर पर नेत्रहीनों के लिए तैयार किए गए मैथमेटिकल टेलर और इस तरह के अन्य डिवाइस के माध्यम से अपने पसंदीदा विषय में शिक्षित हो सकते हैं। इन स्कूलों में नेत्रहीन विद्यार्थी स्क्रीन रीडिंग सॉफ्टवेयर्स या वॉइस ओवर तकनीक के माध्यम से सुनकर पढ़ना-लिखना सीख सकते हैं। वहाँ पर पढ़े हुए बच्चे बाद में किसी भी सामान्य स्कूल के विद्यार्थियों को हर मामले में मात दे सकते थे। मेरे स्कूल ने मुझे पढ़ाई-लिखाई के साथ-साथ आत्मनिर्भर बनने, आत्मविश्वासी बनने और इस दुनिया में कुछ भी असंभव नहीं है की सीख दी। पहले मैंने पढ़ने के लिए ब्रेल लिपि, फिर कंप्यूटर पर स्क्रीन रीडिंग सॉफ्टवेयर के माध्यम से पढ़ाई की और साथ ही रिकॉर्डेड किताबों और कम्प्यूटर ई. बुक की मदद से अपनी पढ़ाई पूरी की।

- ❖ जब कभी मैं पिछली बातें सोचता हूँ, तो मुझे इस बात का अहसास होता है कि आपकी जिंदगी में घटी छोटी-छोटी बातों का भी आपके जीवन में खास महत्त्व होता है। अगर उस दिन बस में मेरे अंकल की उस नेत्रहीन विद्यार्थी से मुलाकात न हुई होती तो शायद हमें ब्रेल लिपि के बारे में और नेत्रहीन बच्चों के स्कूल के बारे में पता ही नहीं चलता और तब शायद मैं आज 27 साल का एक नेत्रहीन किसान ही होता। लेकिन उस एक क्षण में जब उस नेत्रहीन व्यक्ति ने अपनी घड़ी को छूकर समय बताया तो उसने मेरी पूरी जिंदगी हमेशा के लिए बदल दी।
- ❖ मेरा स्कूल हिंदी माध्यम का था। लेकिन हममें से भी जो भी कुछ बड़ा करना चाहता है, उसकी इच्छा होती है कि उसका एडमिशन दिल्ली विश्वविद्यालय के सेंट स्टीफन कॉलेज में ही हो। मैंने इसके बारे में सुन रखा था कि यह भारत का बेहतरीन कॉलेज है। जब मैं बारहवीं कक्षा में पढ़ रहा था तो मेरी हार्दिक इच्छा थी कि मैं आगे की पढ़ाई सेंट स्टीफन कॉलेज से ही करूं। मेरे अच्छे अंक आए थे। मेरा इंटरव्यू भी अच्छा हुआ था। अंततः मेरा कॉलेज में एडमिशन हो गया और इस तरह से मेरी जिंदगी की नई शुरुआत हुई।
- ❖ उस कॉलेज में अंग्रेजी का वर्चस्व था और मुझे अंग्रेजी कम ही आती थी। वहाँ पर अलग-अलग जगहों के स्टूडेंट थे, जिनका अंग्रेजी बोलने का लहजा अलग-अलग था और यह मुझे भ्रमित करता था। एक बार मैं एक वाक्य का मतलब समझ रहा था, उसी समय मेरे टीचर ने पाँच और बता दिया। सच कहूँ तो उस समय मेरे दिमाग की बत्ती ही गुल हो गई; लेकिन मैं कोशिश करना चाहता था, इसलिए मैंने अंग्रेजी में बोलने की कोशिश की। लेकिन मैंने महसूस किया कि लोग मेरी अंग्रेजी सुनकर तरह-तरह

की शक्लें बना रहे हैं। कुछ लोग तो मेरा मजाक भी बनाने लगे। इस सबसे मुझे बहुत दुःख हुआ, लेकिन इन सारी चीजों ने मुझे मेहनत करने के लिए और अच्छी अंग्रेजी सीखने के लिए प्रेरित किया। मेरे दोस्तों ने मुझे यह कॉलेज छोड़कर कहीं और से अपनी ग्रेजुएशन पूरी करने की सलाह दी। लेकिन मैं अपनी पढ़ाई यहीं से पूरी करना चाहता था। मैंने तीसरी कक्षा से लेकर अब तक की सारी किताबें डाउनलोड कीं, जिन्हें पहले मैं हिंदी में पढ़ चुका था। अब मैंने उन्हें अंग्रेजी में पढ़नी शुरू की। मैंने देखा कि मेरे सहपाठी मेरी इस मेहनत के महत्त्व को समझ नहीं पा रहे हैं। लेकिन मैं फिर भी पढ़ता रहा। पढ़ते-पढ़ते मैं ग्यारहवीं कक्षा के इतिहास पर आ गया। अब मुझे समझ आने लगा था कि कक्षा में क्या पढ़ाया जा रहा है। इतना ही नहीं, अब मैं कक्षा में सवालों के जवाब भी देने लगा था। मेरे शिक्षक इस बात के लिए मेरी तारीफ करते। वे मुझे अपने बच्चे की तरह सहयोग देने लगे, जिससे कि मैं अपने प्रयास में सफल हो सकूं। धीरे-धीरे बहुत सारे विद्यार्थी मुझे सहयोग देने लगे। वह कॉलेज, जो मुझे बेइज्जत करना चाहता था, उसे इस बात का एहसास हो गया कि मेरे अंदर ऐसा कुछ है, जिससे मैं हर स्थिति का सकारात्मक तौर पर सामना कर सकता हूँ।

- बाद में मैं पॉलिटिक्स एंड इंटरनेशनल रिलेशंस में एम.ए. करने के लिए जवाहरलाल नेहरू यूनिवर्सिटी में आ गया। यहाँ पर वास्तव में मैंने बहुत अच्छा किया। यहाँ की बहुत सारी बातों ने मुझे प्रभावित किया, खासकर प्रोफेसर्स का किसी भी चीज को पढ़ाने का खास तरीका। यहाँ आकर मैंने खुद के बारे में बहुत सारी बातें समझीं, जैसे- मुझे यहाँ के प्रोफेसर्स ने अपना आत्मनिरीक्षण करने को प्रेरित किया। मेरी भी उनकी तरह आइडियल प्रोफेसर बनने की इच्छा जागी। मैंने रोल ऑफ इमोशन इन इंटरनेशनल पॉलिटिक्स, विषय में एम.फिल. करने के लिए एडमिशन ले लिया। उसके बाद 'थीम सोवरजिनिटी इन साइबरस्पेस' में पी.एच.डी. के लिए एनरॉलमेंट करवा लिया।
- मैं शुरू से ही प्रोफेसर बनना चाहता था और मेरी इस चाहत को एक मौका भी मिला। वर्ष 2015 में अरविंदो कॉलेज (सांध्य) में एड.होक असिस्टेंट प्रोफेसर के लिए एक वैकेंसी निकली। मैं इंटरव्यू के लिए गया और मेरा चयन हो गया। मैं 3 अगस्त, 2015 से वहाँ पर पढ़ाने लगा। यह अनुभव मेरे लिए अद्भुत था। विद्यार्थियों को पढ़ाते हुए मुझे अलग तरह की अनुभूति हो रही थी, जो मुझे आत्मिक संतुष्टि दे रही थी।
- बावजूद इसके मुझे ऐसा महसूस होता जैसे मेरी जिंदगी में कुछ छूटा हुआ है। मैं अपनी एक अलग बड़ी पहचान बनाना चाहता था। कुछ ऐसा करना चाहता था, जिससे कि मेरे अंदर स्थितियों को बदलने की ताकत आए। मैं चाहता था कि मैं कुछ ऐसा करूँ, जिससे उन लोगों के लिए मिसाल बन सकूं, जो अपनी अपंगता को अपने लिए एक सीमा समझ लेते हैं। मैं ऐसे लोगों को गलत साबित करना चाहता था। मैं यह दिखाना चाहता था कि भले ही आपके शरीर का कोई अंग काम न कर रहा हो, बावजूद उसके आप जो चाहें वो कर सकते हैं।

- मुझे लगा कि मेरी मंजिल सिविल सर्विसेज है। मैं वहाँ पर अपनी प्रतिभा का ज्यादा इस्तेमाल कर सकता हूँ। इसके बाद वर्ष 2016 में मैंने सिविल सर्विसेज का पहला अटैम्प दिया। हालाँकि मैं इसके लिए गंभीर था, लेकिन लगता है कि उस समय इस परीक्षा ने मुझे गंभीरता से नहीं लिया।
- वर्ष 2017 में मैंने दुबारा परीक्षा दी और इस बार मुझे मेन्स देने का मौका मिला। फिर मुझे इंटेस्टाइनल इन्फेक्शन हो गया। इसकी वजह से मुझे एक महीने अस्पताल में रहना पड़ा और मैं 9 नंबरों की कमी की वजह से साक्षात्कार तक नहीं पहुँच पाया।
- वर्ष 2018 में सबकुछ ठीक रहा और मैंने सिविल सर्विसेज की परीक्षा पास कर ली। मुझे 714वां रैंक मिला।
- अब मुझे इस बात का एहसास होने लगा कि मैं इससे बेहतर रैंक ला सकता हूँ, क्योंकि इससे पहले जब मैंने परीक्षा दी थी तो उस समय मैं अपनी पी.एच.डी. की पढ़ाई करने के साथ-साथ सिविल सर्विसेज की भी तैयारी कर रहा था। मेरे कुछ सहपाठियों ने मुझे सलाह दी कि एक साथ कई नावों की सवारी मत करो। अगर सिविल सर्विसेज में जाना चाहते हो तो उसके लिए कम-से-कम दो साल का पूरा समय दो। बस, इस जुनून का पीछा करो और कुछ नहीं। दूसरी बात, मैं पहले ऐसा नहीं कर सकता था, क्योंकि हर मध्यम वर्गीय परिवार के लड़के की तरह मेरे ऊपर भी कुछ जिम्मेदारियां थीं। मैं खुद भी जल्द-से-जल्द आर्थिक तौर पर सक्षम हो जाना चाहता था, ताकि अपने परिवार की मदद कर सकूं। सहयोग की बात करूँ तो इस परीक्षा के लिए आत्म-विश्वास खुद के लिए प्यार, समानता और निरंतरता, यह सब मायने रखता है और इन सबसे बढ़कर जरूरी है-रिवीजन, रिवीजन और रिवीजन करना।
- हालाँकि इस बाबत मैं आपसे बहुत कुछ कहना चाहता हूँ लेकिन स्थान सीमित है, ठीक उसी तरह से जिस तरह से हर किसी की जिंदगी में कुछ सीमाएं होती हैं। उम्मीद करता हूँ कि जल्दी ही मैं आपके साथ कुछ और बड़ा बाटूँगा।

नए अभ्यर्थियों के लिए संदेश

- सिविल सर्विसेज की परीक्षा बहुत ज्यादा मेहनत और समर्पण मांगती है। मेहनत के साथ-साथ यह बेहद महत्त्वपूर्ण है कि आपका पूरा ध्यान अपने लक्ष्य पर हो और आप पूरी तरह से उस पर केंद्रित रहें।

ये चार चीजें करना होगा लाभदायक

- अपनी योग्यता पर पूरा भरोसा रखें। अगर आपको अपने ऊपर भरोसा है तो आप जो भी करना चाहते हैं, उसे अच्छी तरह से कर पाएँगे। अपनी रणनीति और आपके पास शिक्षण के लिए जो भी सामग्री है, उस पर विश्वास रखें और अपना ध्यान किसी भी दूसरी चीज की ओर केंद्रित न होने दें।

- जो गतिविधियां आपको मानसिक तौर पर मजबूत करें, कुछ समय उन पर लगाएँ और सिविल सर्विसेज की तैयारी के दौरान होनेवाली फ्रस्टेशन से खुद को दूर रखें।
- अपनी बात पर अडिग रहें।
- ज्यादा-से-ज्यादा रिवीजन करें।
- अगर आप सिविल सर्विसेज परीक्षा की तैयारी के दौरान इन चार चीजों का ध्यान रखेंगे तो निश्चय ही आपको अपने लक्ष्य में सफलता मिलेगी और आप इस बात से खुद ही हैरान रह जाएँगे कि आपके अंदर इतना कुछ करने की प्रतिभा थी।

❑

60

नाम : ज्योति मीणा

रैंक : 741, सीएसई-2018

"कम पढ़ें, ज्यादा दोहराएं और उससे भी ज्यादा अभ्यास करें, सफलता की यही कुंजी है।"

ज्योति मीणा

वैकल्पिक विषय

एंथ्रोपोलॉजी (मानव-शास्त्र)

परीक्षा का माध्यम

अंग्रेजी

निवासी

जयपुर (राजस्थान)

शैक्षिक योग्यता

❖ बी.टेक-एम.टेक, इलेक्ट्रिकल इंजीनियरिंग, आई.आई.टी. कानपुर

अभिभावकों का पेशा

❖ **पिता** : सरस डेयरी में सरकारी कर्मचारी

❖ **माता** : गृहिणी

कोचिंग

❖ केवल आई.ए.एस. बाबा ऑनलाइन इनीशिएटिव को फॉलो किया

सिविल सेवा की यात्रा

- मैं वर्ष 2013 से सिविल सर्विस की परीक्षा पास करना चाहती थी और यह एक लंबा समय है। इसलिए, मैं इस सफर को केवल तीन शीर्षकों के साथ संक्षेप में प्रस्तुत करना चाहूँगी।
- आशावादी बनिए।
- खुद पर यकीन कीजिए।
- थोड़ा ही काफी है : पढ़ें कम, दोहराएँ ज्यादा और उससे भी ज्यादा अभ्यास करें। इसे सरल ही रखें।

किताबों की सूची/पढ़ाई की योजना

- जी.एस.
- एन.सी.ई.आर.टी.-6-12
- राजतंत्र–लक्ष्मीकांत
- पर्यावरण–शंकर
- एंथ्रोपोलॉजी–विवेक भासमी
- ब्रेन ट्री के नोट्स
- प्रीलिम्स के लिए आई.ए.एस. बाबा टेस्ट सीरीज।
- मेन्स के लिए आई.ए.एस. बाबा और विजन आई.ए.एस.।
- आई.ए.एस. बाबा डी.एन.ए. (रोजमर्रा के खबरों का विश्लेषण) से करेंट अफेयर्स किया।

नए अभ्यर्थियों को संदेश

- खुद के नोट्स बनाने की कोशिश करें और उन्हें अपडेट करते रहें (संक्षिप्त रूप में)।
- जहाँ कहीं संभव हो, डायग्राम और चार्ट्स का इस्तेमाल करें।

❑